破产预防
法律制度专题研究

POCHAN YUFANG
FALÜ ZHIDU ZHUANTI YANJIU

张世君 / 主编

郑 侠　谢艺甜 / 执行主编

中国法制出版社
CHINA LEGAL PUBLISHING HOUSE

导 言

破产清算制度虽然是世界公认的能够最公平、最彻底地处理困境企业债权债务关系的法律程序，但是由于其对债权人及利益相关人可能造成不可逆的损失，所以，近代以来，破产法领域的发展逐渐呈现出向破产预防方向的转移。破产和解制度由此诞生，如何避免破产清算制度的消极影响，预防企业破产并力图对困境企业进行拯救成为各国立法者亟待解决的重要课题。由于破产和解制度在历史发展过程中也逐渐暴露出自身的一些不足，在预防破产方面的效果也并不明显，因此，众多国家逐步将破产预防的中心转移至破产重整制度。目前，破产和解制度与破产重整制度被共同确立为破产预防制度，亦被称为再建型破产制度。我国的破产法制建设最早可以追溯到清朝末期，新中国历史上的第一部破产法制定于1986年。2006年，我国对破产法进行了全面修订，出台了《企业破产法》，确立了我国破产清算、破产和解与破产重整并行的现代破产法律程序。

改革开放以后，我国市场经济迅速发展，各种类型的企业也在我国经济发展的大环境下百花齐放。但市场经济的显著特征便是竞争与淘汰，破产成为市场竞争失败者所面临的制度选择。尤其近几年全球经济增长速度减慢，在此背景下，市场中遭受重击并面临被市场淘汰的企业也随之增加。为了使资源被公平高效地分配，为了使我国经济健康地持续发展，让无拯救价值的企业快速退出市场，使有复兴希望的企业快速找到获得重生的途径，成为破产法担负的当代使命。由于研究目的所限，本书将研究领域集中于破产预防制度，对我国破产和解制度与破产重整制度中的若干重要问题或者说不同侧面的问题进行了专题性研究，并尝试着提出制度完善的科学建议。

本书既涉及了破产预防制度的传统问题，也展望了破产预防制度的创新发展，亦不乏中外各种相关制度的介绍对比。希望本研究能够为理论界与实务界的同人了解破产预防制度的背景与意义，明确破产预防制度的若干重点问题提供一些帮助，更希望本书的研究成果能为我国破产预防制度的完善做出相应贡献。当然，必须说明的是，由于破产制度博大精深，本书只是选择了破产预防制度的若干问题，并没有对其进行全面分析，期盼以后能够有机会再予以补充完善。

目录 Contents

·第一章·

破产法预防制度的产生及其构成

第一节　破产清算制度的产生及缺憾

一、破产清算制度的历史变迁

（一）破产的语义分析

一般来说，“破产”是指财产耗尽或事业彻底失败的意思。在中国历史上，“破产”一词最早可见于《后汉书·齐武王传》“倾身破产，交结天下雄俊”，此处“破产”意为“破家（倾家荡产）”，其后被引申为“失败”，并广而用之。[①] 由于封建时期的中国奉行自给自足的自然经济，债务清偿秉行朴素的“父债子还”观念，而民间的商品交易不足以促成破产所需要的经济环境，所以近代以前的中国缺乏关于破产的理念和制度。

在西方破产清算制度则具有悠久的历史，其先后经过了古罗马的萌芽、中世纪的初成以及近现代的创新与发展。据考证，英文“破产”（bankruptcy）一词源于中世纪意大利语“banca rotta”，英译为“broken bench”，即“砸烂板凳”的意思。依据当时意大利商人的交易习惯，商人在市中心交易市场设有相应的交易席位，当某个商人出现不能清偿债务的情况时，债权人便可依据习惯当众砸烂他的席位，以示其经营失败。[②] 所以，破产对于经营失败的商人而言是一件耻辱的事情，这也令破产一词带有悲观、衰败的消极色彩。此时，破产所描述的是偿债不能的客观经济状况，此为破产的第一重含义。

早期破产制度来源于商人在商事交往活动中约定而成的习惯，主要是为

① 《辞海》编辑委员会：《辞海》，上海辞书出版社 1989 年版，第 1841 页。

② 王卫国：《破产法》，人民法院出版社 1999 年版，第 2 页。

了保护债权人的利益。此后，在漫长的历史变迁过程中，破产也成了债务人遭遇现实经济困难，无法清偿全部债务，故而债权人需要借助法律上的方法，强制收集、处置债务人全部财产并得到公平分配，从而满足债权人诉求的一种概括程序。故此，破产的第二重含义在于，以彻底了结债权债务关系为目的，通过一定的制度安排，尽可能的满足诸多债权人对同一债务人的财产所享有的债权权益。即为满足债权人的正当诉求，在债务人无法清偿到期债务时，穷尽一切可行的方法对债务人的全部财产进行的以清算为目的的法律程序。[①] 在这个意义上，“破产”与“破产清算”可作同一理解。

（二）破产清算制度的历史变迁

近现代破产法是以古罗马破产法为蓝本制定的。在破产法成为一种具有独立法律地位的危机处理方式之前，古罗马采用“在先者获取”的债务执行制度，以此解决商业交往活动中债权人与债务人之间的利益纠纷。[②]

公元前 510 年罗马创立共和国，在贵族统治下，罗马共和国通过多次发动战争的方式开疆拓土，连年的征战消耗着人力、物力与财力，加重了平民的兵役与赋税负担，由此出现了因战而破产的平民。为了调和贵族与平民之间的矛盾，贵族承诺平民可以选举保民官负责保护平民权利不受贵族侵犯。其后罗马成立了一个由贵族与平民构成的十人立法委员会，并颁布法典，刻于铜表之上，经过补充完善形成了《十二铜表法》。

在该法的第三表中，详细规定了债务执行制度。如果债务人在自行承认债务或法院判决债务成立的基础上可以获得一定的暂缓期，来为清偿债务做准备；债权人可以对逾期偿还的债务人实行拘押。如果债务人不能偿还债务，那么便可对其施加镣铐并拘禁。债务人若能与债权人达成约定，便可解除特定羁押期限；若没有其他代偿方式，债务人便可能会遭受死刑或者作为债务奴隶被变卖。从上述债务执行手段中，可以清晰地了解到，当时古罗马采用

① 齐树洁：《破产法》，厦门大学出版社 2007 年版，第 1 页。

② 陶乾、张世君：《意大利破产和解制度的发展及经验借鉴》，载《社会科学战线》2016 年第 10 期。

人身责任保护债权权益。对债务人的执行手段，包括但不限于羁押、变卖为债奴、处以死刑等人身处罚，在对债务人进行人身伤害的同时，剥夺债务人的相关政治、社会身份，令其成为社会的弃儿。

由于《十二铜表法》中部分手段过于残酷，于是罗马法在公元前 326 年废除了债务奴隶制度并引入财产拍卖制度、[①] 财产零卖制度、财产让与制度[②]（财产泵卖制度）等方式处理破产债权债务关系。其中，财产拍卖的方式可以处理破产问题，亦可以进行其他适用。财产零卖制度不以处置债务人的全部财产为目的，而是拍卖部分财产用以清偿债务。在债务人财产恒定的前提下，先申请拍卖债务人财产的债权人可以优先获得清偿。财产泵卖制度作为公平清算债务人财产的程序，由法官依据债权人的请求，通过发布命令的方式，将债务人的财产汇集、接管，即“保全扣押”。如果经上述程序债务人仍然不能如期偿债，则会被认定为破产人。此时，大法官便可以召集债权人会议，选出拍卖人、编制相关财产名册并公告，经过一定的期限后将债务人的财产公开泵卖，以清偿债权人。上述债务执行制度不仅构成了罗马法的重要组成部分，也勾勒出了近现代破产清算程序的雏形。

但是，这一时期的破产制度始终带有人格贬损的色彩。破产程序的启动以债权人申请为要件，强调的是破产行为的私权属性。加之部分制度还不完善，使得实践中对债权的保护力度近乎极限。但不可否认的是，罗马法对于后世破产法的影响也极为深远：其一方面转换了社会公众对于债务执行、破产问题认识的角度，即将债务执行由残酷的人身惩罚向财产处置转变，这在一定程度上突破了施加于债务人身上的有罪标签。另一方面则创新了处置债务人财产的方式，将债务人财产汇总，交由特定的债权人保管，实现了对债务人财产的个别执行到概括执行的转变。正是这样的债务执行制度影响并塑

---

① 财产拍卖制度以财产占有制度为基础，赋予占有的原告人拍卖债务人财产的权利。当一个债务人有多个债权人时，裁判官应已占有财产的债权人的申请，并授权债权人会议编制拍卖计划条件等，并出卖给开价高者，此后买受人便代替债务人在约定期限内履行债务。参见徐国栋：《罗马破产法研究》，载《现代法学》2014 年第 1 期。

② 财产让与制度以债务人诚信为前提，债务人自愿将全部财产让与债权人，债权人由此获得对让与人财产的占有，此权利的存在可以优先于后来的债权人优先受偿。

造着人们的经济行为，也在潜移默化中培育着破产的社会观念。

罗马帝国覆灭后，中世纪地中海沿岸城市经济比较发达，产生了大量的商业借贷关系即债权债务关系。市场经济的发展催生了破产制度的创新和发展，以意大利、英国、法国为代表的国家在古罗马债务执行制度的基础上，对破产制度进行创新并陆续建立起调整债权债务关系的破产法律制度。例如，意大利破产法在罗马法中财产让与制度的基础上，将其发展为司法裁判中的“假扣押制度”，即法院可以债权人提交的债权证明以及扣押原因为根据，应债权人申请，签发对债务人财产的假扣押命令，债权人因此获得对债务人身体或财产的执行权利。伴随着商业贸易节奏的加快，商人们需要通过更便捷的方式和程序处理破产事务，所以在程序上明确了将停止支付作为无力偿债的证明。并且，意大利颁布的法案规定了所有的破产案件都要由法院受理，这意味着破产法对债权人的保护，由传统的债务执行制度中的私力救济为主，开始向私力救济与公力救济并存的形式转变，司法程序愈加受到重视。法国借鉴了意大利破产法，其先后颁布了《商事条例》与《商法典》，专章规定破产制度。

英国虽为判例法国家，但破产制度却以成文法的形式存在。与欧陆其他国家一样，英国破产法的主要目标是保护债权人利益。英国最早颁布的破产法规定，无论是否为商人，出现偿债不能且伴有欺诈行为者，都应当适用该国破产法。[①] 并在已有的执行制度之外增加了概括执行制度，即扣押债务人的所有财产，对其中个别债权人权利进行限制，以避免部分债权人获得优先受偿而损害其他债权人的利益。虽然各国的破产立法不尽相同，但破产法始终以公平受偿、概括执行作为制度的核心原则，并以清算作为程序的终结。因此，传统的破产法就是以破产清算制度为主体。

破产清算制度演化、发展至近现代，除作为概括执行程序公平有序处置债务人财产外，其外延出现了较大的扩张。许多国家开始探索在清算程序中注入简单的破产预防程序。其中，英国曾在破产清算程序中加入和解程序并

① 李曙光、贺丹：《破产法立法若干重大问题的国际比较》，载《政法论坛》2004 年第 5 期。

采用和解前置主义，如果债务人能够与债权人达成和解协议，就能保留债务人的主体资格或者为其保留部分财产。尽管和解程序是辅助清算程序的工具，但相比于破产清算的法律后果是企业解体而言，和解程序的设置却为债务人提供了一种可行的、相对温和的债权债务处置方式。在继受英国破产法的基础上，美国破产法确认了其适用范围可及于所有债务人。美国还规定了重整程序，对诚实而不幸的债务人进行救济。至此，在以破产清算制度为核心的破产立法中，出现了破产预防制度并发挥着越来越重要的作用，传统破产制度也由此完成了向现代破产制度的转型，清算、和解、重整均成为现代破产法中不可或缺的法律程序。

（三）我国破产清算制度的历史沿革

从严格意义上讲，中国的破产法制史仅有百年。封建社会时期的中国，深受儒家文化的影响，以“和为贵”“仁义”“忠恕”等思想作为法律制度的基础，破产法制不具备萌芽的社会经济、文化环境。历朝历代皆以“重农抑商”为经济发展的指导思想，主张重视农业，鼓励耕种，限制工商业的发展。该经济政策贯穿整个封建社会，满足了自给自足的自然经济的发展，保护了农业生产与小农经济。但农本商末的思想抑制着商品交易行为的发展，也抑制着社会生产关系的更迭。民间债权的实现主要依靠“欠债还钱，天经地义”“父债子还，夫债妻还”等传统思想的约束，债权受偿因此成为一个带有浓烈伦理道德色彩的问题。是故，在我国古代“民刑交融”的影响下，虽然存在债务责任的清算法则，但就执行手段而言却倾向于刑事制裁，从而使得经济关系的法律调整泛刑化，根本不具备破产法产生的土壤。

近代中国破产立法始于晚清时期。在清政府实行“新政”的背景下，任命沈家本与伍廷芳主持律法修订活动。值此法律改革之际，参酌各国法律，清朝引进了破产法。1906 年《大清破产律》起草完成，这是我国近代以来第一部成文破产法。该法全文共计 69 条，其内容吸收了英美破产法观念，引入了破产免责原则，并采用商人破产主义。在立法体例方面主要借鉴日本破产法，没有将破产法按照实体、程序与罚则进行严格、明确的区分，而是进行了统一的规定。同时，规定了必要的政府机关作为掌握清算、分配破产财产的权力机关。由此，“清算”作为依法处置债务人财产并将其分配给债权人，用以抵偿债务的行为与“破产”（失败）相结合，共同构成了近代中国法制史上的新生事物。虽然《大清破产律》在通过的两年内即遭废止，但其影响力并未就此终止。[①]

在此后的时间里，中国陆续收集、翻译国外的破产法制，并有计划重启破产法的构建。1915 年北洋政府时期曾编制《破产法草案》，主要包含三篇内容，分别为实体篇、程序篇、罚则篇，共计 337 条，与《大清破产律》的精神一脉相传，实施商人破产主义。但与《大清破产律》相比，草案在体例方面进行了创新，章节区分更为清晰。例如，该草案明确了破产债权、破产财产的概念，并确立了地方法院进行破产宣告的效力。同时，强化清理人责任、设置监查员制度，实行强制和解主义和破产免责主义，并允许破产者可在全部偿债后向破产管理机关申请复权。[②] 虽然《破产法草案》并未正式实施，但这部草案凝结着国人为构建破产法制所付出的努力。南京国民政府成立之后，为应对司法实践中的需求而颁布《商人债务清理暂行条例》，是破产法实施之前的过渡法则。但准确地说，该条例只是清理债权债务关系的清理程序，而非破产程序。1935 年，《中华民国破产法》正式实施，全文按照总则、和解、破产、罚则进行排列，共计 159 条。

新中国成立后，废除了旧的法律制度。轰轰烈烈的社会主义改造确立起社会主义公有制并实行计划经济。在计划经济的指导下，商品经济的规模发展受到制约，对破产清算的研究出现了断层。实践中与之相关的规则仅散见于最高人民法院对私营企业破产问题的批复等规范性文件，并未形成体系。1978 年实行改革开放，全党工作重点转移到社会主义现代化建设上，承认市场调节的作用并稳步推进计划经济向市场经济过渡成为当时社会的共识。作

① ［美］托马斯·米特拉诺：《大清破产律：一部法案史》，陈夏红译，载陈夏红：《中国破产法》，中国大百科全书出版社 2018 年版，第 301 页。

② 姚秀兰：《近代中国破产立法探析》，载《现代法学》2003 年第 5 期。

为有效的社会经济秩序的来源，包括破产法在内的现代法律制度的构建，由此展开。[①] 1986 年《企业破产法（试行）》颁布并实施，这是新中国历史上第一部破产法。由于该法仅适用于全民所有制企业，于是在 1991 年颁布的《民事诉讼法》中，纳入企业法人的破产清算程序。《企业破产法（试行）》还规定了企业和解与整顿机制，可以此对破产企业进行债务调整、经营整顿，从而避免因企业解体造成的经济不稳定。这部破产法的出台在一定程度上满足了计划经济体制向市场经济体制转型的需要，改善了市场环境；但该法带有行政干预色彩，其作用更多集中在维护社会稳定而非辅助市场机制运行。[②]

正是认识到了《企业破产法（试行）》的不足，于是从 1994 年开始，起草新《破产法》的工作便如火如荼地进行。此后十余年间，理论界与实务界都在为构建更契合我国经济社会环境的破产法制度而不懈努力。2006 年《企业破产法》颁布，对破产法律制度进行了全面的完善。特别是新法还就《企业破产法（试行）》中的企业和解与整顿制度进行调整，将其发展为司法意义上的破产和解与破产重整，从而形成破产清算、破产和解与破产重整并行的现代破产法律制度。

综上所述，我国长期处于封建社会，统治者往往采用严刑峻法维持社会的和谐与稳定，缺乏生成与破产法相关的理念或传统的空间。这也使得近代以来破产立法几度易稿、艰难辗转，并在实施过程中屡遭阻碍。其间，立法体例由杂乱无章到实体、程序、罚则有序排列。总体来说，我国破产清算的相关立法表明：法律制度的生成与演化是博采众长、为我所用的互动过程。市场对破产法制的需求在经济发展与理论认识深化的过程中越发明确，故而始终保持对制度的理论反思与实践检验是十分必要的。

---

① 陈丽华、杨罗根：《论破产法的价值定位及相关制度完善》，载《湖南大学学报（社会科学版）》2004 年第 1 期。

② 《企业破产法（试行）》第二章第 8 条规定，债务人经其上级主管部门同意后，可以申请宣告破产；第 20 条规定，企业的整顿由其上级主管部门负责主持；第 24 条规定，清算组成员由人民法院从企业上级主管部门、政府财政部门等有关部门和专业人员中指定等。

二、破产清算制度的价值及缺憾

（一）破产清算制度的正面价值

1. 公平清理债权债务关系。

纵观古今中外破产清算法制发展演化的历史，可以发现，破产清算制度作为债权债务处置手段，是对早期不公平、不人道债务执行行为的修正与补充，是近现代商品经济发展到一定阶段的产物。最初的债务执行，以同态复仇为主要形式，债权人依靠私力救济实现债权受偿。当一个债务人仅对应一个债权人时，债权人可通过分割债务人的财产或对其实施人身惩罚的方式实现债权。但随着商业交往活动的扩大，利益主体之间的关系交错复杂，一个债务人同时对应数个债权人成为商业发展的必然现象。当债务人无法清偿其中一个或数个债权人的债权时，债权人也可通过私力救济的方式实现受偿。问题在于，若依传统私力救济的方式，在债务人的财产余量保持恒定的前提下，数个债权人能否就债务人财产余量实现全额受偿，则取决于债权人实施私力救济的顺位。一般来说，顺位在前的债权人可优先实现清偿，顺位在后的债权人劣后清偿，若前一顺位债权人在全部受偿后，债务人无财产或其他利益可用于偿债，那么后一顺位债权人将一无所获。

事实上，除涉及担保物外的债权，其本质上具有同质性。换言之，每一个与债务人建立债权债务关系的债权人的地位都是平等的。正是基于各债权人之间的平等地位，才需要对传统私力救济行为作出适当调适，以限制个别债权人以在先顺位攫取其他债权人的权益。故而需要通过设计明确且具体的程序，保障全部债权人能平等参与到清算程序中，行使其权利。法院作为居中裁判者，任命管理人统一收集、编制财产清单，按照公开的程序将财产拍卖作价后公平地分配给债权人。在财产分配的过程中，侧重于调和数个债权人的债权请求权，既要防止大债权人对小债权人的利益倾轧，又要确保对于同等类型的债权予以同等比例的清偿，不同等类型的债权予以不同等比例的清偿，以实现实质正义。

2. 辅助市场优胜劣汰机制运行。

物竞天择、适者生存不仅是大自然的生存法则，也是市场经济环境中经营主体的生存法则。参与市场竞争的经营者听命于“看不见的手”的指挥，经营行为难免带有某种程度的盲目性与无序性。这种盲目与无序竞争行为会造成社会总供给与总需求发生不匹配的现象，或供过于求或供不应求。而供求关系不平衡与市场主体的经营决策失误不无关系，在变幻莫测的市场环境中，任何决策失误都可能致使该经营主体陷入财务危机乃至破产的困境。而市场交易主体之间又并非绝对独立的关系，而是彼此联系的、相对稳定的交易链条。如果其中一个主体发生债务危机得不到及时清偿，那么很有可能会波及其他主体，引发关联破产现象。

市场经济发展至今，破产清算已然成为市场竞争过程中遭遇失败的主体所要承受的必然后果，及时对无法偿债的经营主体宣告破产，切断其债务链条，并就其债权债务关系进行破产清算，方可遏制危机蔓延。因此，破产清算制度一方面能够激励市场主体优化资产持有结构、审慎经营，推动生产力的发展与进步；另一方面对已进入清算程序的各利益主体的行为进行调整，减少争夺，维护稳定的清偿秩序。最终，破产清算制度能够促使市场主体关注自身经营，保障了优胜劣汰市场机制的运行。

（二）破产清算制度的缺憾

1. 债权人所获受偿效果不理想。

虽然破产清算为所有债权人提供了获得公平受偿的法律保障，但是司法实践中这份保障通常难以满足债权人对于债权实现的期待利益。以上海市高级人民法院1997年审理的27件破产案件为例，其中债务清偿率平均约为5.01%，最高清偿率也仅有16.3%。[①] 甚至在债务人财务情况不理想的情况下，还存在债

① 上海市高级人民法院：《规范破产为企业优胜劣汰提供司法保障》，载《人民司法》1998年第5期。

权人获得零清偿的情况。在商事法律制度演化过程中，曾为债务人能够主动提出破产清算而设计出有限责任制度与免责制度。然而，凡事具有两面性，有限责任为债务人清偿破产债务划定了出资额的限度，在一定程度上保护了债务人的个人财产免受清算和分配，激励着债务人自愿提出破产清算。但划定出资额的责任承担方式使得债权人想要获得足额清偿的概率大大下降。而免责制度是债务人经过清算程序后，依法予以解散并豁免其无法偿还的债务，以此切断债权人与债务人之间的联系。届时，债权人所享有的债权请求权依法灭失，债权人的债权也无法得到保障。

2. 债务人难以摆脱破产有责的阴影。

无论是早期的债务执行制度，还是近现代的破产清算制度，都是对经营失败的债务人所适用的债务清理程序。就债务清理手段而言，无论是古罗马还是我国古代社会，都倾向于将破产视为犯罪行为予以处罚，不仅包括债务人的财产，甚至伤害或杀害债务人，并限制其参与社会、政治活动的资格。从某种程度上说，破产之于债务人相当于山洪之于蝼蚁，是灭顶之灾。历史上，经历过破产的债务人，轻则丧失个人名誉与人格尊严，重则付出生命的代价，也仍然难以摆脱债务，连同其亲属也将因此受到歧视，足见破产惩戒之严酷。免责制度出现后，债务豁免给予债务人重塑新生的宝贵机会，但其仍是失败者，相应的个人行为受到公法或私法不同程度的限制。虽然现代破产法对债务人的态度相较过去有了很多改观，但企业解体是破产清算的直接后果，不仅会影响企业的商业信誉，而且对企业经营负有直接责任的高级管理人员，也将因此背负管理不善的名声。

3. 社会公共利益难以兼顾。

社会公共利益是生活在文明社会中的公众，基于其生活地位而提出的各种要求、需要与愿望的总和。一般社会公共利益不单独寓于个体利益，而是借由个体利益以不同的形式或强度表现出来。[①] 社会中的个体之间存在联系，彼此之间的需要只有通过相互协作、相互服务的方式才能实现，因而人们如

① 公丕祥：《马克思法哲学思想论述》，河南人民出版社 1992 年版，第 283—284 页。

果想要生存，就需要遵循这种社会习惯。企业的破产清算看似是一个企业的因果，但置身于社会环境中，还关乎诸多其他主体，如企业内部的职工、股东，外部的债权人与政府机关等，往往牵一发而动全身。相比于企业解体和法律人格的灭失而言，清算对职工的打击无疑更为沉重，大量职工将因此失业，家庭收支也将受到严重影响。至于其他利益相关者，如股东将因此失去股权和相应的投资收益，债权人无法获得清偿，征税机关将因为税款征收失败而徒增行政管理成本。当个体利益的损失逐渐被放大，区域经济发展将受到影响，交易安全、经济秩序以及不特定多数人的利益也将因此受到牵连，而这是破产清算难以应对的问题。

第二节　破产预防制度的产生及其构成

破产重整制度与破产和解制度并称为破产预防制度，和破产清算制度一起构成了现代破产法律制度。在市场经济发展的今天，破产预防已经成为破产法的重要理念。当市场主体遭遇财务危机时，一个值得考虑的问题不是如何在债权人中分配债务人的剩余财产，而是如何运用重整或和解的挽救手段帮助其脱离困境，并以再建的形式达到债务清偿的目的，实现企业的持续经营价值。

一、破产预防制度的产生

（一）破产预防制度产生的社会环境

中世纪地中海沿岸的商品经济较为发达，商人贸易活动为破产法的产生创造了良好的经济环境，商品经济推动着破产清算制度的生成与发展。伴随着新航路的开辟，新大陆的发现，以及第一次工业革命的成功，西方进入了机器生产时代。同期社会化分工与生产使得对外贸易迅速增长，原始资本主义得以积累。世界范围内的资本主义国家相继成立，并为了巩固资产阶级政权而采取一系列宽松、自由的经济措施发展壮大资本主义。此后，社会化大分工趋向于深细，社会化大生产的规模遍及全球，市场经济也在社会化的大生产中持续繁荣。哪里存在交易，哪里就要求有相应的债权债务关系处理制度。因为交易环节越多、链条越长，市场主体所要承担的交易风险就越大，对交易安全的担忧就越多。早期的破产制度主要是清算，单纯为了保护债权人的利益，将经营失败的债务人的剩余财产统一置于特定程序下予以分配，从而维护交易秩序。虽然清算制度能够通过公开的程序公平收集、处置债务人财产，给予债权人平等受偿的机会。但伴随着清算程序的进行，债务人经营资格随之丧失，债权人权益也难以得到周全保护，更重要的是与债务人存在关联的内外部主体利益无法得到均衡保护。

清算制度所带来的负面影响冲击着市场经济的发展。为了减轻债务人清算引起的不良连锁反应，以英国为代表的国家率先于清算制度之外探索出和解制度，并将其置于破产清算程序之前。但是此时的和解制度不具有独立适用的法律效力，而仅作为破产清算的辅助工具，为债务人提供免予破产的一丝可能性，所以发挥着消极预防的作用。比利时正式将和解程序作为与清算并行的、可以独立适用的法律程序。当债务人遭遇破产清算危机时，若其以诚恳的态度寻求和解，法律通过提供相应的支持，促成其与债权人之间的协商与沟通，并赋予双方所达成的和解协议一定的法律效力，从而避免了债务人被清算的后果。

在资本主义进入垄断阶段后，生产力的急剧发展使得市场中经营主体规模逐渐大型化，市场交易环境也在经济危机的影响下频繁出现震荡，失业率居高不下，社会矛盾激化。此时大型公司的破产清算已不仅是私权主体的行为，其已经成为关涉区域经济发展的社会性事件，人们开始认识到破产边缘企业所牵涉利益主体的多元性和利益关系的复杂性。此时经济秩序与公众利益作为重要的利益进入法律调整的视野，提示着立法者需要对利益关系进行更为全面合理的衡量与判断。而和解制度所覆盖的主体较为有限，难以满足各方利益主体的需求。理性的债权人允许债务人通过延期偿债的方式对企业进行营业调整，由此，债务人既可以保留主体资格继续从事经营活动，又可以延期偿债，在这种情况下，较和解更为有力的挽救措施——破产重整应运而生。

破产重整制度是在吸收和解制度的协商、自治精神的基础上发展起来的，另外还加入了国家权力的适度、适时介入的因素，以公权力手段为各利益主体搭建协商、谈判的平台。在重整的过程中，通过积极探索各种方法或措施帮助债务人寻找再生的可能性，同时赋予各利益主体享有关于适用重整程序达成一致意见的表决权，促使各方积极表达利益诉求，寻找利益均衡点，以期实现各利益主体之间的合作共赢。破产重整制度与破产和解制度共同构成了破产预防制度，其中和解制度发挥着消极预防的作用，而重整制度发挥着积极预防的作用。至此，破产法实现了以破产清算为重心到以破产预防为重心的转变，完成了对传统破产法的革命，是破产法现代化的重要标志。

（二）破产预防制度产生的理论基础

经济学的产生为破产预防制度的出现提供了独特的思想与理论基础。从经济学对企业本质进行的理论分析中可以发现，企业是由一系列合约联结而成的。[①] 这一系列的合约聚合于企业的周围，不同的合约关系中伴有不同利益主体的不同诉求，故企业也是一个利益聚合点。一旦企业发生债务危机，各利益主体为了保障自身利益的充分实现，都会竞相向企业行使请求权，从而引发混乱的局面。冲突会导致资源利用的无效率，唯有合作才能够有效降低权利行使所产生的成本。所以，在资源稀缺的市场环境中，为了能够最大化提升资源使用的效率，必须寻求最佳实现方式——合作。由于传统破产清算程序是概括执行程序，企业一经清算解体，就意味着企业剩余资产价值将大

① 罗培新：《公司法的合同解释》，北京大学出版社2004年版，第29页。

大折损，此前的辛苦经营也将付诸东流，而债权人也仅能就资产残值得到清偿。当债权人与债务人之间可能通过合作途径而获得更多清偿时，寻求合作便成为各方利益主体的诉求，所以延期偿债、债权人顺势参与到困境企业的生产经营过程，自然就成为对债权人、债务人等利益主体更有效率的选择。

经济学理论的发展与变革，推动了经济立法的发展与法学研究的深入。法律作为上层建筑，在与经济基础相互作用的过程中，发挥着尊重权利义务关系，保障财产交换秩序，维护交易安全并对政府介入市场的行为作出合理调整的作用。从市场经济的发展轨迹来看，法律对经济的引导、促进以及保障源于经济发展本身的需要，特别是当某种经济初成时，法律作用的效果尤为明显。在自由资本主义向垄断资本主义过渡时期，伴随着企业经济力量的增长，必然会产生相应的社会性责任。[①] 企业滥用私权敛收财富扩充规模，小规模市场主体因力量不敌垄断集团而纷纷出现破产迹象，社会贫富分化严重，社会矛盾空前激烈。企业破产不再被认为是市场主体的私权行为，而是成为关乎企业内部职工、股东、消费者、社区、公众的社会性事件。

如果破产法仍然坚持将债权人利益放在唯一的地位进行保护，便会造成忽视其他利益主体的后果，这很有可能引发连环破产、职工抗议等社会问题，从而危及市场秩序与公众利益。在自由放任政策遭遇失败的同时，国家和政府不得不考虑如何解决破产清算带来的负面影响。为了制约无限膨胀的个人主义与自由主义给市场经济带来的冲击，国家必须通过适时适当的干预手段，以稳定宏观经济运行为目标，回应社会公众对于经济秩序、民生保障等问题的现实需求，由此国家干预主义思想逐渐占据主导地位。[②] 国家干预不是为了扩大国家权力的范围，而是为了保障市场良好运转所实施的必要干预。

对社会公共利益的关注也意味着法律立法目的由个人本位向社会本位的转变。在破产法领域，法律制定者着眼于企业在社会经济生活中的地位以及企业的兴衰存亡对社会的影响，[③] 开始更多关注困境企业复兴程序的构建。在

① ［日］金泽良雄：《经济法概论》，满达人译，甘肃人民出版社 1985 年版，第 152 页。
② 张世君：《破产重整制度的理论基础研究》，载《西部法律评论》2010 年第 1 期。
③ 王卫国：《破产法》，人民法院出版社 1999 年版，第 228 页。

以法院为代表的国家公权力机关的参与下，为各方利益主体搭建起友好协商的平台，促使其在新的交易平台上进行新一轮的资源配置。无论是法院、债权人会议或是管理人，都将会尽最大的努力促成交易，以保留企业的营运价值。这不仅完美契合了利益主体的诉求，而且创新了市场主体应对财务危机的处理机制，推动了破产法的革新。这也使得传统破产法不再执着于调整债务人、债权人二元主体法律关系，而是寻求一种能够调整多元主体（诸如债权人、债务人、股东、新投资者、职工等）法律关系，平衡多元利益主体，更具包容性的法律制度。

二、我国破产预防制度的构成和现状

破产法作为市场经济法制体系的重要标志，代表着经济发展的市场化程度与发达水平。在市场经济发展较为成熟的国家，不仅拥有成熟的市场管理经验，更重要的是拥有完善的市场准入与退出机制。中国在推动计划经济向市场经济转型的过程中，认识到了破产法的重要性。特别是在经济体制全面改革的过程中，社会各界都积极投身于构建有中国特色的破产法制。破产法作为推进市场经济运转的动力之一，能够将企业经营的最终收益与其自身的生产经营联系起来，以自负盈亏的方式调动市场主体的积极性。

现代市场经济体制下的企业是参与市场竞争的主体，其作为国民经济的最小细胞，在组织形式、规模、经营领域、责任形式以及治理构造等方面都呈现出多样性。而企业经营并不总是一帆风顺，当其遭遇财务困境，导致破产危机时，不能过度寄希望于债务人能在危困状态下作出一个正确且适合该企业的选择。此时需要法律制度通过对权利的界定与对众多主体利益的分配，以司法程序这一具有公共权威的规则来最终实现利益分配。[①] 如果债务人企业经营确实难以为继，那么将无可避免适用清算程序清理债权债务关系、处置财产；如果是经营不慎陷入财务泥潭，尚有复兴与再建的希望，则采取有针

① 凌斌：《法律的性质：一个法律经济学视角》，载《政法论坛》2013年第5期。

对性的挽救措施可能更加合适。据此，设置多元化的破产预防机制，是多元化市场主体对破产法制的需求。

（一）我国破产和解制度的现状

作为破产预防意义上的破产和解制度首创于比利时，其颁布专门的立法以强化和解制度的预防效果（后文将有专门研究，此处不再赘述）。受此立法影响，其他欧亚各国也相继颁布了有关和解制度的法律，以补充传统破产法的功能。[①]

破产和解制度是为了避免破产清算后果的发生，由债务人主动提出和解申请，并提供和解协议的草案，经过债权人会议表决通过并经法院审查予以认可的，用以解决债权债务关系的制度。[②] 和解是一种特殊的法律行为，参与和解的主体需要在意思一致的基础上达成和解协议，并经人民法院裁定认可，方能成立。和解协议在本质上属于合同，是与债权债务具有利害关系的主体对困境企业现有资源再分配的处理与合作，是使企业避免清算而走向解体的有效方法。和解程序实质上是在法院审判权范围内的司法清理程序，[③] 达成和解协议的方式对各方利益主体而言更为友好、更易接受。因此，和解制度的存在为企业提供了一种与清算截然不同的选择，是对企业营运价值的肯定，具有破产预防的作用。

1. 我国和解制度的历史发展。

我国有关和解制度的相关规定最早可见于中华民国时期。1935 年《中华民国破产法》在借鉴当时的破产立法经验并结合本国经济发展情况的前提下，将和解单独设为一个章节纳入破产法中。该法明确将和解制度定性于清理债权债务关系的手段，同时将和解区分为法院和解与商会和解两种模式。和解程序的开启以当事人申请为主，法院不得依据职权强制当事人达成和解。债务人在正式破产之前，可以向法院提出申请，或是向商会提出和解请求，也

---

① 陈鸣：《破产和解制度功能目标的探讨》，载《现代法学》1997 年第 4 期。

② 李永军：《破产法》，中国政法大学出版社 2017 年版，第 204 页。

③ 邹海林：《破产程序和破产法实体制度比较研究》，法律出版社 1995 年版，第 174 页。

可以在债务人进入破产程序后、破产财产分配前提出有关调协的计划。[①]

新中国成立后，颁布了《企业破产法（试行）》，并专章规定了和解制度。受限于适用范围，当时的和解制度专门适用于全民所有制企业，以预防其发生破产危机。和解制度主要包括“和解与整顿”两个方面。其中，和解指的是人民法院在受理债权人破产申请后的3个月内，由债务人的上级主管部门提出整顿申请，经债务人与债权人会议之间达成和解协议并提交给法院认可，破产程序由此中止。这不仅限制了债务人对和解时机的把握，而且剥夺了债务人申请和解的权利，所以和解制度并未得到有效实行。至于非全民所有制企业的破产和解问题，并没有体现在破产法中，而是规定于《民事诉讼法》中。总体而言，《企业破产法（试行）》中规定的和解制度没能适用于所有市场主体，也没有完全发挥出破产预防的功能，与现代意义上的破产预防存在区别。

伴随着司法实践经验的积累与理论研究的深入，2006年《企业破产法》废除了原有的和解与整顿制度，重新规定了和解制度并实施至今。《企业破产法》以明文规定的形式对债务人的和解申请权予以修正，突出了对当事人意思表示的尊重与认可，确认了人民法院对破产案件所享有的司法裁判权，令破产制度更为契合市场经济发展的需要。破产法还进一步明确了破产和解的特性与价值——高度私法自治与适度司法干预，债务人与全体债权人在互谅互让的基础上达成协议，以避免债务人宣告破产，从而达到拯救债务人的目的。同时，由人民法院居中对和解协议的生效施以必要的干预与监督，裁定是否认可和解协议的内容，以平衡债权人与债务人之间的利益关系。

2. 我国破产和解制度的现行立法。

破产和解程序作为一种独立的法律程序，规定于《企业破产法》第九章第95—106条，共计12个法律条文，主要包括和解申请的提出、和解程序中担保物权的行使、和解协议生效与否的几种情形、和解协议的执行及其执行样态等内容。

---

① 姚秀兰：《近代中国破产立法探析》，载《现代法学》2003年第5期。

我国破产和解制度的适用需要具备以下几个条件。首先，债务人确有破产原因。出现破产原因是和解的必要前提，倘若债务人没有出现破产原因，那么一般性的债权债务纠纷可以通过普通的民事诉讼予以解决。其次，债务人主动提出关于和解的申请。一般来说，债务人对于能够避免清算更有积极性。这是对《企业破产法（试行）》所规定的，一旦债务人在自行提出破产申请后便不可再提出和解请求这一规定的修正，有助于债务人考虑是选择和解还是清算更符合其自身利益。再次，和解请求的提出以避免清算为目的。清算将会产生企业主体资格的丧失、品牌信誉的贬值等不可逆转的消极后果，所以才需要通过和解的方式避免消极结果的发生。复次，和解协议以债权人的让步为条件。和解协议之所以能够达成的原因在于债权人愿意放弃部分债权受偿可能性，以维持债务人经营运转。最后，债务人应与全体债权人达成和解协议。法律之所以设立和解制度，就是为了能够为当事人创造出平等缔约的环境。[①] 由债务人提出有关和解协议的草案即为要约，债权人会议的同意即为承诺，从而生成能够同时约束债务人与债权人的协议。按照破产法规定的程序，在表决和解协议时，采用的是少数服从多数的原则，这不同于一般意义上的自愿和解。另外，鉴于司法是保障民事主体权益的最后一道关卡，所以当事人的上述法律活动，都要受到法院监督，具体体现在法院对和解协议的审查、债权人会议的召集、和解协议效力的认可等方面。

和解制度的核心内容是和解协议的达成，债务人所提交的和解协议草案内容越具体，计划对债权人偿债的比率越高，就越有助于和解协议的通过。对于已经进入破产程序的债务人企业，通过法律手段介入调整债务人与债权人之间的债权债务关系，给予当事人更多时间来衡量清算与和解之间的收益与风险，从而选择对化解其危机更有效率的方式。结合《全国法院民商事审判工作会议纪要》（以下简称《九民会议纪要》）第 107 条第 2 款的规定来看，破产和解制度不仅可以较小的成本，迅速清理债务人的债务，同时可以避免债务人财产因清算而引发的价值损耗，化解其危机。所以，和解制度与

---

① 王卫国：《破产法精义》，法律出版社 2020 年版，第 311 页。

清算制度的相同点在于能够实现清偿，不同的是和解制度能够不损害债务人商业名誉且费用较少、耗时较短，债权人所获清偿更多，债务人亦有可能避免清算。

3. 我国和解制度的司法实践。

破产和解制度正式确立以来，理论研究与司法实践对破产和解制度的关注重点在于和解制度是否具备单独存在的价值，以及如何令其发挥出预期作用。我国现有以“破产和解”作为主题的研究文献相对清算与重整而言数量较少。多数研究集中于和解制度的性质、立法目的、制度功能、程序构造以及与重整制度的比较研究方面，且这些研究成果年代较为久远。近年来，少数文献对和解制度有所涉及，但总体而言，对该制度的研究热度并不高。司法实践中，笔者以“破产和解”作为关键字，在中国裁判文书网上予以检索，发现 135 条与之相关的司法案例，对其中存在重复的案件剔除后，还剩余 68 条。换言之，有文字记录的和解案件不足百条，而破产清算案件数量多达 25372 件，就其与破产清算案件的数量对比来看，足见和解制度的适用现状。[①] 尽管以“中华第一屏案”[②] 为代表的适用和解的破产案件较为出彩，也难掩自和解制度作为独立法律制度确立以来，适用该制度处理的、有文字记录的案件数量并不多的现实。[③]

虽说和解制度创设的初衷在于避免破产宣告给社会带来的消极影响，但由于和解程序进行过程中难以约束担保债权人的行权行为、和解制度中监督机制的欠缺、救济手段贫乏以及制度实施保障机制的欠缺等弊端存在[④]，和解

① 仅依据中国裁判文书网的检索数据不能完全说明和解案件的司法实践情形，因为在全国各地诸多的省市区县中，还有相当部分适用和解制度的破产案件并没有被收录于该网站。

② 2006 年《企业破产法》施行，科技公司被当地法院公布为“老赖”，此后的多年间公司经营累积亏损，深陷债务泥潭无法自拔，2008 年该公司自行申请破产清算，法院受理后认为“一破了之”未免可惜，在衡量多方利益过后法院裁定适用和解程序，不仅能够保留品牌经营的影响力，也可以妥善安置职工，并给予债权人较清算而言更多的受偿。经过多方调解，债权人免除其巨额债务，该公司已从绝境走向重生。参见李若凡：《“中华第一屏”科技公司破产案审结》，载《河南日报》2010 年 5 月 6 日。

③ 张善斌、翟羽翔：《破产和解制度的完善》，载《河南财经政法大学学报》2019 年第 5 期。

④ 张钦昱：《破产和解制度之殇——兼论我国破产和解制度的完善》，载《华东政法大学学报》2014 年第 1 期。

制度恐不能如立法者预期般承担挽救企业的重任。另外，和解制度在程序上突出表现为意思自治，运用合法措施化解债务危机，间接实现挽救债务人的目的，所以其构造中会自然出现排斥法院职权介入行为。实践也已经证明，仅靠双方的和解而拯救企业的概率很小，这便出现了制度窘境——适用和解程序仍未能使企业得以再生。

以某集团破产案为例，[①] 以生产优质玉米油而闻名的某集团，曾于 2020 年遭遇破产危机，法院在综合考虑企业挽救价值的基础上认可了当事人提出的和解协议。在其后的 2 年时间里，和解协议在执行过程中因某集团未能及时偿付利息、屡次在执行债权转换股票的约定中对债权人违约，最终以债权人再次提出破产申请而收场。某集团的二次破产表明，很多时候导致企业财务危机的诱因可能源自内部治理结构不合理或资产配置方式不妥当，仅凭债权人让步而达成和解协议，而缺乏能真正触及、解决威胁企业存续内在病因的直接有力的措施，难以构建起市场主体对和解制度的信任。

由于和解制度的效能尚未得到有效激发，所以部分学者始终不看好和解制度，认为该制度所具有的宣示价值高于其实践价值，略显鸡肋。[②] 在理论研究与司法实践情形都不甚乐观的情况下，很多学者开始反思：是否破产和解制度还有继续保留的必要。[③] 本书认为，和解制度成功与否，是司法实践过程中产生的问题，但问题的出现也推动着和解制度解释论以及和解制度立法论的研究与完善。所以，当务之急不是质疑和解制度的价值为何，而是在正确认识和解制度基本属性的基础上，着重思考如何改进和解制度存在的监督缺陷、执行保障等问题，以实现其价值、制度与实践的协调、统一。[④] 对此问题，本书后文中将在介绍评价域外破产和解制度晚近发展的基础上，对我国

① 《关于某集团债权人会议表决结果的公告》，载全国企业破产重整案件信息网，https：//pccz. court. gov. cn/pcajxxw/pcgg/ggxq? id=ADC286E6668E62231E86F3CDC67B8A9F，2023 年 8 月 30 日访问。

② 齐明：《中国破产法原理与适用》，法律出版社 2017 年版，第 176 页。

③ 张钦昱：《破产和解制度之殇——兼论我国破产和解制度的完善》，载《华东政法大学学报》2014 年第 1 期；齐明：《中国破产法原理与适用》，法律出版社 2017 年版，第 176 页。

④ 邹杨、丁玉海：《破产和解制度的反思：价值、规范与实践的统一》，载《海南大学学报（人文社会科学版）》2013 年第 6 期。

破产和解的功能价值定位以及相应的制度改进对策予以深入研究。

（二）我国破产重整制度的现状

破产重整制度诞生于世界性的破产法改革运动中，这场改革运动的主要目的是革新破产法的价值理念以顺应市场化大生产的发展，着力构建起拯救破产企业的再建型债务清理制度。由此，欧美国家相继建立起较和解制度更具拯救力的重整制度。所谓破产重整，指的是对于可能出现或者已经出现破产原因的但又具有拯救价值和挽救希望的债务人，通过与债权人等利害关系人协商一致，形成“重整计划”，并对债务人实施营业重组与债务清理，以挽救债务人的法律程序。[①] 重整申请的提出是当事人启动破产重整的法定方式，重整程序能够帮助债务人在继续营业的基础上，通过债务结构调整的形式减轻经营压力。破产重整制度的生成与演化，被称为现代破产法的第二次革命，它不仅开辟了在公平清理债务的前提下实现困境企业再建与复兴的途径，从而更新了破产法的观念和结构，而且拓宽了传统民商法的思维空间。[②]

1. 重整制度的历史发展。

在《企业破产法（试行）》时期，我国并没有重整制度，而当时用于预防全民所有制企业破产的制度主要是和解与整顿。和解与整顿需要在行政机关的参与下进行，完全不同于现代意义上法院主持下债务人与债权人之间协商、合意的制度安排。尽管和解与整顿整体存在不科学与不周延之处，但是事实上，和解与整顿作为破产预防制度而存在，一定程度上也说明了政府与立法者已然注意到破产预防的重要性，并试图在清算程序之外设计专门的破产预防制度，只是当时的整顿机制并未能发挥出破产预防作用。对于种种结果，除去受到行政权力的影响外，还与立法内容残缺、配套机制不健全、适用对象过于局限等多种因素有关。

任何一种新制度都存在“嵌入”具体社会环境的问题，同时也深受现有

---

① 王欣新：《破产法》，中国人民大学出版社 2019 年版，第 247 页。

② 王卫国：《论重整制度》，载《法学研究》1996 年第 1 期。

经济、法治环境所形成的既存路径的依赖，重整制度亦是如此。新破产法的起草过程中，立法者拟为困境企业设计不同的程序供其依据自身经营情况选择适用。其中，对符合公共利益或产业政策且具有再生价值的企业，国家和政府可以予以援助，帮助其脱离困境；只对经过施救措施仍无力回天的企业才应当对其进行清算。所以重整成为企业破产危机治理的首选对策，我国在吸收域外破产拯救理念的基础上，在《企业破产法》中也构建了重整制度。[①] 重整制度将挽救企业作为制度存在的首要目标，以多种手段维持债务人继续营业、恢复生产经营能力为重要内容。[②] 可以说破产重整制度的引入是一种具有创造性的行为，是一种全新的立法设计，不仅深化了对原有破产预防制度的认识，丰富了破产法的内涵与外延，而且为当事人应对破产危机提供了更多的可能性。

2. 重整制度的现行立法。

我国现行《企业破产法》所规定的重整程序是在借鉴域外先进经验的基础上制定的，主要分布在第八章第 70—94 条，共计 25 个法律条文。内容包括重整申请的提出与受理、重整期间的营业维持、重整计划的生成批准和后续执行三个部分。可以说，在破产法的发展中，几经权衡终于找到了能够积极挽救企业，同时又能清偿债务的方案——重整程序。[③] 重整制度将企业挽救与债务清偿有机结合起来，侧重于债务人企业以再建的方式实现对债权人的清偿。在重整过程中调和不同利益主体的主张，通过对债务人内部治理结构以及资产配置的调整等措施与利害关系人达成合作，保留企业经营资格，化解偿债难题，避免清算可能带来的负效应，实现债务人与利害关系人之间的合作共赢。在此意义上，破产重整不仅可以作为一项法律制度进行适用，还可以用于应对重大债务危机的场合，令其成为政策上的调整机制。[④] 例如，在

---

① 李曙光：《论我国企业破产法修法的理念、原则与修改重点》，载《中国法律评论》2021 年第 6 期。

② 王卫国：《破产法精义》，法律出版社 2020 年版，第 244 页。

③ 李永军：《破产法律制度》，中国法制出版社 2010 年版，第 6 页。

④ 齐明：《中国破产法原理与适用》，法律出版社 2017 年版，第 137 页。

海外部分国家，当地方财政出现危机时，就可以考虑适用重整程序对地方财政予以再建和拯救。

重整程序具有以下几个方面的特征。首先，重整程序具有独立性。重整程序作为现代破产法的三大支柱之一，因其制度适用原因的独特性、申请主体的宽泛性，偿债方式的多样性等优点，发挥着积极预防破产的重要作用，这是清算程序与和解程序所不能媲美的。其次，重整程序中的利益呈现多元化。重整程序不仅涉及债权人与债务人的债权债务关系，事关债务人资产配置或产业结构调整，还事关不同群体的利益，如职工、股东、新投资者、政府等。再次，重整程序主要适用于企业法人。尽管合伙等企业类型也可以参照适用重整程序，但是重整程序本身相对复杂，法律干预较多，是一种力度较大但费用较高的企业拯救制度，适合规模较大、困境较为严重的企业。[①] 最后，重整程序具有优先于民事执行程序的效力。当重整程序开启后，应对涉及债务人的执行程序或有关财产保全程序暂行中止，对特定财产的优先受偿权予以限制，等待重整计划的形成。一旦重整程序开启，非因法定事由不得接受其他利害关系人对债务人所提出的破产清算申请。另外，值得注意的是，重整程序中的国家公权力（包括法院和国家行政机关）干预程度较和解程序更大。

重整程序与和解程序的共同之处在于需要债务人与债权人等利害关系人达成合意，并生成相应的和解协议或重整计划。但重整程序的最大特殊性在于，其以拯救企业为目标，决定了其制度设计必定与破产和解制度存在诸多不同。例如，破产程序开启的法定条件是债务人出现破产原因，清算程序与和解程序都以债务人明显缺乏清偿能力作为法定条件，而对于重整制度，当债务人出现潜在的债务危机时，便可申请破产重整。破产程序的申请主体原则上是债权人或债务人，特殊情形下，还包括清算组、国务院金融监管机构等。由于重整程序是企业挽救程序，所以重整程序可由利害关系人提出重整申请，如持有特定出资比例的出资人。在我国，以出资额占债务人注册资本

---

① 邓艳君：《破产重整与破产和解程序之比较》，载《中南林业科技大学学报（社会科学版）》2008 年第 6 期。

十分之一以上作为限制条件，其中可由单独持有者自行申请或合并持有者共同申请的方式，开启破产重整。在重整程序中，担保权要暂停行使以此保留企业再建的物质基础，而在和解程序中，担保权人不受程序约束。因此，虽然都以预防企业破产为目的，但是重整程序更为积极，而和解程序较为消极。

3. 我国重整制度的司法实践。

现代破产法已经不再单纯作为私法而存在，更多具有公私兼具的属性，是国家公权力通过司法程序介入私人经济活动、维护当事人权益且兼顾社会整体利益的法律制度。破产重整制度也因发挥着多元利益平衡功能而被视为现代破产法的重要标志。尽管学理上破产预防制度包括和解制度与重整制度，但不少学者认为重整制度是以和解制度为基础发展起来的、挽救效果更为明显的制度，所以一直以来学者的研究以及司法实践对重整制度的关注度更高。截至 2022 年 9 月，以“破产重整”作为关键词在中国裁判文书网予以检索，可获得 2188 件与之相关的案件，其中典型案例约为 190 件；而“破产和解”的典型案件仅有 26 件。通过两大制度在与实践案例方面的数量比较，足见学界对破产重整制度的研究热情。

自破产重整制度确立以来，全国已有数百家企业包括上市公司通过重整程序获得新生。重整制度的创设为挽救危困企业提供了新的路径，在市场经济条件下多元化主体对破产预防的制度需求，推动着司法实践的深入发展。但由于现有破产重整制度规范的原则性偏强，意味着法条规定难以对重整程序的每个环节进行细致入微的规定，导致其无法生成能够适用于各类市场主体的、相对固定的处理模式。特别是当前司法实践中存在如重整案件启动难、重整程序运行难以及重整计划执行难等多重障碍，制约着重整制度的效能。① 每一桩重整案件都能为后续案件的处理提供有益的经验与借鉴，但也使得重整制度适用过程中所暴露的问题逐渐明显化，如重整制度的理念更新、预先重整制度的构建、简易破产程序的探索、中小企业的特殊重整规则、重整企业的信用修复等问题。是故，如何就重整制度深入进行理论分析，并为相关

① 张艳丽：《破产重整制度有效运行的问题与出路》，载《法学杂志》2016 年第 6 期。

法律规范的制定提供智力支持与知识供给，已成为重整制度研究的主要目标。基于此，本书后文将对重整程序的若干重要侧面进行重点探讨。

破产和解制度与破产重整制度被共同确立为现代破产法的两大预防制度，体现了破产立法的进步性。破产预防制度的形成和确立不是对破产法传统功能的排斥，而是使破产法对债权债务关系的调整由自发向自觉演变，由消极向积极演变。破产预防制度是破产法日益完备性与精确性的体现，是现代破产法精神的实现。① 实践中，和解制度与重整制度并非互相排斥，债务人可根据具体情形选择适合于自身的破产预防程序。一般来说，在债权债务关系简单或经营规模较小的企业陷入债务危机时，更倾向运用和解制度快速清理债权债务关系，以维护企业经营的良好信誉。大型企业因规模较大，涉及的利益关系更为复杂，选择重整制度更为合适。总之，由于破产法实践具有一定的终局性特征，在挽救困境企业、实现营业保护和稳定社会秩序的过程中，就公平与效率两大目的而言，决不可择一而行，应当就个案情形以及市场环境寻找二者的平衡点。

---

① 付翠英：《从破产到破产预防：一个必然的逻辑演绎》，载《法学杂志》2003 年第 1 期。

·第二章·

破产和解制度比较研究

第一节　域外和解制度比较研究

一、日本破产和解制度评述

（一）日本和解制度的产生

在2000年之前，日本的破产程序包括再建程序（公司更生、公司整理、和议）和清算程序（特别清算、破产）。其中和议制度类似于中国现行的和解制度，其优缺点也与我国的和解制度基本相同。日本的和议制度于2000年随着民事再生程序的实施而废止，但是，取代日本和议制度的民事再生制度吸收了和议制度的理念，并弥补了和议制度的诸多缺陷，在一定意义上是日本破产和解制度的升级版。

1. 日本和议制度的概况。

日本早在江户时代就存在破产相关制度，其规定类似于现代的破产程序以及私下和解的程序。[①] 1872年，日本开始参考西方法律进行立法，并于1890年正式在法典中确立了破产制度，由当时的《商法》第三编（破产篇）进行规定。此部分内容借鉴了法国相关制度，但是，由于其后的日本民事诉讼法大多借鉴德国的制度，导致当时日本的破产制度与民事诉讼法制度间存在诸多冲突。[②] 为解决这一问题，日本政府废除了商法中关于破产程序的内容，于1923年参照德国法制定了旧《破产法》。与此同时，日本制定了《和

① ［日］山本和彦：《倒产处理法入门》，有斐阁2018年版，第10页。
② ［日］山本和彦：《倒产处理法入门》，有斐阁2018年版，第11页。

议法》，并在破产法中加入了强制和议制度。1923 年 1 月 1 日，《和议法》与旧《破产法》同时实施。

1938 年，为了迅速解决日本企业的破产问题，日本政府将简化破产流程的特别清算制度和公司整理制度规定于商法典之中。[①] 1952 年，受美国的法治思想影响，日本修改了破产制度，制定公司更生法，着重强调企业的再建。[②] 自此，散布于日本不同法律之中的“破产五法”（公司更生制度、公司整理制度、和议制度、特别清算制度、破产制度）并行体制得以确立，直到 20 世纪 90 年代才再次被进行大规模的修改。

2. 日本和议制度的基本内容。

在日本的破产法体系下，破产和议制度实质上存在两种形式，即按照《和议法》规定，为防止企业被宣告破产，在破产宣告之前进行的和议（也称任意和议），以及按照旧《破产法》规定，为避免企业被清算，在债务人被宣告破产之后，在破产程序进行当中进行的和议（也称强制和议）。这两种和议的目的基本相同，其效力也基本一致。[③]无论是旧《破产法》中的和议制度，还是专门制定的《和议法》中所规定的和议制度，其目的均是通过债权人与债务人之间达成和议契约来了结债权债务关系，使债务人摆脱经济上的危机，得以继续经营。从这一点来看，日本法上和议制度的本质和目的，与我国破产和解制度是完全一致的。因此，本书拟对日本和议制度的发展变迁作一概括评述。

（1）《和议法》中规定的和议。《和议法》中规定的和议程序由债务人向法院提出。[④] 法院在受理债务人的申请之后，需选任“整理委员”对该债务人进行调查，整理委员在调查之后需向受理和议申请的法院提出包含调查结果的报告书。[⑤] 如法院根据该报告书的内容判断该申请并无不妥，则应作出开

① ［日］山本和彦：《倒产处理法入门》，有斐阁 2018 年版，第 12 页。

② ［日］山本和彦：《倒产处理法入门》，有斐阁 2018 年版，第 12 页。

③ ［日］青山善允、伊藤真、井上治典、福永有利：《破产法概说》，有斐阁 1997 年版，第 235 页。

④ 《和议法》第 12 条。

⑤ 《和议法》第 21 条。

始和议程序的决定。[①] 与此同时，法院需重新选任“和议财产管理人”，并规定债权人可以申报债权的期限。[②] 如果申报的债权存在争议，则由受理和议申请的法院进行判断。在确定了所有已经进行债权申报的债权人的身份之后，将召开债权人会议。债权人听取整理委员、和议财产管理人以及其他相关人员的意见之后，需要在债权人会议上对该和议协议进行表决。[③] 得到法定过半数的债权人同意之后，和议达成。[④] 如未能得到法定过半数的债权人的同意，则由法院作出废止和议程序的决定。[⑤]

（2）旧《破产法》中规定的和议。日本旧《破产法》中规定的和议发生在债务人被宣告破产之后，清算程序开始之前。破产者（债务人）需在债权人会议上提出和议协议（要约），此时，旧《破产法》上的强制和议程序即被开启。债权人会议对破产者提供的和议协议进行表决。在得到过半数出席且能行使表决权的债权人的同意，并且同意和议协议的债权人所持债权总额达到已申报的债权人的总债权四分之三以上时，和议协议成立。[⑥] 此后经法院的认可而生效，其效力同样及于在债权人会议中对和议协议未投同意票的债权人。强制和议生效后，破产财产管理人将了结正在进行的业务，并在债权人会议上对此时的破产财产情况进行报告。[⑦] 最后，由法院作出终结破产程序的决定。[⑧] 此后，破产者将恢复其对财产的管理处分权。[⑨] 反之，如果债权人会议未能通过和议协议，则和议程序立即被废止，正在进行的破产程序将继续。法院不认可和议或者决定取消和议的情况下，也同样直接转换到破产程序。

---

① 《和议法》第 25 条、第 26 条。
② 《和议法》第 27 条、第 28 条。
③ 《和议法》第 46 条、第 48 条。
④ 《和议法》第 49 条。
⑤ 《和议法》第 50 条。
⑥ 旧《破产法》第 306 条第 1 项。
⑦ 旧《破产法》第 168 条。
⑧ 旧《破产法》第 324 条。
⑨ 旧《破产法》第 366 条之 21。

（二）日本和议制度的问题

虽然和议制度在很长的时间内帮助日本困境企业重建，但是和议制度也因其诸多不足而饱受批评，最终导致其被废止。具体来说，日本原先的和议制度主要存在以下四个方面的缺陷。

1. 关于申请和议的条件。

日本旧《破产法》和《和议法》中规定可以申请和议的条件较为苛刻，即只有在公司达到可以宣告破产程度时债务人才可申请和议，而这对于公司再建来说大多为时已晚。所以，虽然旧《破产法》时代的和议程序是当时唯一一个既适用于法人又适用于自然人的再建型破产程序，但很多学者认为其目的更倾向于回避破产程序的开始，而很难认为它是纯粹的重建程序。[①] 当时的日本破产法学界一直提倡适当放宽申请和议的条件，建议尽量在公司自力更生的能力尚存时就开始和议程序。

2. 关于担保债权人。

上文已经提到，和议制度并不拘束有担保的债权人，在有担保的债权人实现其担保权之后，留给债务人的可支配资产就变得极为有限。并且，一旦债务人进入破产程序，即使在破产程序进行当中申请和议，债务人也无法获得银行贷款，也无法在法院的支援下寻找其他资助人，如此情况下企业再建将极难实现。所以，和议程序对有担保的债权人无法律约束力的规定，实际上成为影响企业再建效果的核心问题。这就是虽然日本将和议程序归类为再建型的破产程序，但很多学者都认为和议的实质更偏向于债权人与债务人的私下和解，而全无再建效果的原因。[②]

3. 关于和议协议的履行。

在日本的和议制度中，一旦和议协议获得通过之后，债权人将退出和议

---

① 东京地裁破产、和议实务研究会：《破产、和议的实务（下）》，载《民事法情报中心》1998年第9期。

② 东京地裁破产、和议实务研究会：《破产、和议的实务（下）》，载《民事法情报中心》1998年第9期。

程序；法院在确认和议生效之后，也不再继续参与和议协议的履行。也就是说，和议协议的履行完全由债务人独自完成。所以，债务人到底是以挽救企业为目的而申请和议，还是以获得债权人的让步从而逃避债务为目的，对此无从知晓。这就是在很长一段时间内，日本的破产和议制度被称为“赖账制度”的原因。[①] 法院既无法监督和议协议的履行，也无法支援债务人重建，均导致了实际上很难保证债务人履行和议协议。

4. 关于机关的设置。

在债务人向法院提出和议申请之后，法院会选任整理委员对债务人的财产状况、是否满足申请和议的条件，以及是否具有履行和解协议的能力等进行调查。在和议程序开始之后，法院又会重新选任和议财产管理人处理债权人的申报等问题，其实质上也是对债务人的财产状况及其是否满足实施和议程序的条件，以及其是否具有履行和解协议的能力等问题的调查。所以，对于这种二次选任和调查必要性的质疑，也一直是日本破产法学界关注的问题。[②] 破产处理程序大多花费巨大，这种相同职能机关的反复设置，相同调查的反复进行，更会延误债务人再建的时机，并为濒临破产债务人造成巨大的经济负担。

（三）民事再生程序对和议制度的取代

1. 和议制度的存废之争。

鉴于上述和议程序的诸多缺点，日本旧《破产法》所规定的公司整理制度和公司更生制度更具优势。公司整理制度的申请条件中不要求债务人必须达到宣告破产的程度，而且参与公司整理程序债务人的行为均要受到法院的监督，这就是公司整理程序比和议制度具有更好的重建效果的原因。[③] 另外，公司更生制度的申请条件同样不要求债务人必须达到宣告破产的程度，并且

① 东京地裁破产、和议实务研究会：《破产、和议的实务（下）》，载《民事法情报中心》1998年第9期。

② ［日］青山善允：《和议法的实证研究》，载《商事法务研究会》1998年第7期。

③ ［日］青山善允、伊藤真、井上治典、福永有利：《破产法概说》，有斐阁1997年版，第9页。

公司更生制度的效力及于有担保的债权人，这就使得具有强大效力的公司更生制度一直被作为破产再建程序首选的主要原因。[①] 基于上述公司整理制度和公司更生制度的优点，导致日本学界围绕着和议制度的存废，一直存在争议。

和议制度饱受批评的重要原因是和议制度预防破产的效果，远比不上同为再建型程序的公司更生制度和公司整理制度。但是，和议制度充分尊重债权人、债务人双方的意愿，其实质更接近于债权人债务人双方私下通过协议解决企业濒临破产的困境。因此，也有很多学者始终认为应当通过修改旧《破产法》以及《和议法》的相关制度，来改善和议制度的不足从而发挥和议制度的优势，而不是直接将其废止。[②]

在立法方面，20 世纪 90 年代初，泡沫经济破裂之后，日本经济陷入长期低迷。日本政府意识到确保破产程序的实效性是解决不良债权债务过剩，保证金融体系安定，复兴日本经济的重点。[③] 1996 年 10 月，日本法务省召开了“法制审议会破产法部会”，开始对破产法律制度进行评估。由于泡沫经济的破裂对当时的中小企业造成巨大影响，大量中小企业均面临破产，[④] 为快速应对中小企业的破产与再建，日本政府在 1999 年 8 月 26 日的法制审议会总会上，借鉴了美国破产法第十一章的内容，制定了以再建中小企业为主要目标的民事再生制度。[⑤] 由于民事再生制度的基本内容与和议制度大致相同，所以日本政府就将和议制度中的优点吸收到民事再生制度之中，又在民事再生制度中针对和议制度的不足进行了改进。伴随 2000 年 4 月 1 日日本《民事再生法》的实施，《和议法》也正式被废止。此后，日本政府又设立了再建型消费者破产制度、国际破产制度，并对公司更生制度进行了适应时代的修改。[⑥] 2004 年，日本对作为破产制度基本法的《破产法》进行了相应的修改，并于

---

① ［日］青山善允、伊藤真、井上治典、福永有利：《破产法概说》，有斐阁 1997 年版，第 13 页。

② ［日］青山善允：《和议法的实证研究》，载《商事法务研究会》1998 年第 7 期。

③ ［日］山本和彦：《倒产处理法入门》，有斐阁 2018 年版，第 12 页。

④ ［日］山本和彦、中西正、笠井正俊、冲野真已、水元宏典：《倒产法概说》，弘文堂 2010 年版，第 29 页。

⑤ ［日］山本和彦：《倒产处理法入门》，有斐阁 2018 年版，第 152 页。

⑥ ［日］山本和彦：《倒产处理法入门》，有斐阁 2018 年版，第 13 页。

2005 年 1 月开始实施，也就是现行的新《破产法》。

2. 民事再生程序概要。

（1）民事再生程序的基本内容。取代《和议法》的《民事再生法》被认为是吸收了和议程序的基本理念，并弥补了和议程序缺陷的破产法律制度。其内容大致如下。

①申请。民事再生程序并未对申请该程序的债务人资格进行法律限制，申请人可以是个人、股份公司或者其他法人。该制度设立的目的主要是针对中小型企业的再生，然而现实中，有部分上市公司和规模较大的公司也会采用这一程序。民事再生程序有两种基本类型：让现有的管理团队继续经营该企业的 DIP（debtor in possession）类型，以及剥夺现有管理团队的经营权利，由受托人或临时管理人接管其经营管理的行政管理类型。

关于民事再生程序的申请，原则上，只有在债务人申请后，才会启动民事再生程序。[①] 如果债务人是个人，只有当其在日本有商业办事处、住所、居所或财产时，才能提出申请；如果债务人是法人或其他协会或基金会，只有当其在日本有商业办事处、办公室或财产时，才能提出申请。[②]

债务人申请民事再生程序之后，法院发出再生命令之前，法院可以根据自己的职权或利害关系人的申请为保全再生财产采取一些措施。具体而言，在收到债务人的申请之后，法院可根据利害关系人的请求或根据其自身的职权，下令临时扣押、临时处置或采取其他关于债务人业务和财产的临时限制令，该临时限制令的期限截止到发出民事再生程序启动命令之时。[③] 另外，法院认为有必要时，可根据有关人员的申请或自己的职权，发出处置命令，由监督委员对债务人的财产进行监督（监督命令）。在这种情况下，一般会指定一名或多名监督委员，并明确规定未经他们同意，民事再生债务人不得实施的行为的范围。对于任何需要监督委员同意，却没有获得这种同意而进行的

---

① 《民事再生法》第 21 条第 1 项。

② 《民事再生法》第 4 条第 1 项。

③ 《民事再生法》第 30 条第 1 项。

行为，其应被视为无效。但是，此行为的效力不得对抗善意的第三人。[①]

除以上两种措施外，在债务人提出了再生程序的申请之后，法院如果发现财产的管理或处置不适当，或有其他的对再生债务人继续经营特别必要的情况，法院可以根据利害关系人的申请或自己的职权，对再生债务人的业务和财产发出临时管理命令，该命令的效力直至正式发出民事再生程序启动令之时失效。在对民事再生程序的申请作出启动命令之前，法院可根据有关人员的申请或根据其本身的职权，发出处置命令，由临时管理人管理债务人的业务和财产。[②] 并且，在发出临时管理命令时，开展债务人的业务以及管理和处置债务人财产的权利应完全归属于临时管理人。然而，在执行不属于债务人管理事务权限的行为时，临时管理人必须获得法院的许可。[③]

如果债务人提交的启动再生程序的申请符合法律要求，法院应发出启动再生程序的命令，而对于不符合法律要求的申请则应予以驳回，再生程序的启动命令自公布之日起生效。[④] 并且，法院在发布启动民事再生程序命令时，应公布债权人申报的期限和对申报债权进行调查的期限。[⑤] 应予启动的民事再生申请应满足以下条件：有可能出现导致破产程序启动的事实；当债务人无法在不对企业的继续经营造成重大阻碍的情况下偿还到期债务。[⑥] 即不仅在公司无法支付债务或资不抵债的情况下可以提出民事再生程序的申请，而且在企业存在这种风险的情况下也可以提出民事再生程序的申请。特别是在即使可以通过变卖公司重要财产的方式偿还债务，但这种偿款方式将使公司无法继续经营的情况下，为了使企业继续经营，债务人也可以提出民事再生申请。

与企业破产清算不同，民事再生程序是一个重组企业并使其保持活力、继续经营的程序，因此它的申请可以比破产或其他清算类型的程序更早提出。这也是民事再生程序比其他程序更能帮助企业再生的核心特点——于更早的

① 《民事再生法》第54条。
② 《民事再生法》第79条。
③ 《民事再生法》第81条。
④ 《民事再生法》第33条。
⑤ 《民事再生法》第34条。
⑥ 《民事再生法》第21条。

时间挽救企业。而对于应予驳回的民事再生申请，其应包含以下情形：没有预付再生程序的费用；法院正在针对该企业进行破产程序或特别清算程序，而且启动的程序符合债权人的普遍利益；公司现有状况不可能制订再生计划、再生计划不可能被债权人通过，或再生计划不可能被法院认可；以不合理的目的提出启动再生程序的申请，或者不是出于善意提出再生申请的。[①]

除债务人申请外，破产财产管理人也可以申请进行民事再生程序。在破产财产管理人认为债务人存在可以启动民事再生程序的事实时，经法院许可，可以提出启动民事再生程序的申请。[②] 如法院认为使用民事再生程序符合债权人的普遍利益，则可以许可该民事再生程序的申请。[③]

②再生计划。民事再生程序开始之后，则进入了制订和认可民事再生计划的阶段。在制订再生计划之前，需要明确债权人的身份及其债权的状态，[④] 并且需要对债务人的财产作出准确评定。[⑤] 基于以上两方面信息，债务人便可以制订出切实可行的再生计划，法院以及债权人也可以依据以上两方面信息判断再生计划的可行性。

另外，在制订再生计划期间，还需要改善再生企业的经营效益。因此，债务人需要在重新审视其事业的基础上，通过从不盈利的事业中撤退、关闭一部分工厂等手段增加企业的收益。除此之外，对于再生计划的制订而言，寻找赞助企业至关重要。为了再生事业，需要向有资金和信用的企业请求支援。除了在申请再生手续时预先被设定了相关赞助企业的情况以外，再生企业需要尽早开始选定赞助企业的活动。债务人需要在选定赞助企业之后，提交再生计划之前，确定赞助企业的支持方案。另外，为了资金周转，需要赞助企业在制订再生计划案之前的早期阶段，接收再生债务人的全部或一部分事业，这需要通过召开关于事业转让的听证会来决定。[⑥] 因此，选定赞助企业

---

① 《民事再生法》第 25 条。
② 《民事再生法》第 246 条第 1 项。
③ 《民事再生法》第 246 条第 2 项。
④ 《民事再生法》第 94 条、第 101 条。
⑤ 《民事再生法》第 124 条。
⑥ 《民事再生法》第 42 条第 2 项。

的手续必须尽快进行。

当债务人将再生计划提交法院后，监督委员将在注册会计师的帮助下对再生计划的内容进行详查，并就再生计划的可行性发表意见。并且，关于再生计划案的内容，只要没有违反法律的规定，法院应决定将该计划提交再生债权人进行决议。[①] 另外，再生债权人也可以提出再生计划方案。在再生债务人与再生债权人同时提出再生计划方案的情况下，监督委员需要验证两个计划方案是否满足法律要件。

对于提交决议的再生计划，应经过拥有表决权的债权人表决后生效。在债权人会议上，合计得到有表决权的债权人过半数，且所有有表决权的债权人的债权额度的二分之一以上的债权人赞成的情况下，再生计划通过。[②] 如果只满足上述决议通过要件的任何一项，将再次召开债权人会议进行表决。[③] 在不满足上述决议通过要件任何一个或即使再次召开债权人会议也没有通过希望的情况下，再生手续将被废止，该企业直接进入破产程序。[④]

如果通过的再生计划中没有违法的内容，法院将批准再生计划。[⑤] 并且，对于被认可的再生计划，如果在一定期间内没有出现针对再生计划的即时抗告，则再生计划产生法律效力。[⑥] 确定再生计划后，债务人将按照确定的再生计划的各项条款，履行再生计划。再生计划履行完成或者再生计划通过 3 年后，再生程序结束。[⑦] 再生计划生效期间，债务人的履行需服从监督委员的监督。

③民事再生程序的费用。在申请民事再生程序时，还需要向法院缴纳与负债总额相应的预缴金。该预缴金将用于地方法院选任监督委员等必要费用。另外，债务人也需要支付民事再生程序中律师的佣金等费用。一般来说，律

---

① 《民事再生法》第 169 条第 1 项。
② 《民事再生法》第 172 条 3 第 1 项。
③ 《民事再生法》第 172 条 5。
④ 《民事再生法》第 191 条 3、第 250 条第 1 项。
⑤ 《民事再生法》第 174 条。
⑥ 《民事再生法》第 176 条。
⑦ 《民事再生法》第 188 条第 2 项。

师佣金的金额，与向法院缴纳预缴金的标准相同。虽然根据律师的不同会有各种各样的差异，但是企业的负债总额大，预缴金也会多，相应律师佣金的金额也会变大。相反，即使负债规模小的企业，代理人律师的业务量也十分庞大，所以同样需要一定额度的佣金。实际上这也导致了只有一定规模的公司才能适用民事再生程序的结果。

（四）民事再生程序对和议制度的改进

结合相关立法条文，对比民事再生程序与原先的和议制度，民事再生程序主要做出了以下改进。

首先，民事再生程序降低了适用的门槛。民事再生程序并没有像和议程序一样要求企业达到破产程度，而是将申请条件定为“有出现破产的可能性”。这样就可以在企业经济情况尚未完全崩溃的时候对其进行再建，从而提高再建的成功率。①

其次，民事再生程序简化了适用流程。民事再生制度不要求债务人申请时提供企业再建计划，也免去了整理委员对企业再建计划可行性的严格审查。这样债务人就可以迅速进入企业再建的阶段，并且可以根据具体的情况调整企业再建计划。

再次，民事再生程序与和议程序相同，保留了原有经营者的经营权，但是民事再生程序的再生计划却比和议程序更加灵活。债务人不仅可以选择自力更生，也可以选择寻找资助者支援，或者变卖有价值的事业部门并对剩余财产进行清算。

最后，民事再生程序解决了和议程序中缺乏监督的问题。在民事再生程序开始之后，法院会指定监督委员监督债务人完成企业再建，尤其在债务人进行可能影响企业再建的重要财产处分时，必须获得监督委员的同意。并且，民事再生程序中设置了追究企业经营者责任的程序，并强调了经营者关于企

① ［日］山本和彦、中西正、笠井正俊、冲野真已、水元宏典：《倒产法概说》，弘文堂 2010 年版，第 394 页。

业再建情况的公示义务。

但是，民事再生程序也有自身的不足。虽说预防企业破产，帮助企业重建是民事再生程序的目的，但民事再生程序却不能防止社会对公司信赖的降低。因为如果企业进行民事再生程序，这就意味着企业的经营面临困境，该企业的客户也会因此而终止交易，规避风险。所以很多企业为了维护客户的信赖和品牌的形象而不愿意采用民事再生程序。并且，如果民事再生计划没有获得债权人的赞同或法院认可的话，民事再生程序将会转换至破产程序。这会导致债权人直面可能破产的风险，这同样也是导致企业不愿采用该程序的原因。另外，如上文所述，民事再生程序的进行需要大量的费用，这部分费用也会给濒临破产的企业造成巨大的负担。

基于以上原因，《民事再生法》自施行以来，民事再生程序虽然被广泛应用，但其帮助企业再建的成功率并不高。东京工商调查企业从《民事再生法》开始实施的2000年4月1日到2016年3月31日，在负债1000万日元以上申请适用民事再生程序的9406件案件（包括法人、个人企业）中，对可以确认进展的7341家法人进行了追踪调查。发现其中只有29.1%（2136家）的企业成功完成了再建，得以留存下来，实现了破产预防的目的。而另外申请适用民事再生程序的5205家企业（占比70.9%），因吸收合并、破产、特别清算等程序而彻底消失。①

我国的破产和解制度与日本和议制度的理念基本相同，都是以预防破产为目的。由于两者内容大致相同，所以我国的和解制度也同样面临着类似的问题，导致了破产和解制度在我国司法实践中适用率较低的现象。因此，我国破产法学界亦不乏有人呼吁废除破产和解制度。对此，本书认为，日本的经验可以起到一定的参考作用。日本的和议制度虽然存在很多问题，但不可否认的是，其也为企业破产的预防做出了一定的贡献。并且，由于和议制度具备一些其他破产程序所不具备的优点，所以日本虽将其废除，却也在民事

① 《适用〈民事再生法〉之后企业生存率仅三成》，载M&A Online：https：//maonline.jp/articles/tsr0041minjisaisei，2022年5月27日访问。

再生程序中继承了其大部分优点。因此，在没有更优方案的前提下，应当通过立法改善我国和解制度的不足，为债权人和债务人保留达成合意、解决破产困境的更多选项，对此，本章最后一节将予以详尽分析。

二、比利时破产和解制度研究

比利时是首个制定独立的破产和解立法的国家，也是一个在破产法领域内不断探索的国家。从 1851 年制定首部破产法以来，其于 1883 年创立破产和解制度，并于 1997 年、2009 年对破产程序进行了改革，其间还伴有多次的修订和调整。在这几次改革中，破产和解制度也是改进的重点。

（一）比利时破产和解制度的萌芽：1851 年《破产法》

比利时的破产和解制度最早可以追溯到 1851 年。自 1830 年国家成立以来，比利时便着手制定自己本国的法律。其在 1851 年颁布了关于破产与和解的法律，该部法律主要学习了法国 1807 年拿破仑《商法典》中“破产篇”的规定，同时借鉴了荷兰的冻结期制度。[①] 比利时 1851 年《破产法》主要包含和解（concordat）、临时冻结（sursis de paiement）、快速和解（swift concordat）三种程序，为其 1883 年破产和解制度的诞生奠定了基础。

第一，关于和解程序。和解程序在法国 1807 年《商法典》的“破产篇”就有所规定，它是指在债务人被宣告破产后，债务人可以与债权人协商达成和解（concordat），但和解的通过要经过半数债权人的同意，并且同意和解的债权人的债权额要占到债权总额的四分之三以上。如果该条件不能满足，则只能转入清算程序。1851 年的比利时破产立法也学习了这一规定。需要注意的是，此处的和解并不是现代破产预防意义上的和解，而是在债务人丧失清偿能力后债权人为执行财产、获得更多清偿而设置的。另外，此制度中和解

---

① Dave D. Ruysscher：*Legal Culture*, *Path Dependence and Dysfunctional Layering in Belgian Corporate Insolvency Law*, 27 International Insolvency Review（2018）.（戴夫·D. 路舍尔：《比利时企业破产法中的法律文化、路径依赖和功能失调分层》，载《国际破产评论》2018 年第 27 期。）

协议的内容由无担保的债权人会议决定，法官只起被动的协调作用。债务人财产实际由几位被选出的债权人作为受托人管理和控制。有担保的债权人不受和解协议的约束，可以随时要求行使担保权。在程序的最后，由债权人最终决定是否将债务人财产拍卖或者接受和解。此外，债权人还有权决定是否赦免债务人，如果在破产程序中，债务人没有实施犯罪行为，在偿还完所有债务后可以重新进入市场，否则将没有资格再次成为商人。[1]

第二，临时冻结程序。该程序部分借鉴了上文的和解程序以及荷兰破产法中的临时冻结期制度（surséance），是指在一段时间内债务人可以保留自己全部的财产，中止全部债务的清偿与执行程序。临时冻结程序将破产原因分为完全丧失清偿能力与暂时不能清偿，这是该程序的进步之处。上文的和解程序只是在债务人明显丧失清偿能力时才针对其启动破产程序，而申请临时冻结的商人可以是暂时陷入支付困境，但没有完全陷入破产境地的债务人，且该债务人必须是“诚实但不幸”的。临时冻结程序须有过半数且占债权总额四分之三以上的债权人同意通过，由法院宣布开启，为期 12 个月。如果该条件没有满足，债务人则直接进入清算程序。虽然该程序已经有了预防破产理念的萌芽，但还是没有完全跳脱出以债权人利益为中心的窠臼。在冻结期内，债务人的财产由债权人代表控制，并且动产担保债权人不受冻结的限制，可以随时行使权利。[2] 关于动产担保债权人的这一规定，在实际适用上也产生了问题，即为了让债务人可以有继续营业的场所，不动产抵押权人需要受到冻结程序的限制，但由于和解程序中抵押权人还享有别除权，可以直接受偿，因而抵押权人在投票时更希望让债务人进入清算程序，而不会支持授予其临

① Dave D. Ruysscher：*At the End*, *the Creditors Win*：*Pre-insolvency Proceedings in France*, *Belgium*, *and the Netherlands*（1807-c1910）, 6 Comparative Legal History（2018）.（戴夫·D. 路舍尔：《最终债权人获胜了：法国、比利时和荷兰破产前的准备（1807—1910）》，载《比较法律史》2018 年第 6 期。）Dave D. Ruysscher：*Legal Culture*, *Path Dependence*, *and Dysfunctional Layering in Belgian Corporate Insolvency Law*, 27 International Insolvency Review（2018）.

② Dave D. Ruysscher：*At the End*, *the Creditors Win*：*Pre-insolvency Proceedings in France*, *Belgium*, *and the Netherlands*（1807-c1910）, 6 Comparative Legal History（2018）; Dave D. Ruysscher：*Legal Culture*, *Path Dependence*, *and Dysfunctional Layering in Belgian Corporate Insolvency Law*, 27 International Insolvency Review（2018）.

时冻结期，最终使得预防破产作用的目的无法实现。①

第三，关于快速和解制度。该制度是将上述普通的和解（concordat）过程简化，提高和解的效率，以此鼓励债务人申请破产程序。债务人如果宣布自己资不抵债，并且没有欺骗债权人的行为，就可以开始进行快速和解。债务人可以先向债权人提出和解协议草案，债权人将在短时间内对该协议进行表决。协议须由四分之三以上的债权人同意，且其所代表的债权额要达到债权总额的六分之五以上。和解协议的效力同样不及于有担保债权人。但是，这个程序在实践中几乎没有被使用过，因为债务人宣布自己资不抵债后，极容易被进行破产清算，如此高的债权人表决通过条件意味着和解很难达成，因此债务人大多不愿去冒险承认自己破产。②

延续古罗马时期和中世纪的破产立法理念，19 世纪早期的破产法都还是以债权人利益为主导，以强制履行债务为目标，很少考虑债务人的利益。比利时 1851 年的破产立法由于直接参照法国和荷兰的破产法，同样不假思索地倒向了债权人一边。例如，无论是和解程序还是快速和解程序，都只是债务人在宣告破产之后与债权人达成的变价分配方案，其本质与作为现代社会中破产预防制度重要组成部分的和解制度存在很大差异。另外，临时冻结制度虽然鼓励具有破产可能的债务人申请，但冻结期间较短，并且需要债权人会议进行表决通过，债务人有极大可能被宣告破产，所以，该制度在本质上还是为了债权人能够获得更多的清偿。特别是进入破产程序后，债务人的财产受到债权人代表或指定管理人的严格控制，根本没有考虑债务人再建的问题。

这种债权人利益导向的破产法理念与当时市场经济还未完全成熟有很大关系。在市场交易面临巨大风险的情况下，法律只能对债务人课以严格的责任。但是，从 19 世纪初至 19 世纪末，伴随着商品交易的不断发展，欧洲大

① Dave D. Ruysscher：*Legal Culture*，*Path Dependence and Dysfunctional Layering in Belgian Corporate Insolvency Law*，27 International Insolvency Review（2018）.

② Dave D. Ruysscher：*At the End*，*the Creditors Win*：*Pre-insolvency Proceedings in France*，*Belgium*，*and the Netherlands*（1807-*c*1910），6 Comparative Legal History（2018）；Dave D. Ruysscher：*Legal Culture*，*Path Dependence*，*and Dysfunctional Layering in Belgian Corporate Insolvency Law*，27 International Insolvency Review（2018）.

陆的破产法改革浪潮呈现出从传统向现代逐渐演进的趋势，可从 1851 年的破产立法中看出一些现代破产预防制度的影子。例如，清算程序中的和解已经形成了债权人会议表决通过和解方案的模型，具备了不同于普通民事和解的强制性；快速和解程序寄托了人们对提高破产程序效率、降低破产成本、减弱破产耻辱感的期望；等等。

（二）破产和解制度的诞生：1883 年的破产和解立法

19 世纪 80 年代，随着大公司的出现、金融市场的日益发达，立法者们逐渐注意到企业存续所带来的价值可能远高于清算资产价格的总和。对于破产态度的转变也促使较为温和的破产和解制度产生，从而替代企业的直接清算。[①] 在这一背景下，债务人与债权人所需要的是一种能够相互协商的破产制度。同时该制度可以防范债务人实施欺诈、个别清偿等损害破产财产的行为。让债务人在漫长、昂贵且可耻的单一程序中与债权人讨价还价已经不合时宜，由此，比利时、英国、德国陆续开启了破产和解的制度设计。[②]

英国和德国的破产和解制度选用的都是单一进路的模式。英国 1883 年《破产法》将和解作为破产程序的前置程序，采“和解前置主义”。德国 1877 年《破产法》也只设置了一个程序，但没有将和解协商前置，而是先进入破产程序，在程序启动后，由当事人自主选择进行和解或清算。[③] 与英国、德国不同，1883 年比利时颁布了名为《预防破产之和解制度》的法律[④]，该法首创“和解分离主义”立法模式，破产和解成为与破产清算相并列的程序。

---

① Pierre Hautcoeur、Paolo D. Martino：*The Functioning of Bankruptcy Law and Practices in European Perspective*（*ca*. 1880-1913），Enterprise and Society（2013）．（皮埃尔·奥科尔、保罗·迪·马蒂诺：《欧洲视角下破产法的功能及其实践（约 1880—1913 年）》，载《企业与社会》2013 年第 3 期。）

② Jérôme Sgard：*Do Legal Origins Matter? The Case of Bankruptcy Laws in Europe* 1808-1914，10 European Review of Economic History（2006）．（杰罗姆·斯加德：《法律的来源重要吗？1808—1914 年欧洲破产法案例》，载《欧洲经济史评论》2006 年第 10 期。）

③ Pierre Hautcoeur、Paolo D. Martino：*The Functioning of Bankruptcy Law and Practices in European Perspective*（*ca*. 1880-1913），Enterprise and Society（2013），Issue 3.

④ 比利时的“预防破产之和解制度”是首次着眼于预防破产功能的和解制度，该法名称为国内学界通说，可参见汤维建：《破产和解制度的改革与完善》，载《中国法学》1995 年第 2 期；王欣新：《破产法》，中国人民大学出版社 2019 年版，第 226 页。

比利时1883年破产和解制度的设计与现今的破产和解程序近似。和解程序的申请人需要满足“诚实但不幸”的条件，债务人并没有永久丧失清偿能力，只是暂时不能清偿债务。如果申请人符合条件，债务的执行程序和个别清偿将中止，在中止期间债务人可以继续占有自己的财产并进行经营，但不能以任何方式订立新的合同或转让财产。指定管理人只是为了确保债务人没有不当管理他们的财产。和解协议和冻结期间的授予必须由过半数的无担保的债权人表决通过，且其代表的债权额占债权总额的四分之三以上。法官会对该程序进行监督，如果认为当事人可以在新的谈判后达成协议，则可以决定推迟投票。①

虽然比利时1883年的破产和解制度是现代破产预防制度的模型，但有学者认为这部破产法还是更侧重于维护债权人的利益。一方面，和解制度并没有限制担保债权人权利的行使，这会使债务人的财产减少或缺少继续生产经营所必需的生产资料。另一方面，四分之三以上的债权额的和解协议通过比例也是一个比较严格的限制，在大多数情况下导致和解协议无法通过。②

（三）比利时破产和解制度的发展

1. 破产预防程序的整合：1997年的司法重组程序。

比利时虽然初步建立了破产和解制度，但该部立法并没有对和解、清算、冻结期间这几个程序相互之间的关系及其衔接进行较好的设计，适用上较为混乱。基于此，比利时1997年对破产法进行了全新的整合，在完善破产和解制度的基础上，纳入了破产重整的元素，将其整合为一种与破产清算程序并列的破产预防程序，被称为司法重组程序。该程序完全以预防破产、防止企业进入破产清算为目标，力图为遭受暂时经济困难的公司提供一个量身定制

---

① Dave D. Ruysscher: *At the End*, *the Creditors Win*: *Pre-insolvency Proceedings in France*, *Belgium and the Netherlands* (1807-c1910), 6 Comparative Legal History (2018); Dave D. Ruysscher: *Legal Culture*, *Path Dependence*, *and Dysfunctional Layering in Belgian Corporate Insolvency Law*, 27 International Insolvency Review (2018).

② Dave D. Ruysscher: *At the End*, *the Creditors Win*: *Pre-insolvency Proceedings in France*, *Belgium and the Netherlands* (1807-c1910), 6 Comparative Legal History (2018).

的解决方案。但是司法重组程序只帮助那些有能力继续为社会的经济发展做出贡献的企业，而不会把司法资源浪费在那些没有复苏机会的债务人身上。

（1）司法重组程序的主要内容。第一，商业调查。商业调查是比利时预防企业破产的一项措施，由商业调查室负责完成。商业调查室是商业法庭下设的一个机构，由常设法官和企业家（非专业法官）组成。为了让企业尽早注意到自己的财务危机，商业调查室负责调查企业的财务问题，在发现企业有破产的可能时，及时提醒企业采取措施，申请破产清算或重组程序，或者为企业提供合理建议以避免破产清算，从而保障企业经营的连续性。[①] 商业调查室的法官可以向董事或经理强调重组措施对公司、利益相关者和整体经济利益的重要性，督促他们进入重组程序。但是这些法官不得为企业提供有关破产清算、重整的具体建议，也不能参与企业的破产清算、司法重组和与之有关的司法程序，这种协助被认为不符合司法职能的公正性。[②]

第二，程序的申请条件。由于该司法程序是为了帮助那些仍有机会复苏的公司实现再生，并不以那些已经完全丧失清偿能力的公司为适用对象，所以法官有必要对面临问题的公司进行彻底的调查，以确保司法资源不会浪费在没有复苏希望的公司上，因而该程序有着较为严格的申请条件。首先，该程序的适用对象仅为商主体，不包括不从事经营活动的自然人。其次，债务人必须证明自己遇到了暂时的困难，这种困难会导致不能清偿到期债务，关键是债务人要证明为什么这一困难是暂时性的。最后，债务人必须没有明显的恶意，没有违反公共秩序的行为。如果有个别董事或高管实施了具有恶意的行为，违反自己的职责和义务，企业应当对其进行替换。

第三，程序的具体环节。有学者将该程序概括为几个阶段。从申请到法

---

① Nico Dewaelheyns、Cynthia Van Hulle: *Legal Reform and Aggregate Small and Micro Business Bankruptcy Rates: Evidence from the* 1997 *Belgian Bankruptcy Code*, 31 Small Business Economics (2008). (尼科·德瓦尔海恩斯、辛西娅·范·赫尔：《法律改革和小微企业总破产率：来自1997年比利时破产法的证据》，载《小型经济与贸易》2008年第31期。)

② Michael Veder、Paul J. Omar, eds.: *Teaching and Research in International Insolvency Law: Challenges and Opportunities*, INSOL Europe 2015, pp. 84-85. (迈克尔·韦德、保罗·J. 奥马尔主编：《国际破产法教学与研究：挑战与机遇》，欧洲破产协会2015年版，第84—85页。)

院受理的期间，债务人自愿决定是否申请重组程序，除了债务人，商业调查室也可以提出申请，但债权人不得申请重组程序。另外，为了让法官信服自己具有恢复再建的可能，申请需要提交详细的材料。随后，法院对申请进行评估和审查，并在提交申请后 15 天内作出裁决。在这期间法院会听取债务人、检察官、相关的审计师或提出要求的债权人的意见。

如果审查后债务人符合规定的条件，法院则批准申请，并授予 6 个月的冻结期。在此后 6 个月内产生中止清偿和执行的效果，债务人仍拥有其财产，并可继续经营其业务，但其必须在 6 个月内制订出重组计划，特殊情况下还可再延长 3 个月。法院将任命一名审查员来监督债务人的行为并协助起草重组计划。当债务人在此期间内不再满足申请条件时，法院可根据债务人、接管人的申请或检察官的传票随时解除中止执行。在 6 个月冻结期间结束时，无担保债权人会议就债务人提议的重组计划进行表决。无担保债权人通常主要由贸易债权人和社会保障管理机构组成。如果出席会议的多数债权人投票赞成该计划，并且所代表的债权额占无担保债权额的二分之一以上，重组计划即被表决通过。有担保的债权人并不进行集体投票，债务人与他们进行单独协商，如果他们之间达成了新的协议就按替代方案执行，如果没有达成新的协议，法律规定本金可以延迟最多 18 个月支付（前提是债务人要支付在此期间的利息），所以在这 18 个月内，担保债权人不能拍卖财产以优先实现担保权。①

在重组计划被法院裁定认可后，整个程序进入法院监督执行阶段，债务人应在法官和指定审查员的监督下全面执行该计划，执行期最长 24 个月并可再申请延长 12 个月。如果债务人不能执行重组计划，则可以由法院裁定进入破产清算程序。②

（2）1997 年司法重组程序的主要评价。与 1883 年的和解法相比，司法重

---

① Bart Leyman：*The Uneasy Case for Rehabilitating Small Firms under the* 1997-*Reorganization Law in Belgium*：*Evidence from Reorganization Plans*, 34 European Journal of Law and Economics（2012）.（巴特·莱曼：《根据 1997 年比利时重组法对小型公司进行重整的不良案例：来自重整计划的证据》，载《欧洲法律与经济学杂志》2012 年第 34 期。）

② Bart Leyman：*The Uneasy Case for Rehabilitating Small Firms under the* 1997-*Reorganization Law in Belgium*：*Evidence from Reorganization Plans*, 34 European Journal of Law and Economics（2012）.

组法关于和解制度的设计有一定的进步之处。首先，破产和解制度完全被确定为具有破产预防的功能，破产和解的目的不是使债权人获得更多的清偿，而是通过该程序挽救企业，应对暂时的经济困境。其次，由于破产和解与重整都是一种集体表决的破产预防程序，在这种统一的司法重组程序中，债务人企业和债权人团体既可以就债权债务关系达成和解，也可以商议有关重组的问题。在对担保债权人的处理上，司法重组法增加了对担保债权人的限制，强制担保债权人加入和解，使债务人企业可以有保全生产资料的机会。最后，重组协议的执行具有监督机制和一定的执行期限，债权人将有更大的动力和信心参与和解。

但是这部破产法也面临着适用上的困难。一是人们还普遍存在不愿意参加破产预防程序的心理。二是该程序只适用于具有暂时丧失清偿能力的企业，如果是已经具有破产原因的企业则只能申请破产清算程序。这把很多已经陷入破产的企业阻挡在外。三是该程序的重组执行期间规定过短，债务人的偿还负担并没有就此减轻多少，有的反而增加了，因为债务人为了能够进入该程序会对自己未来的现金流有更乐观的预测，所以在执行的时候会出现资金短缺从而执行不能的现象。① 另外，这种单一程序也不能满足不同企业的多样化需求。

2. 多元简易的破产预防程序：2009 年的《企业延续法》。

进入 21 世纪后，比利时继续对破产和解制度进行完善，于 2009 年颁布了专门规定破产预防程序的《企业延续法》，② 取代了 1997 年关于司法重组的法律规范，并在 2013 年进行了修订。《企业延续法》在庭内司法重组程序中规定了三种方式，分为个别和解协议、集体协议和司法监督下的营业转让。在庭内重组程序之外，该法案还增设了庭外和解。

---

① Michael Veder、Paul J. Omar, eds.: *Teaching and Research in International Insolvency Law: Challenges and Opportunities*, INSOL Europe 2015, pp. 79-80.

② 英文为“Business Continuity Act”，简称“BCA”，于 2009 年 4 月 1 日生效，本文将其翻译为《企业延续法》。这部法律是对破产预防程序的单独立法，比利时希望通过其颁行，以使更多的企业顺利应对经济困境并继续生存。

《企业延续法》的第三章规定了庭外和解协议，是指债务人可以与两名以上的债权人或全体债权人协商达成以债权债务为内容的和解协议。和解只涉及参与谈判并自愿同意受和解协议约束的债权人。当事人双方可以自由确定其内容并且不用对外进行公开。庭外和解没有严格的法律框架，不启动司法程序，没有法院的监督和干预。但是债务人可以将和解协议的副本提交至法院存档，被法院登记存档的和解协议可以不受之后破产清算程序的影响。此外，法院可以应债务人的申请为其指定一名商业调解员，调解员可以为债务人提供拯救营业的解决方案，协助债务人与债权人在庭外达成和解。① 由商业调查室负责的案件，债务人可以向商业调查室申请要求指派调解员。②

关于司法重组程序，由于个别和解协议、集体协议、司法监督下的营业转让都是司法重组程序的一种方式，所以该法并不单独区分三种重组方式的申请与受理，和解协议的申请与受理条件也就是司法重组程序的申请与受理条件。司法重组程序由债务人提出申请。在《企业延续法》制定之前，1997年的司法重组程序对债务人企业的申请有着很高的要求，导致该程序的适用数量很少，在一定意义上成为僵尸立法。在吸取经验教训的基础上，《企业延续法》放宽了申请的标准，债务人只需要说明自己的经营连续性受到了即刻或长期的威胁，如果公司的损失使净资产减少到不到股本的一半，则公司的连续性在任何情况下都被视为受到威胁。虽然企业仍需要提交一些财务数据，但法院不再进行严格的审查。另外，已经处于破产状态的债务人也可以申请司法重组。③

不过这一新的适用标准在实践过程中产生了企业滥用司法重组程序的问

---

① Rebecca Parry、Paul J. Omar, eds.: *Reimagining Rescue*, INSOL Europe 2016, p. 167. （丽贝卡·帕里、保罗·J. 奥马尔主编：《重构企业挽救》，欧洲破产协会 2016 年版，第 167 页。）Adam Gallagher: *First Impressions on the Use of the New Belgian Restructuring Legislation*, 29 American Bankruptcy Institute Journal 38 (2010).

② Michael Veder、Paul J. Omar, eds.: *Teaching and Research in International Insolvency Law: Challenges and Opportunities*, *INSOL Europe* 2015, *p*. 85. （亚当·加拉格尔：《关于比利时新重整立法适用的第一印象》，载《美国破产学会期刊》2010 年第 29 期。）

③ Michael Veder、Paul J. Omar, eds.: *Teaching and Research in International Insolvency Law: Challenges and Opportunities*, INSOL Europe 2015, pp. 87-89.

题。所以在2013年比利时对该法进行了修订，完善了关于申请材料的规定。申请人需要提交的材料应包括最近的年度会计账目、重组期间内的收支预算、对公司拟采取的重组计划说明、债权人的完整名单。其中会计账目和收支预算必须在公司审计师、外部会计师、外部税务专家的协助下制作，并得到他们的认可以保证数据的真实可靠。债权人的名单上必须写明每个债权人的姓名、地址、债权金额，标明特别债权人的地位。此外，申请人还需要提交1000欧元的初始申请费。① 法院审查并裁定司法重组程序后，法院会授予债务人一段时间的冻结期间。在冻结期间内，执行程序中止，债权人不得主张权利，债务人的一切财产将得到保全。但是不排除债务人自愿支付被中止的债权，只要这种清偿是公司的连续性所必需的。冻结期间一般为6个月，并可延长至12个月。特殊情况下，该期间可以延长至18个月或24个月。在冻结期间内，债务人将开展一系列的重组工作，法院可以在债务人或相关利益者的申请下指定一名司法官员协助债务人进行司法重组。②

债务人仍然可以继续经营企业，在没有法院的干预下进行正常的经营交易活动，配合法院履行相应的解释说明义务。但是，如果债务人实施了具有重大过失的行为，法院将委派一名或多名司法官员对债务人的经营进行监管；如果发现其实施了具有明显恶意的行为，法院可以在冻结期间内任命临时董事替代公司的原董事并接管公司的经营。根据司法官员或临时管理人的报告，法院可以撤销这一委派裁定。③

《企业延续法》第43条规定了通过和解协议进行司法重组的方式。这里的和解与我国破产法上的和解不同，它是指债务人可以自主选择与两名以上的个别债权人达成关于债务减免、延期清偿等内容的合意，该合意不能损害第三人的利益。与庭外和解不同的是，该程序是一种庭内程序，并且和解需

---

① Michael Veder、Paul J. Omar, eds.: *Teaching and Research in International Insolvency Law: Challenges and Opportunities*, INSOL Europe 2015, pp. 87-89.

② Michael Veder、Paul J. Omar, eds.: *Teaching and Research in International Insolvency Law: Challenges and Opportunities*, INSOL Europe 2015, p. 80-81.

③ 比利时《企业延续法》第28条。

要在法官的监督下进行。当债务人与债权人达成协议，法院应债务人的请求和受委派法官的报告作出裁决，采纳该协议并结束程序。和解协议只对明确接受的债权人产生效力，只要协议未根据合同法终止，协议各方将受其约束。即使企业最后预防破产失败，又走入了破产清算的程序，和解协议也不能被撤销。通过这种方式完成重组的意义在于，当某几个债权人做出让步后，企业可以减轻债务负担以换来延续经营的生机，从而预防或避免破产。个别债权人的妥协与让步也并不一定导致其他债权人利益受损。因此，这就为债务人提供了相对充足的协商时间，而且在这段时间里不用受到来自债权人申请执行、破产清算的威胁。另外，这种方式简单易行，没有过多程序性的约束，所以，债务人和债权人更易接受。

（四）比利时破产和解制度的启示与借鉴

1. 关于立法理念的启示。

首先，比利时是破产和解单独立法模式的发源地，破产和解制度是为挽救企业、防止企业进入破产清算程序而设立的破产预防制度，应坚持破产和解制度本身的价值。比利时等国家早期的破产法中就存在“破产前”这一语境，与其相对应的和解原因专指企业深陷财务困境前的阶段或具有不能清偿的可能。在后来的演变发展中也坚持了和解原因与清算原因相区分的做法，防止企业错过破产预防的最佳时机。在破产和解程序启动后，从更利于企业再建的角度出发，减少对债务人财产的控制，让企业继续自我管理经营。允许债务人在和解程序中自我管理是比利时 1883 年破产和解制度的一个特点，之所以让债务人自行管理、继续经营，就是为了创造和解再建的条件，也让债务人无须担心申请破产和解后失去对经营的控制权。我国的破产和解制度还应当以破产预防为目标，向更好地服务于债务人应对经济困境的方向发展。

其次，比利时对破产预防制度给予高度的重视，一直秉持破产预防在破产立法中不可或缺的理念。比利时是最早开始思考如何在破产清算程序的基础上增设另一条破产预防道路的国家。其在早期通过学习借鉴法国、荷兰的破产法规定，迅速开创了破产和解独立立法的制度，转而引领了其他国家破产法改革的方向。此后立法者们也在不断地思考如何在金融危机面前化解企业破产的问题，在新近的两次改革中都对破产和解制度做出了大范围的调整。1997 年的改革使破产和解中的各个程序环节更为清晰，但统一的重组程序无法满足当事人对和解灵活自治、低成本的要求，严格的程序、高昂的申请成本都不利于和解制度的适用。因而在 2009 年的改革中，立法者们确立了和解协议的重组方式，也开始对庭外和解有所规定，希望和解协议能够帮助当事人以较低的成本快速完成企业的再生。破产和解制度虽然在我国实践中的使用率远不如重整和清算程序，但其已经成为破产预防制度的一部分，对债权人较少的中小型企业来说也具有成本低的优势。未来我国还要继续探索如何发挥破产和解制度的功能，重视和解制度的改革，而不是忽视和解制度的存在和作用。

最后，破产和解制度应当平衡好债务人与债权人的权利。比利时的破产和解制度经历了从单纯维护债权人利益到对债务人友好的转变。早期的破产法具有惩罚债务人不能清偿债务的色彩，有关的制度设计也是围绕如何使债权人获得更多的清偿而设计。但随着市场经济的发展，人们开始意识到企业遇到经济问题、陷入破产境地是市场交易的一种正常结果，企业所代表的经济价值和利益相关者的权益也应当给予关注。在比利时 1997 年的破产和解制度中，法律开始对担保债权人的优先受偿权进行一定的限制，并且降低了债权人通过和解协议所占债权总额的比例，这使得债务人更愿意选择破产和解程序，也使得和解成功的概率大幅度提高。此外，比利时也在努力使债务人能够更方便地启动和参与破产和解程序。2009 年的改革降低了债务人申请和解程序的费用和成本，大幅简化和解制度的程序性规定，延长重组的执行期间，根据债务人不希望公开的意愿为和解程序增加私密性的保护。这些措施都侧重于维护债务人的权益，实现了从传统到现代破产法理念的转变。未来我国的破产和解制度也应当继续探寻如何使和解程序对债务人更为友好，平衡债务人和债权人的利益，高效完成和解的相关工作，帮助债务人实现再生。

2. 关于破产和解制度发展趋势的启示。

在破产法的发展史上，破产和解制度是先于重整制度出现的，但是和解制度在发展的过程中逐渐暴露出其自身的内在问题，在实践中极少被适用，因此，很多国家都开始逐步对该制度进行改革。有的国家朝着破产重整的方向对破产和解制度进行改革，或者废除和解制度，只保留重整制度；还有的国家朝着法院外整理的方向对其进行改革。[①] 至此，破产和解制度呈现出两种发展的趋势。一种是被重整制度所吸收，形成单一制的破产预防制度；另一种是被改良为庭外债务清理制度等其他破产预防制度，与传统的破产和解制度相比已经有了实质性的不同。比利时破产和解制度的新近发展也体现出了这一趋势。1997 年的破产和解制度改革只规定了司法重组程序，没有对和解与重整程序做任何区分；2009 年的《企业延续法》又保留了和解协议的独立地位，仅作为重组的一种方式，类似于民事和解，既可庭外，也可庭内协议。1997 年的变化所带来的启示是未来破产和解制度的发展需要吸收重整制度中的要素，如和解原因的扩大、对担保债权的限制、和解协议提交的时间等。而 2009 年的变化则启示可以遵循另一种改革的方向，即肯定和解制度的独立价值，但是应简化和解制度的程序性约束。

另外，比利时 2009 年的破产制度改革规定了庭外和解程序。比利时非常注重庭外和解的保密性，[②] 由于很多债务人不想让其他人知道自己遭遇了经济问题，所以庭外和解不需要向社会公示，法院也有对庭外和解协议保密的义务。庭外和解的灵活性对提升庭内重组程序的效率起着很大的作用。遗憾的是 2009 年的《企业延续法》并没有对庭外和解协议作详细的规定，也没有涉及庭外和解与庭内程序衔接的问题，虽然如此，庭外和解工作已经成为破产预防制度所绕不开的话题。我国破产法修订时，也可以有所借鉴，考虑单独设置一章关于庭外程序的规定。

比利时破产和解中的调解员制度也颇有新意。2009 年的《企业延续法》

---

① 付翠英：《破产法比较研究》，中国人民公安大学出版社 2004 年版，第 230—232 页。

② Rebecca Parry、Paul J. Omar, eds.: *Reimagining Rescue*, INSOL Europe 2016, p. 167.

规定债务人可以向法院或商业调查室申请为其指派调解员，以促进双方当事人的协商和解工作。在庭外和解的过程中，债务人与债权人可能缺少谈判的积极性，谈判效率没有保障，而且地位较高的债权人可能损害小债权人的利益。如果实践中有调解员作为专业、中立的第三方，组织当事人和解协商工作的进行，可一定程度上保证程序的公正性，保证和解协商的有效开展，避免双方当事人无谓地拖延浪费时间。

三、意大利破产和解制度的发展及启示

意大利现行破产和解制度诞生于19世纪末20世纪初，其间恰逢欧洲各国纷纷创设避免企业消亡的破产程序。[①] 由此，意大利亦于1903年5月24日通过《破产预防法》（第193号法令），引入了破产和解制度。1925年和1930年进行过两次修改后，意大利于1942年3月16日颁布了本国的破产法典，即《破产、预防性协议、控制性管理和强制性管理清算条例》（第267号法）。[②] 其结构分为五章，分别为破产制度的一般规定、破产清算、破产和解、破产程序中的控制性管理、破产刑事责任、破产法适用的过渡性规定。目前，这部法律是意大利破产法律制度的核心，自颁行以后的60年内基本未作改动。[③] 直到进入21世纪，意大利政府开始不断修改破产法，先后于2005年、2006年、2007年、2009年、2010年、2012年和2013年修订。[④] 2013年6月21日意大利通过《经济复苏紧急规定——行动法令》对本国破产和解制度进行全

---

① 英国于1883年最早创设破产和解制度，此后，法国（1889年）、西班牙（1897年）、葡萄牙（1899年）、挪威（1899年）、丹麦（1905年）等国陆续采用。

② 费安玲：《1942年意大利民法典之探研》，载《比较法研究》1998年第1期。

③ Leone Bolaffio: *La Legge Belga Sul Concordato Preventivo Al Fallimento*, Nabu Press, 2013.（莱奥耐·博拉佛：《比利时破产预防法》，纳布出版社2013年版。）

④ 2005年5月14日颁布的第80号法律；2006年1月9日颁布的第5号法律；2007年9月12日颁布的第169号法律；2009年6月18日颁布的第69号法律；2010年7月30日颁布的第122号法律；2012年8月7日颁布的第134号法律；2013年8月9日颁布的第98号法律。

面改进[①]，其中的一些改革措施颇富启迪。然而国内却鲜有文献对此进行介绍，基于此，本书拟对破产和解制度的功能以及意大利破产和解制度的晚近发展做一述评，最后指出对完善我国破产法的借鉴意义。

（一）意大利破产和解制度的晚近发展

罗马法是破产制度的摇篮，罗马法的一些法律制度是现代破产法的蓝本，[②] 承继罗马法传统的意大利是较早制定成文破产法的国家之一。但意大利的传统观念认为，企业的财务危机源于经营者的无能，是一件令人感到羞辱的事情。[③] 因此，2005 年之前的意大利破产法偏重于对债权人利益最大化保护，破产更多被视为对债务人的惩罚，强调通过对债务人的清算和分配以使资不抵债的企业退出市场，破产和解程序似乎不受欢迎。2005 年之后，意大利政府开始接纳现代破产法的“企业拯救理念”，破产法的立法宗旨转变为促使有继续经营价值的企业能够再获新生。2005 年至 2013 年，意大利对破产制度进行了多次修订，改革主要集中在以下两个方面。

第一，修改破产和解程序。在意大利破产法中，和解程序被表达为“concordato preventivo”，字面直译为“预防性协议”，其含义是允许经营困难的债务人企业向债权人提出方案，在使债权能够获得一定清偿的前提下达成相互的妥协，其本质就是我国破产法上的和解协议。经过近几年的多次修订，意大利的破产和解制度变得比过去更加周全和灵活（后文对此详述）。

第二，增加债务重组程序（意大利语表述为 Accordi di ristrutturazione dei debiti），又可称为 182bis 程序，是指债务人与持有债权数额达到 60%以上的债权人协商制定债务重组协议，利用各种方式和途径重组和处理债务，并申请法院予以确认和执行的程序。意大利破产法中的债务重组程序与我国的破

① 《行动法令》，2013 年 6 月 21 日颁布的第 69 号法令，60 日后，该法令被上升为第 98 号法律，2013 年 8 月 9 日生效。

② 徐国栋：《罗马破产法研究》，载《现代法学》2014 年第 1 期。

③ Simona di Sano：A New Anti-bankruptcy Tool—The New Italian Debt Restructuring Arrangements Rules, 2007 J. Int'l Banking L. & Reg. VISSU 7.（西蒙娜·迪萨诺：《一种新的反破产工具——意大利新债务重组安排规则》，载《国际银行法律法规杂志》2007 年第 7 期。）

产重整制度相似，以拯救债务人企业，避免破产清算为宗旨。

另外，意大利破产法改革时还新加入了庭外和解程序，成为与法庭内破产和解并列的程序。但由于庭外和解不涉及司法程序，因此本书不予更多讨论。

（二）意大利破产和解制度的主要内容

1. 和解申请的提出。

意大利破产法改革之前，规定债务人可以向其所在地法院提出破产和解程序的申请，并提交以下材料：企业财产、财务和经济状况；担保债权人名单、债权人预计采取的行为和状态分析；债务人所有或占有的动产和不动产的权利信息；企业资产价值的分析评估以及其预计完成和解协议的时间表和步骤。上述材料应由债务人指定的独立第三方出具专家报告，以证明债务人相关数据的真实性和计划的可行性，即需要证明若债务人持续经营，则依据和解协议就能在预期的范围内满足债权人的利益。①

和解协议的实施目标不仅包括债务的清偿，也可以是债务人的继续经营、公司的转让或者分立、新设。对于后者，意大利 2012 年改革破产法时，专门增加了一个条款——第 186bis 条“企业持续协议”（Concordato con continuità aziendale）规则。若债务人申请通过“企业持续协议”进行和解，则应在向法院递交的经专家证明的方案中说明公司继续经营的费用和预期收入、必要的金融支持以及取得方式。该专家需要证明和解协议草案中所提及的企业继续经营能够为债权人带来更大的满足。第 186bis 条的主要立法目的在于减轻债权人的顾虑，即担心债务人的继续经营行为可能成为更多债务的潜在来源，进而给现有债权人带来更大的损害。②

---

① Giovanni Lo Cascio：*Il concordato preventive*，Giuffrè Editore，2011，p. 53.（乔瓦尼·洛·卡西奥：《预防性安排》，久福瑞出版社 2011 年版，第 53 页。）

② Stefano Ambrosinim：*La riforma della legge fallimentare. Profili della nuova disciplina*，Zanichelli，2006，p. 113.（斯戴法诺·安布罗西尼姆：《破产法的改革，新学科概况》，扎尼切利出版社 2006 年版，第 113 页。）

意大利改革后的破产法对和解程序的申请给予了更灵活的规定。一方面，对于申请和解程序的条件设定更为宽松。和解程序申请的原因从改革前的“债务人资不抵债”变更为“债务人处于危机状态”，而后者的外延显然比前者宽泛，使得和解程序能够适用的余地大大增加。另一方面，债务人在向法院提出申请时，不再要求其已经与债权人协商一致，也不需要立即递交前文所述的具体方案以及专家报告。债务人可以先提交和解申请，加之以近三年的财务收支报表即可，剩余材料在下文所述的自动冻结期内另行补交。

2. 自动冻结期。

改革后的意大利破产法第 167 条借鉴了美国破产法上的“破产保护制度”，为和解程序设置了“自动冻结期”。①该期限为法院所确定的自破产和解申请在公司登记机关备案和公示之日起的 60 日至 120 日，经申请可延长至 180 日。在这个期间里，申请人可继续准备详细的和解协议方案及其他辅助文件，除了某些特别事务或超过一定价格的交易需要经法院批准之外，债务人依然可以正常地经营管理公司。换言之，在自动冻结期内，已有债权人不得对债务人及其财产行使追索，也不得采用其他司法措施干涉债务人的财产，在公示前 90 日内发生的抵押登记也归于无效。创设自动冻结期制度避免了企业在和解申请材料的准备过程中，其资产受到债权人的追索。对那些确实存在财务危机的企业，不必担心单个债权人追索行为的影响，可以争取喘息的机会以及谈判和对话的时间。

3. 和解协议的达成。

自动冻结期结束之前，债务人需要向法院提交破产法所规定的完整的申请材料。若法院认为债务人满足进入和解程序的条件，则裁定和解程序启动，并且该裁定不可撤销。和解程序启动后，债务人对其企业依然具有经营管理权，②但法院可指定一位法官作为代表以引导和解程序的进行，同时还需要指定一位司法专员来监督和解协议的实施。司法专员应在 30 日内联系和召集债

① Gerardo Villanacci: *Il Concordato Preventivo*, Wolters Kluwer Italia, 2010, p. 68.（杰拉勒托·维拉那茨：《预防性协议》，意大利威科出版社 2010 年版，第 68 页。）

② ［意］塞托默：《意大利破产法》，徐步衡译，载《现代外国哲学社会科学文摘》1987 年第 8 期。

权人会议，编写企业财产目录，提交报告说明企业财务困难的原因、债务人的行为、和解协议草案的内容等，并将该报告在债权人会议召开前 10 日公布。债权人会议则由法官代表主持，司法专员将在会议上阐述其起草的报告及债务人的和解协议草案。

在破产法改革之前，债务人提交的和解协议必须保证全额清偿有担保的债权，无担保债权的清偿比例不低于 40%。改革之后，上述限制被删除，仅要求担保债权人在该方案之下能获得的清偿比例不少于在清算程序中所获得的数额即可，对于无担保债权则取消了清偿比例的要求。这样的改革措施对债务人十分有利，在一定程度上限制了债权人的利益，易于激发债务人适用和解程序的积极性。和解协议需经代表一半以上债权的债权人同意方能通过，并对不同意的债权人同样产生效力。未参加投票表决的债权人在投票结束之后的 20 日内有提出异议的权利，若沉默则视为其同意该协议。投票表决通过和解协议之后，如果发生了影响协议履行的情况，司法专员应将情况通知债权人并组织债权人会议重新表决。

4. 法院对和解协议的批准。

法官代表将债权人会议的投票结果提交给法院，法院审理后决定是否认可其效力。原则上，和解协议经投票表决通过后，法院一般都会认可。但意大利破产法一直未规定法院对和解协议的审核范围和程度。对此，意大利多数学者认为法院主要进行程序审查，至于和解协议的可行性则通过评估专家的意见来加以判断。[①] 意大利最高法院对这一立法缺憾进行了弥补，通过具体的判决界定了法院对和解协议的审查范围。例如，在意大利最高法院 2013 年 1 月 23 日作出的第 1521 号裁决中，法院指出法官有义务对和解协议进行合法性判断，至于和解协议方案能否获得经济上的成功以及对风险的实质评估应由债权人来判断，固然和解程序的启动旨在克服企业危机，但另一方面也应

---

① Sabino Fortunato、Giannelli Gianvito、Fabrizio Guerrera、Michele Perrino：*La riforma della legge fallimentare*, Giuffrè Editore, 2011, p. 67.（萨比诺·福图纳托、加耐利·江维托、法布里茨奥·谷爱莱拉、米歇尔·佩里诺：《破产法的改革》，久福瑞出版社 2011 年版，第 67 页。）

确保债权人利益的满足，即使这种满足可能很少。[①]

法院批准和解协议后，和解程序结束，债务人按照和解协议的内容予以履行。对法院裁决结果不服者，可自裁决结果公示之日起 15 日内提起上诉。若和解协议未获得法院认可，则该债务人在两年之内不得重新提出申请。如果债务人进入和解程序的申请被法院驳回或者法院不予认可和解协议的效力，则债权人可以向法院申请债务人破产清算。在和解协议的执行阶段，发生债务人不履行协议的情形时，债权人可以申请法院解除协议或宣告协议无效。改革后的意大利破产法还对和解协议履行期间的融资问题进行了细化规定，只要经法院批准，金融机构就可要求债务人提供担保。若和解协议执行失败，为债务人提供融资的金融机构以及其他融资方的债权具有优先清偿的效力。[②]这种立法改进既考虑了债务人的融资需求，也保护了债权人的利益，使得和解制度更加具有吸引力。

5. 和解协议的实施。

和解协议执行的结果可能是公司恢复偿债能力并持续经营，也可能是公司经营继续恶化而转入破产清算。意大利破产法改革时，引入了债务重整制度，为和解程序与重整程序架设了相互转换的桥梁。在法院受理和解申请以及最终批准和解协议之前，债务人可以改变策略，选择申请破产法第 182bis 条规定的债务重整程序。同样，在法院受理重整申请、债务重整计划被法院认可之前，债务人也可以申请进入和解程序。在 182bis 程序中，债务人可以与持有 60%以上债权的债权人签订债务重组协议。这里的债务重组协议与和解程序中的“企业持续协议”在立法目标上大体一致。但订立债务重组协议的债权人包括税收债权人、无担保债权人、担保债权人；而和解程序中订立

---

① Paolo Celentano、Eugenio Forgillo：*Fallimento e concordati. Le soluzioni giudiziali e negoziate delle crisi d'impresa dopo le riforme*, Wolters Kluwer Italia, 2008, p. 451.（保罗·塞伦塔诺、尤金尼奥·福吉洛：《破产与和解，改革后商业危机的司法和谈判解决方案》，意大利科威出版社 2008 年版，第 451 页。）

② Mariacarla Giorgetti、Federico Clemente：*La legge fallimentare commentata：linee interpretative e profili operativi dopo gli interventi di riforma*, Franco Angeli Editore, 2013, p. 179.（玛利亚卡尔拉·乔勒杰蒂、费德里科·克莱门特：《有注释的破产法：改革干预后的解释思路和运作概况》，富朗克·安捷利出版社 2013 年版，第 179 页。）

“企业持续协议”债权人仅包括对债务人享有无财产担保的普通债权人。另外，重整程序中的债务重组协议只对接受的债权人有效，不同意的少数债权人不受其约束；而和解程序中的“企业持续协议”对所有普通债权人产生法律效力。

（三）意大利破产和解制度改革对我国的启示

1. 意大利破产和解制度改革的总体评价。

将意大利破产和解制度的改革措施加以整理和归类，可以发现多次的修订是循着三个方面在努力。首先，改变了意大利破产法历史发展中单纯以债权人利益保护为中心的传统价值观。在世界上众多的破产法中，意大利的破产法有着悠久历史，也曾一直坚守自己的破产惩罚理念，侧重对债权人的保护而忽略对债务人利益的考虑。意大利对破产和解制度的全面改革，促使和解被更加广泛地适用，一定程度上体现了对债务人利益的考虑。其次，引入债务重组制度，重视债务人的挽救与复苏。促使债务人走向再建与复苏是当今世界破产法发展的趋势之一，有学者指出“企业再生程序的创立为破产程序现代化的标志”。[①] 人们已越来越认识到通过法律制度的设计挽救债务人所产生的积极社会意义，意大利破产和解制度的新近发展是这一立法潮流的体现。最后，减小国家直接干预力度，使破产和解制度本身更为灵活、方便、高效。意大利破产法允许和解与重整的相互转化，增加庭外和解程序、扩大和解程序的适用范围，创设自动冻结期制度，都是提高破产程序使用效率的做法，以期能更好地适应世界经济形势的变化，达到对经济生活规范的有效调整。

由此可见，意大利晚近以来对破产和解制度的修正不是小修小补，在许多问题中可以称得上是基础性、实质性的改动。在笔者看来，意大利破产法的频繁修改及其对破产和解制度的完善是现代社会变化加速的标志，作为对经济生活有重要调整作用的法律必须紧跟时代的需要。[②] 意大利的破产法虽然

---

① 邹海林：《我国企业再生程序的制度分析和适用》，载《政法论坛》2007 年第 1 期。

② Stephen Davies QC, Insolvency and Enterprise Act, Jordans, 2003, foreword.（史蒂芬·戴维斯 QC：《破产和企业法》，约旦出版社 2003 年版，前言。）

历史悠久，但存在众多缺憾，关键问题在于其无法与快速变动的经济社会生活状况相适应，如程序冗长、费用昂贵；那种根深蒂固的对债务人的不信任，一切以债权人为中心的态度；实施效果并不尽如人意，没有起到挽救企业的作用等，以致意大利破产法一度被认为是欧洲最没有效率的破产法之一。[①]

因此，改革前的意大利破产法是一部比较传统守旧的破产法，相比于其他国家，包括一些计划经济向市场经济转轨的国家，如俄罗斯、波兰、捷克、罗马尼亚、越南等，意大利的破产法改革姗姗来迟。[②] 进入21世纪以后，面对经济危机的冲击，意大利不得不对破产法进行实质性的修改，完善其破产和解制度，引入具有积极拯救功能的债务重组制度。这些改革措施极大地提高了破产程序的效率，使债权人愿意更多地参与到对债务人危机的解决过程之中，也能调动债务人的积极性；同时还减少了司法干预，给当事人更多的谈判空间。[③] 可以说，改革后的意大利破产法终于实现了与国际上的最现代和最有效率的破产制度的一致性[④]，但也并未完全丧失自己的特色。这些改革使得意大利破产制度的适用更加便利，破产案件的数量也在不断增多。我国自破产法实施以来，破产案件受理数量相对较少，一定程度上表明了《企业破产法》并未在经济社会实践中发挥出应有的作用。

2. 意大利破产和解制度改革对中国的启示。

中国2007年实施的破产法有众多值得称赞之处，特别是将和解、清算、重整三个程序统一规定，也对企业维持和再建的理念有所体现。但就破产和解程序而言，我国的经济生活中少有真正按照破产法所实施的和解案件，立法者的预期并没有很好地得到实现。这既与社会各界对破产法功能认识不足，

---

① Pierre Hautcoeur、Paolo di Martino：The Functioning of Bankruptcy Law and Practices in European Perspective（ca. 1880-1913），*Enterprise & Society*（2013），Issue 3.

② 李曙光、贺丹：《破产法立法若干重大问题的国际比较》，载《政法论坛》2004年第5期。

③ Valentino Lenoci：*Il concordato preventivo e gli accordi di ristrutturazione dei debiti*，Giuffrè Editore，2010，p. 31.（瓦莱迪诺·莱诺茨：《债务重组协议》，久福瑞出版社2010年版，第31页。）

④ Bruno Cova、Antonio Azzara'、Bernadette Accili、Paolo Manganelli、Anteo Picello：New Italian Measures Facilitate Debt Restructuring and Protect DIP Financing，*Pratt's Journal of Bankruptcy Law*，n7，2012.（布鲁诺·科瓦、安东尼奥·阿扎拉、拜勒那代特·阿茨里、保罗·曼加内利、安代奥·彼此罗：《意大利促进债务重组和保护DIP融资新措施》，载《普拉特破产法杂志》2012年第7期。）

中国的社会经济环境变化迅速有关，也与破产和解制度本身存在的缺陷有关。相比之下，意大利破产和解制度的改革颇富启迪，有值得借鉴和学习之处。

首先，应借鉴意大利破产法的规定，认真思考和解程序与重整程序之间的关系，允许和解程序与重整程序的相互转化。意大利破产法将破产清算程序与和解程序并列，并未给新增的重整程序单设一章，而是将其置于和解制度之下。从法律解释的角度来看，这意味着重整仅是和解制度下的一个衔接程序，并可以在适用中与和解程序相互转化。这种体例设计的初衷，是考虑到重整程序与和解程序一样，均为破产再生程序，目的在于预防企业破产。既然两种程序的本质一样，从节约制度成本的角度出发，合并规定更加合适，否则会形成制度成本的叠加。

中国将重整与和解视为两类并列的完全不同的程序，并且“破产法禁止在和解与重整之间进行程序转换，这也可以看成是中国破产法的一个特色，是我国立法政策的选择”。[①] 但实际上，我国破产和解制度的目标也是保留企业的营运价值，尽量避免清算债务人，在功能上与重整程序具有相互的替代性，应允许当事人根据自身情况自愿选择适用。禁止两种程序之间相互转化，将导致债务人更倾向于直接适用重整程序，破产和解在司法实践中却无人问津，名存实亡。因此，姑且不论两种程序是包含关系还是并列关系，至少应当允许重整与和解之间的相互转换，这样能为当事人提供更多的选择机会，更有效地发挥不同制度之间的功能互补作用，实现制度资源的最佳配置。基于此，意大利破产法将两类程序置于一章内合并规定，并明确允许和解与重整可相互转化，其中蕴含的立法理念值得思考和借鉴。

其次，在破产和解协议的达成方面，意大利的灵活做法值得学习。我国现行破产立法规定：债务人向法院提出和解协议草案，法院裁定进入和解程序并发布公告，随后召开债权人会议表决和解协议草案，和解协议经无财产担保债权总额的三分之二以上的债权人表决通过后，由人民法院裁定认可，终止和解程序并予以公告。根据现行破产法的规定，我国和解协议需要多数无

① 李永军：《破产法的程序结构与利益平衡机制》，载《政法论坛》2007 年第 1 期。

担保债权人达成一致，通过难度较大。如果债务人在提交和解协议草案之前未能与各债权人进行良好沟通，和解协议草案基本上难以在债权人会议上获得通过。因此，在中国破产实践中，和解程序运用的实际案例较少，已有破产和解的成功案例多是地方政府为挽救本地上市公司，经政府出面协调后促成的和解。而意大利破产法通过创设“自动冻结期”制度，则很好地解决了这一问题。在自动冻结期内，债务人的财产得到完整的保存，债务人可以充分地准备和解协议方案并与债权人及时沟通。这就起到了与重整程序一样的作用，因此，意大利的破产和解程序在国内得到了广泛的应用。

另外，根据我国现行破产立法，和解协议对担保债权人不产生效力，其结果是和解协议生效后，担保债权人会立即执行担保权，导致企业的担保财产（实践中担保财产均是具有交易价值的优良资产）被拍卖、变卖或折价受偿。如此一来，作为企业恢复并继续经营的财产基础将丧失殆尽，债务人即使在和解程序中避免了被清算的命运，但和解之后再次陷入困境并最终走向清算也不是没有可能。如果和解协议只能约束没有担保价值的财产，和解程序对债务人就没有吸引力；同时由于我国债权人也没有申请进入和解程序的权利，破产和解程序就失去了存在的意义，无人问津就成为必然。所以，从保留企业优质资产以拯救债务人的角度出发，意大利破产法不要求债务人提交的和解协议必须保证全额清偿担保债权，无担保债权也没有最低清偿比例要求，这就对债务人产生了巨大的吸引力，有助于债务人主动选择适用和解程序。若我国的破产和解程序要实现自己的立法目的，就应借鉴意大利的相关规定，重新思考并界定和解协议对担保债权的约束程度与范围。

再次，在对和解协议可行性的评估问题上，意大利破产法中的专家证明制度也有积极的参考价值。债务人的和解协议方案是否具有可行性，由债务人聘请的专家出具报告予以证明，而不是由法院来判断方案是否有可行性，法院的作用是对和解协议进行合法性控制。在意大利破产法中，专家的作用非常重要，需要对第 67 条规定的庭外企业恢复计划、第 160 条规定的和解方案、第 182 条规定的债务重组协议进行证明。因此，其必须具有专业性和独立性，并对不实评估或隐瞒相关信息等行为承担民事和刑事责任。[①] 我国破产法，债权人通过和解协议后，也要求法院加以审查，但对于职业法官而言，形式审查比较容易，判断和解协议的可行性则是挑战。比较遗憾的是，我国仅在破产重整计划的审查过程中开始考虑专家的意见。例如，2012 年 10 月，最高人民法院印发《关于审理上市公司破产重整案件工作座谈会纪要》，指出“专家咨询意见可以分为肯定意见、否定意见、附条件肯定意见。对于上述专家咨询意见，人民法院在作出是否批准重整计划草案的裁定前，应予充分考虑”。[②] 但对和解协议的审查程度和范围，尚未有任何一部规范性法律文件给予清晰界定，自然也就没有规定专家证明制度。因此，可以考虑借鉴意大利的相关规定，尝试构建我国破产法中的专家证明制度。

最后，在破产和解辅助制度的设计上，意大利破产法的某些制度也很有参考意义。例如，意大利破产法对和解过程中的融资特别是融资方的权益保护问题有详细规定，为企业脱离困境奠定了坚实基础。而我国破产法对此问题几乎没有任何规定，此方面尚有制度比较和借鉴的空间。另外，在意大利，除庭外和解程序外，其他任何与破产和解有关的申请、协议及其他法律文件均需要在公司登记机关进行公示。而我国采用的是法院公告的模式，并且很多法律文件不需要进行登记。相比之下，意大利立法在破产和解相关信息发布的广度和透明度方面更胜一筹。我国未必如意大利那样要求所有法律文件必须在公司登记机关登记，但也应借鉴意大利的破产立法理念，注意破产中的信息不对称现象，完善破产和解程序中的信息披露机制。

---

① Alessandro Danovi：Crisi d'impresa e risanamento finanziario nel sistema italiano，Giuffrè，2003，p. 196.（亚历山德罗·丹诺威：《意大利体系中的商业危机和金融整合》，久福瑞出版社 2003 年版，第 196 页。）

② 宋晓明、张勇健、赵柯：《〈关于审理上市公司破产重整案件工作座谈会纪要〉的理解与适用》，载《人民司法》2013 年第 1 期。

第二节 破产和解制度价值实现的困境与出路

破产和解制度作为现代破产法律制度的重要组成部分，同破产重整制度一样具有预防破产清算、挽救债务企业的重要功能，对困境企业的复苏、再建具有重要意义。但遗憾的是，破产和解制度至今似乎并未发挥出其应有的效能。从实践层面来看，据统计，自破产法实施以来，有文字记载的破产和解案件还不到130件[①]，这与破产清算和破产重整案件相比，可谓是云泥之别，由此也导致了社会各界对破产和解制度的存在价值提出质疑。[②] 在理论学界，关于破产和解制度的学术成果相对较少，许多学者对破产法的认识也仅停留在清算与重整两个领域。[③] 甚或有观点认为，国外破产立法虽然有过和解制度的相关规定，但实际上适用者甚少，故我国破产立法应重点关注破产重整制度。种种迹象，都表明破产和解制度呈现日渐边缘化之趋势。但是本书认为，从法律演进的角度观察，破产和解制度一定程度上缓解了传统破产法的单一性，是对以清算为本位的传统破产制度的重大变革，更加体现着破产立法对债务人利益的倾斜保护，是破产法律演进与成熟的标志。[④] 破产和解制度何去何从，已成为立法者不得不面对的问题。本书不揣浅陋，拟对破产和解制度价值实现的困境及其破解之道进行粗浅探讨，以期能对我国破产立法完善有所裨益。

---

① 张善斌、翟羽翔：《破产和解制度的完善》，载《河南财经政法大学学报》2019年第5期。

② 张钦昱：《破产和解制度之殇——兼论我国破产和解制度的完善》，载《华东政法大学学报》2014年第1期；齐明：《中国破产法原理与适用》，法律出版社2017年版，第176页。

③ 于颖、罗党练、林硕廷：《公司治理失败与企业破产》，载《财会月刊》2021年第13期。

④ 贾林青、钟欣：《企业重整制度与破产和解制度比较研究》，载《法律适用》2005年第1期。

一、破产和解制度价值实现的困境

据前所述，在破产法的框架体系下，破产和解制度具备不同于破产清算及破产重整的独特价值，其可以实现避免企业解体与低成本挽救企业的功能整合，是破产法中较为理想的制度设计。然而困惑的是，既然破产和解制度具备如此独特优势，那么为何在理论界与实务界，其却呈现出日益边缘化之趋势。对此，本书拟从理论认识与操作设计两个层面进行分析。

（一）理论认识的模糊

破产和解制度的价值未能得到很好的实现，一个重要原因是人们对其认识及阐释还不够深入，特别是对破产和解制度价值取向的选择上，没有达成高度共识，从而对立法的设计与实践操作产生不利影响。

我国的破产和解制度没有正确处理法律制度与经济社会的互动关系。据学者考察，国外破产和解制度的适用对象主要是债权人数较少，债务人财产相对较多或者还有潜在偿付能力的企业。而如果适用对象情形复杂，和解制度则难以进行妥善处理。我国现行破产和解程序在立法过程中，并未注意到和解本身的独特属性，对其体系构造、适用条件、和解手段等问题深入研究不足，其法律条文数目较少且规定简单。破产立法必须与相应的社会经济和市场环境相结合，不能抛开我国业已构建的法律体系与司法实践，否则就会出现制度构建的水土不服。

同时，理论学界对破产和解制度立法价值的取向选择也存在争论，即破产和解制度的价值功能中，究竟是以达成妥协并有序偿债为价值取向，还是以能够相对较低的成本实现企业挽救为价值取向？若选择前者，那么通过破产和解制度拯救企业的价值功能就会退居其次，破产和解制度设计的重点就应是围绕着有序偿债而展开。破产立法关注的焦点也应是和解协议达成与债务偿还问题，至于债务人偿债之后是走向清算抑或实现复兴，并不在立法的关注之内。其结果可想而知：虽然和解协议中债权人有所妥协，债务人努力偿还债务，但对濒临困境的企业而言，这往往也就成了“压死骆驼的最后一根稻草”，使出浑身解数的债务人易于再次陷入困境并极有可能走向清算。

反之，若以拯救困境企业为价值取向，破产和解制度相比于破产重整制度，似乎又力所不及。因重整制度侧重于对各方利害关系人的利益协调，会采取多种积极的债权债务处置措施，能够调动债权人、债务人、股东、新的战略投资者等多方主体共同努力挽救企业。而和解制度中，立法并未作出如此之规定，股东、战略投资者等利益主体在程序中均无法深入介入，无法调动其拯救企业的积极性。故此，和解制度是一种较为消极的困境企业拯救程序。相比之下，若以拯救企业为目的，破产重整制度必然会得到众多债务人的青睐。客观上而言，破产重整制度也的确正在成为优化营商环境背景下的一项常态化制度安排。所以当事人若要拯救企业，与其选择适用和解程序，还不如选择拯救手段更为丰富、效果更为明显的重整程序。所以，立法价值的明确是立法设计的科学与合理的前提。

（二）立法层面的缺憾

1. 制度设计的体系性思考不足。

我国的《企业破产法》将和解、重整与清算并列为三大程序，虽然和解不成功以后，就会转化为清算，或者在清算程序中经当事人申请可转化为和解；但是在重整程序与和解程序的转化问题上，我国现有破产法的态度并不明朗。至少从现有的法律规定中，无明确立法允许和解与重整之间可以进行程序转换。这其实略有不妥，和解与重整具有相似的功能，允许重整与和解之间的相互转换，能为当事人提供更多的机会，能更有效地发挥不同制度之间的功能互补作用，实现资源的最佳配置。另外，我国现有破产制度在庭外和解与破产和解两种程序之间，也缺乏衔接机制，没有给当事人提供更多的路径选择。

2. 和解手段不够丰富。

依据我国现有的破产立法，和解达成的方式主要依靠债权人的让步，即债权人通过减免债务或延期支付的方式，主动给予债务人企业相对宽松的空间来实现资金融通。这种简单的和解手段对于核心资产仍然保有价值且市场行情比较不错的债务人企业尚能有效，但是不足以应对所有的现实情况。事实上，对于挽救企业来说，最可靠的途径是提供丰富的手段或方法，使行为主体产生稳定的预期，从而为实现预期付诸积极的行动。但和解制度中缺少关于企业再建的措施，使得其法律制度内容的完整性存在缺陷，这恐怕也是众多理论与实务界人士质疑和解制度能否担负起拯救企业功能的重要原因。

3. 监督机制不够完善。

从我国当前破产立法来看，在和解过程中能够起到监督作用的两个机构分别是法院和债权人。法院的监督主要体现在对破产案件审判权的行使——许可或否定和解协议，其监督侧重于程序监督，不应成为监督的主角。而对于债权人会议，因其并非经常召开，所以无法对和解程序进行中的每个环节做到事无巨细的监督。例如，和解协议的达成标志着和解程序的终结，其后和解协议的执行并不属于和解程序的组成部分，这就导致债权人无法监督和解协议的执行阶段。另外，现行法律对和解程序中企业是否主动披露相关信息、对于应当披露的信息充分与否，以及是否存在可能影响债权人利益的关键信息亦没有明确规定。因此，债权人对和解程序的监督力度是较为有限的。对此，有学者认为和解制度存在弊端，其表现就是和解制度实施起来难以进行有效监督。①

4. 债务人继续经营保障不力。

依据我国现行破产立法，破产和解的申请原因与破产清算相同。② 但是债务人资产不足以清偿到期债务时，就意味着其已基本丧失了对资产现金流的把握，此时通过和解程序加以拯救未必有效。应当将适用和解程序的原因予以拓展，让债务人在尚未达到破产清算的界限时就能提出适用和解程序，使

---

① 张钦昱：《破产和解制度之殇——兼论我国破产和解制度的完善》，载《华东政法大学学报》2014 年第 1 期。

② 《企业破产法》第 2 条第 1 款规定，企业法人不能清偿到期债务，并且资产不足以清偿全部债务或者明显缺乏清偿能力的，依照本法规定清理债务。

其预防破产的效果真正得以体现。另外，法律规定担保权人可以在法院裁定和解之日行使权利，而无须等到和解协议的具体执行，且未对行权的期间或额度等权利行使作出具体的法律限制。其结果就是债务人的财产总价值可能会因担保权人行权而减少，该种减少会对企业恢复经营造成严重损害。如果不采用适当的手段控制企业财产总价值的减少，企业重建不但可能无望，甚至可能使企业陷入困境直至解体。因此，若想拯救企业，就需要对和解程序中的债务人给予更多法律支持，在一定程度上保有企业的经营资产，为企业再建夯实物质基础。

二、我国破产和解制度价值理念厘清及其立法完善

破产法应该站在市场经济运行的高度，面向所有市场主体，顺应不同市场主体的运行规律和危机救助规律，给市场主体更多制度选择的机会，[①] 困境企业就可依据自身情况择优适用不同程序。因此，围绕预防破产、复兴企业这一内核，深刻领悟破产和解的价值理念并灵活设计相关规则，解决社会发展的现实问题，将成为破产和解制度价值实现的关键。

（一）重申和解制度预防困境企业破产的立法价值

破产法是市场经济背景下公认的清理债务与治理困境企业的重要法律制度，发挥着对问题企业进行资源配置的重要功能。就我国而言，2018 年国务院成立“放管服”协调小组后，依托破产法处置困境企业的市场退出问题的工作取得了不错的成效。据不完全统计，2018—2021 年，适用破产法三大程序的案件数量较过去十多年翻了一番，其中运用和解制度处理的案件比例高

---

① 王佐发：《“市场主体友好型”破产法：理论反思与制度构建——兼论中国破产法的修改》，载《中国政法大学学报》2021 年第 4 期。

达62%。[①] 即便如此，学界对破产和解制度立法价值及其功能的争论仍未停止，并形成截然对立的两派观点。有学者认为，和解目的是防止困境企业步入破产，简言之是破产预防程序。[②] 另有学者则认为，破产和解制度是破产当事人以契约的形式来结清债权债务的一种不同于破产清算的偿债方式，该制度的目的不在于对困境债务人进行挽救。[③] 由此可见，破产和解制度的价值取向到底是预防破产还是偿还债务，是在讨论制度如何改进之前必须解决的前提问题。

本书认为，破产和解制度法律功能应当是预防破产、挽救债务企业。从制度的产生与演进的角度看，创立初始的制度安排所形成的路径依赖，会对其后的发展变革产生重大影响。事实上，和解制度能够延续至今并在近几年的法律实践中取得不错的法律效果，挽救徘徊在破产清算边缘的困境企业，帮助其成功化解债务危机，充分说明了和解制度的法律价值值得肯定。目前，破产和解制度的优势日渐得到司法实践的认可，其所蕴含的法律功能也逐步得以延伸，不再是简单的避免破产清算、了结债权债务关系，而是通过和解程序调和债权人与债务人企业之间的关系，以自由协商债务清偿时间、具体数额或是比例的方式，来缓解债务人短期内面临的巨大偿债压力，给予债务人继续经营的机会。换言之，破产和解制度的产生，就已经表明破产法的价值功能正在从过去的"债务清理"转变为当下的"预防破产"。

因此，应高度重视并重申破产和解制度预防破产、挽救企业的立法价值，应当摒弃固有的思维模式，将和解制度挽救危困企业的效能充分激发出来，而不是将其视为可有可无。制度设计的科学与否在很大程度上取决于制度的功能定位，如果仍然按照过去的思维模式，无视破产和解制度的灵活性与低成本等特点，将会导致破产立法的指导思想走入岔路。另外，运用破产和解

① 据笔者统计与筛选发现：2006—2021 年 8 月适用和解制度处理的案件约为 119 件，其中 2018—2021 年 8 月，适用和解制度处理的案件数量约为 74 件。数据来源：中国裁判文书网，http：//wsscj. court. gov. cn/，2021 年 10 月 13 日访问。

② 多数学者持此意见，如付翠英：《破产法比较研究》，中国人民公安大学出版社 2004 年版，第 241—242 页；张善斌：《破产法的"破"与"立"》，武汉大学出版社 2017 年版，第 23—26 页。

③ 常敏、邹海林：《中华人民共和国破产法的制定》，载《法学研究》1995 年第 2 期。

实现企业挽救亦符合我国经济社会发展需要，这对于我国社会主义市场经济体制建设而言，亦具有十分重要的政治与社会意义。在重申破产和解制度的预防破产功能的前提下，方可通过立法的科学设计与制度改进来发挥出破产和解制度的相应的功效。

（二）推动我国破产和解制度的立法完善

1. 引导“庭外和解”与破产和解程序衔接。

近年来，替代性纠纷解决机制（ADR）发展迅速，其中就包括庭外和解。事实上该机制与和解程序具有极高的相似性，区别在于该机制的实施不需法院等公权力机关介入，能够充分发挥当事人的意思自治。这种方法更加灵活、节省时间、节约费用，也更容易令困境企业保有较好的信誉从事融资活动。作为替代性纠纷解决机制，庭外和解突出的是和解过程的自愿、平等，在司法机关介入之前，庭外和解所达成的和解协议，是对先前存在的债权债务关系的变更，其民事契约属性更为明显。从程序构造来看，我国《企业破产法》在修订时，应当考虑将法庭外和解与法庭内和解有效对接。若当事人向法院申请进入破产程序的，法院可在查明的基础上，引导当事人进行庭外和解，并可依据当事人之间的意愿赋予庭外和解协议法律效力，使其可以作为执行依据。当债务人不履行或不完全履行债务时，对方当事人可向法院申请强制执行。换言之，通过将破产和解与庭外和解衔接，就能够赋予债权人更多的债权实现可能性。

2. 多方面保障债务人企业的营业维持。

一方面，适当将和解的申请原因放宽。除了现有的破产申请原因之外，加入只要债务人企业有了破产的危险就可考虑适用和解，因为此时的企业恰恰是最具有拯救价值的企业。反之，无论是企业不能清偿到期债务还是资不抵债，一旦出现这些情况，企业的经营价值已是岌岌可危，此时挽救企业的前景不甚乐观。唯有公司财务困难，虽然已有停业之虞但经营资产大部分还在并可以维持继续营业，此时通过适用和解程序，成功预防债务人破产的可能性就越大。另一方面，应限制担保权人行权。虽然担保权人具有法律规定的优先受偿的权利，但是考虑到和解计划的制订是为了债务人能够在资产价值充裕的时机下摆脱财务泥沼，是为了更多债权人的利益，所以可以考虑对担保权人的优先受偿作出一定限制。从体例设计的角度观察，也能发现和解制度与重整制度同为再建型程序，有着相似的法律目的——预防企业破产。既然重整程序能够通过限制担保权人行权以保证挽救企业顺利进行，那么基于法律规范的体系性与统一性，和解制度也可以具有对于担保权人行权限制性规则的适用性。

3. 探索更为丰富的破产和解手段。

掣肘于原有破产和解“消极拯救”的立场，债权人与债务人在程序中愿意尝试的拯救手段颇为有限，主要表现为免除部分债务、宽限债务清偿期限。但和解手段其实远不止这些，司法实践的发展已经提供了丰富的经验素材。如“中华第一屏”案以及“食品公司合并破产和解案”都为破解和解手段的单一化僵局提供了新的思路和方法。[①] 这些案件，都充分发挥了法院与管理人的主观能动性，创新了破产和解手段，创造了保留核心资产，其余资产打包转移给战略投资人的新方式，从而为丰富和解手段提供了积极的探索。又如，有学者提出，债转股在和解程序中的适用有助于实现企业的再生，能够减轻企业负担，恢复营运能力，合理提高债权人清偿率。[②] 除此之外，以物抵债、劳务抵债、小额现金清偿、大额打折清偿或第三人提供担保等具体方法，也能够为破产和解程序所借鉴。

4. 健全和解程序中的信息披露制度。

由于和解程序的申请主体主要是债务人企业，其积极主动申请适用和解，有益于缓和其与债权人之间因利益纠葛产生的僵硬关系，维护业已存续的合

---

① “中华第一屏”案，参见香香：《破产和解：“中华第一屏”绝处逢生》，载《民主与法制》2010年第13期。食品公司合并破产和解案，可参见最高人民法院依法平等保护民营企业家人身财产安全十大典型案例之六，载中华人民共和国最高人民法院网站，https://www.court.gov.cn/zixun/xiangqing/159542.html，2023年8月30日访问。

② 王萍、曹滢钰：《破产和解语境中债转股的规范和实践》，载《法律适用》2019年第20期。

作关系。一旦和解失败，债权人的让步行为无效，债权人的期待落空，破产程序再次进入清算，破产财产重新开始分配。已经清偿的债权消灭，剩余债权获得清偿的顺位需要等待其他债权人得到相同比例的清偿之后才能继续，毫无疑问会增加债权人的时间和司法成本。所以，可以在和解草案形成之前，由债务人对企业的财务信息、员工结构、资产结构、债权债务结构、融资情况以及对于和解协议生效后的拯救手段进行明示，各债权人可以就相关信息发表意见，探讨企业再生的必要性与可能性。如果债权人经过商讨认为直接进入清算程序更为有利，那么就不必经过和解程序，徒增内耗。如果和解协议草案能够顺利达成，债务人企业将会产生更多热情，全力挽救企业。因此，我国《企业破产法》在修订时，应对和解程序中的信息披露问题给予适当关注。

5. 完善破产和解的监督机制。

对于如何完善和解程序监督机制，不少学者进行过探索。早在 20 世纪 90 年代，就有学者主张进行专业化监督，提出设立和解监督组，包括股东、债权人代表、律师、注册会计师、审计师等和解程序所必需的专业人才。[①] 彼时，我国尚没有破产管理人制度，伴随近些年破产管理人队伍的发展，也有人提出可以让破产管理人进行监督。这些观点虽各有道理，但也都存在明显的缺陷。在和解程序之外选择专业人员或专设监督机构的建议，现实操作起来比较困难，因为其产生专门的监督费用，可能会徒增和解制度运行之成本。就管理人担负监督职责而言，据现行破产立法，管理人的职责主要集中于债务人财务和经营问题的决策管理。如果管理人兼负监督任务，虽然某种程度上可以有效节约单独聘请外部监督者所增加的成本，但是违背了“守门员不可以充当裁判”的权力制衡原理。

对此，本书主张可以发挥外部独立第三方机构的作用，如商会，来完善和解程序的监督机制。商会作为典型的社会第三部门，具有自律的功能、服

① 汤维建：《破产和解制度的改革与完善》，载《中国法学》1995 年第 2 期。

务的功能、监管的功能、协调的功能，等等。[①] 对和解程序而言，可以考虑让商会参与其中，发挥商会的监督功能。一是因为商会作为独立的第三方，能够避免直接参与和解程序中关于债务人企业具体经营决策的活动，有效避免权责混乱引发的债权人权益受损的风险。二是商会内部有明确的自律性机制，商会对企业的日常管理情况能够做出一个较为合理的评估，从而更快地对企业的反常行为做出反应。不仅如此，商会拥有独立的经费来源，能够节约和解过程中单独聘请或成立专业监督人员、专业监督机构而给债务人增加的成本。因此，可以考虑发挥商会参与公司治理和破产拯救的价值功能，让债务人所属之商会或行业协会在法院的指导下担负起对债务人企业的监督职责。

破产和解制度的确立与完善是现行破产制度的重大创新，债务人可以通过多种措施与债权人进行利益博弈，以摆脱财务困境、维持资产负债平衡、促进企业重生。[②] 本部分的研究意在对破产和解制度的建设和实施提供科学的理论支持和改进建议。破产和解制度应当将预防企业破产作为立法的价值取向，避免仅将其视为延期偿债的无奈之举。基于此，应当对和解制度进行体系化完善，采取诸如建立与庭外和解的衔接、创新和解手段、健全信息披露、完善和解监督机制等做法，多方面保障债务人的营业维持。总之，虽然破产和解制度是法律实践的产物，但并不妨碍其背后所蕴含的理性精神的体现，和解制度的独特价值应当得到足够的认可与重视。

---

① 张世君：《从利益相关者视角谈商会参与公司治理》，载《国家检察官学院学报》2013 年第 6 期。

② 王萍、曹滢钰：《破产和解语境中的债转股的规范和实践》，载《法律适用》2019 年第 20 期。

· 第三章 ·

破产预先重整制度构建研究

第一节　破产重整制度的局限性与我国预先重整的探索

近年来，我国经济运行进入新常态。与此相伴，相当数量的企业开始出现停产半停产、长期亏损、扭亏无望、资不抵债、濒临倒闭，主要依赖政府财政补贴或者银行贷款维持经营的困难局面，官方文件将其称为“僵尸企业”。[①] 在建设法治国家的背景下，如何实现此类低效、无效僵尸企业的有序退出，成为法学界必须思考的重要问题。结合中国的特殊国情，预防企业破产和帮助濒临破产倒闭的企业复苏重建远比实施破产清算更有社会政治经济意义。因此，应当考虑通过法律上的破产再建程序推动僵尸企业债务重组，走上复苏之路。[②] 由于我国2006年修订的《企业破产法》设“重整”单章专门规范濒临倒闭企业的拯救问题，社会各界也不断呼吁尽量适用重整制度拯救僵尸企业。但是，长期以来对重整制度的负面价值及其局限的忽视，使得其于企业再建过程中并未发挥出人们所期待的客观效果。本书拟在分析重整制度自身固有缺陷的基础上，提出构建我国预先重整制度的若干建议，以希望能够克服重整制度的局限性，实现僵尸企业的债务重组与经营复苏。

---

① 如《国务院关于落实〈政府工作报告〉重点工作部门分工的意见》（国发〔2016〕20号）、《国务院批转发改委关于2016年深化经济体制改革重点工作意见的通知》（国发〔2016〕21号）、《国务院关于积极稳妥降低企业杠杆率的指导意见》（国发〔2016〕54号）等。

② 王欣新：《僵尸企业治理与破产法的实施》，载《中国金融》2016年第5期。

一、破产重整程序的局限及预先重整制度的产生

（一）重整制度的局限

历史上的破产制度原本仅指破产清算，其发端于中世纪地中海沿岸商业城市，是一种对债务人的财产加以分配的概括执行程序，无力偿债者将任由债权人瓜分其资产，最终丧失经营资格并退出市场。但是，伴随法治文明程度的进步，破产制度的理念出现了由债权人本位，到债务人与债权人利益平衡本位，再到社会利益与债权人、债务人利益并重的发展过程。破产制度的功能也经历了从破产清算的单一功能，到破产清算和破产淘汰的双重功能，再到破产清算、破产淘汰和破产再建的多重功能的发展过程。[①] 今天的破产制度已经成为包含清算、和解、重整在内的系统性法律制度，清算已不是破产的唯一目的，拯救与再建债务人也成为破产制度的重要目标。这一立法目标的转变，使得重整制度的诞生成为历史的必然。

现代意义上的破产债务重整制度产生于 20 世纪 30 年代西方世界的经济大危机，当时众多美国地方政府因经济萧条而收入减少，出现财务危机并陷入困境。对此，立法者建议对法律进行重大修改以挽救美国经济，1938 年的钱得勒法案（Chandler Act）以立法的形式肯定了罗斯福新政的措施，其中就包含关于财务重整程序的规定。[②] 1978 年出台的美国破产法对重整制度进行了系统的规定，从 20 世纪 90 年代至今，其历经数次修订，成为破产重整制度的范本，并被世界各国破产立法所效仿。

重整制度的目标是维持原有企业、公司的继续经营而非破产清算，这是因为企业在经营状态下的价值——营运价值是高于清算价值的。[③] 营运价值是

---

① 付翠英：《从破产到破产预防：一个必然的逻辑演绎》，载《法学杂志》2003 年第 1 期。

② Kevin J. Delaney：*Strategic Bankruptcy*, University of California Press 1992, p. 22.（凯文·J. 德莱尼：《战略性破产》，加州大学出版社 1992 年版，第 22 页。）

③ 王明远、罗攀：《论公司重整制度的价值取向和适用范围》，载《南方金融》2002 年第 10 期。

企业有形资产、无形资产、人力资本等各方面资产利益的总体集合，在将企业清算变卖时，其价值会大大降低，得不偿失，债权人、债务人、投资者也会因此遭受巨大损失。若允许债务人继续经营，则有可能因经营改善从而偿还债务，除了股东之外，其他利益相关者皆可获利。对于社会整体经济效益而言，可以起到增加税收、刺激投资、解决失业的作用，其经济效益是显著的。但是，任何制度都具有两面性，重整制度在得到广泛认可的同时，也不可避免地出现了相应的局限性，其适用的风险和不确定性也较高。

第一，重整制度在各方利益的平衡协调上并非十全十美。重整制度一般是将维护社会公共利益放在首位，但社会公共利益是比较宽泛和抽象的概念。相比之下，股东、债权人、债务人各自的利益则是比较具体和明确的，三方都有自己的利益要求。有时各方为了维护自己的利益，可能会导致破产重整的进行困难重重，有时重整计划根本不能获得通过，导致重整无法进行。例如，债权人会经常抱怨给予了债务人过多的权利，而债务人则抱怨重整耗时太长，自己要支付过多的费用，导致其财产所剩无几。

第二，对于恢复债务人重建的宗旨可能适得其反。请求企业进行重整越发变成经营的一种策略，特别是在激烈的市场竞争中，陷入财务困境的企业经常利用破产重整来阻断债权人的追索，获得调整的时机。因此，破产重整在一定意义上成为保护竞争对手，使申请重整的债务人获得不正当竞争优势的手段。其结果就有可能使处于正常经营状态下的企业与在一定期限内可以不偿还债务的重整状态下的企业进行竞争，这有碍于优胜劣汰的市场机制发挥作用。

第三，重整制度的适用是以巨大的制度成本和代价为前提的。虽然重整制度在社会生活中扮演着重要的角色，但它绝不是灵丹妙药，重整制度适用的代价巨大。单就重整制度的实施成本而言，就包括申请重整的费用，支付的律师、会计师、评估师费用，以及重整人和管理人获得的报酬等。同时，重整制度的适用耗时费力，时间上的拖延会导致重整成本的不断积累，最终损害债务人的财产价值。[①] 除此之外，重整制度所耗费的其他社会财富更是难

① ［日］宫川知法：《日本倒产法制的现状与课题》，于水译，载《外国法译评》1995 年第 2 期。

以估算。

第四，重整可能最终以失败告终。重整决不会令所有濒临破产倒闭的公司一经适用就收到立竿见影之功效，相反，大量的重整案件是归于失败的。例如，英国有研究表明：该国重整制度的实施效果并不是很理想，在 1989 年至 1993 年，英国重整程序并没有人们所想象的那样产生吸引力从而成为公司再生与复兴的工具。[①] 重整可能出现重整计划通过后却无法实施，或者将计划执行完毕却发现达不到重整目的等。可以说"就结局理想言，重整之顺利完成固有裨益于公司及其债权人，但就缓解迫在眉睫之财务困窘观之，重整之第一受益人实为公司之经营者"[②]，因此，重整对债权人未必有利，很有可能会以失败而结束。

重整之所以成为一个高风险程序，首先，在于重整制度中债务人、债权人、其他利害关系人之间往往处于信息高度不对称的地位。为能够有效评估债务人的财产状况、业务能力与发展前景，确定债权人与股东等利害关系人的权益价值、支付重整机构应获得的报酬等，都需要专业人士的介入来改变信息不对称的状态，因此而支付各类费用也就理所当然。其次，交易成本等的存在导致重整代价不菲，如各类利害关系人可能为自己的利益而相互博弈，债权人与债务人之间的反复磋商与谈判，当事人不服裁定而上诉等行为都会增加重整费用。最后，法官、重整人及其他辅助人员的专业能力也决定着重整程序的进行是否顺利和费用的多少，若上述人员专业能力一般，则重整的低率将很难避免。

重整制度昂贵的成本与漫长的时间将给债权人等带来巨大风险：费用的昂贵导致重整成本不断积累，债权人迟迟无法获得清偿；漫长的重整程序对公司营业所造成的负面影响将进一步降低债权人获得清偿的可能，减少股东在投资上的回收；最终可能导致社会对重整制度的不信任，重整制度难以被

---

① Ian F. Fletcher: *Insolvency in Private International Law—National and International Approaches*, Clarendon Press Oxford 1999. p. 21. (伊恩·福莱彻：《国际私法中的破产——国家和国际方法》，牛津大学克拉伦登出版社 1999 年版，第 21 页。)

② 王仁宏主编：《商法裁判百选》，中国政法大学出版社 2002 年版，第 129 页。

广泛接受和运用。但遗憾的是，我国的《企业破产法》对重整制度适用的局限性特别是其所支出的费用与代价考虑不足，这就使得破产重整制度在处置濒临倒闭企业过程中并没有发挥出预想的实际效果，其客观功能的发挥大打折扣。如何克服重整制度的局限性，预先重整制度不啻一值得考虑的途径。

（二）预先重整制度的价值及意义

1. 预先重整对传统破产重整制度局限性的克服。

所谓预先重整制度，亦可称预重整，就是部分或全部当事人之间在正式向法院申请重整救济之前已经就重整事项进行谈判并达成重整计划的全部或部分，然后在已经达成谈判的条件下向法院正式申请重整。预先重整，是在美国破产法实践中发展出的一种重整制度的改良机制，其克服了传统重整制度的弊端，引起破产法学界的广泛关注。

传统的破产重整制度在受到认同与肯定的同时，也不可避免地产生相应的局限性。为了克服和避免重整制度的弊端，法庭外的债务私人协商解决机制在各国也蓬勃兴起。但由于当事人之间就债务处理所达成的意思表示一致只有在最终获得法院的强制力保障后才能加以落实，这就导致这种私力救济机制的效果有所减损。而预先重整制度则是结合法院外私人协商机制与正式破产重整程序的最佳特质所作的制度安排。当债权人或债务人通过谈判商定符合债务清理法律制度正式要求的计划及其他文件，并得到大多数债权人支持时，该协议被认为是在重整程序开始前就已经达成，法院也将其视为已按照企业破产法的规定达成重整计划，这一重整计划拘束所有债权人、债务人企业和股东。①

预先重整制度大体包括以下步骤：债务人提出重整计划，进行信息披露，债权人对重整计划进行表决，提起重整申请，法院裁定批准或驳回重整计划。与传统的破产重整程序相比，预先重整制度将提出重整计划、进行信息披露和对重整计划进行表决这三个步骤移出了破产程序，完全交给当事人自治而

---

① 董慧江：《我国企业重整制度的改良与简易包裹式重整》，载《现代法学》2009年第5期。

不需要法院的干预。[①] 因此，预先重整制度一方面吸收了债务协商制度的优点，要求当事人在提出申请的同时提出重整计划，并与债权人进行多轮的协商后才进入正式的重整，债权人基本都会同意重整计划，该计划得到法院认可的可能性也大大增加，这就大幅度减少了花费的时间与成本。另一方面将其规定为一种正式的破产法律制度，也可以避免债务人利用重整保护自己，滥用重整逃避债务，申请的同时提出重整计划也彰显了债务人自己的诚意。

这样一种混合式的重整程序，具有了显著的与传统破产重整制度不同的特征：第一，在申请司法程序之前，债务人已经与债权人进行了商谈，并拟定债务人企业复苏及偿还债务的计划；第二，债务人恳请债权人对该计划进行表决，且获得多数债权人的表决通过；第三，要求之前达成的重组计划约束持反对意见的少数债权人，必须经过法院的确认。[②] 通过这三个特征可以看出，预先重整制度的价值就在于它有效地利用了正式重整制度的法律强制力以及法庭外协商所体现出来的当事人自治降低交易成本的好处，这样就使原先许多耗时费力的争议点（如估价、计划的提出、修改、认可等）合于效率的要求。

破产重整制度的本来意义就在于拯救有希望和有价值的债务人，只有债务人和债权人通力合作，友好协商，充分谈判，重整计划才有可能得以通过，也才有可能实现破产重整制度的价值最大化。否则，无效率的重整只能是对资源的浪费，并使债权人利益再次遭受损害。对于债务人而言，如果投资人和债权人都认为其前景比较乐观，继续经营所得大于预期清算价值，就会选择重整。如果缺少这种可能性，企业负债过重，可能债务人就会倾向于申请清算。对于企业而言，它的特殊性决定了如果在破产清算程序之外进行重整，必须快速悄然，企业的困境信息一旦向外泄露，会引起债权人的恐慌，这样

---

① 胡利玲：《困境企业拯救的法律机制研究——制度改进的视角》，中国政法大学出版社 2009 年版，第 190 页。

② 胡利玲：《论困境企业拯救的简易重整机制》，载《科技与法律》2009 年第 3 期。

一来，就会迫使企业不得不采取正式的破产清算程序。[①] 因此，预先重整制度更适合困境企业进行重整的需要，在没有提交破产重整申请之前，债务人就已经拟定好了重整计划，开始与部分或全部债权人进行私下协商，并且从受损害的债权人那里征集到一定的赞同票。在向法院申请重整之际，债务人就已和大部分债权人进行了充分的协商与谈判，有效避免了债权人的集体恐慌，重整的成功率也更高。

2. 预先重整制度的分类。

预先重整与庭外重组是完全不同的制度。庭外重组不属于司法救济程序，其更贴近于“私力救济”，因为庭外重组完全依靠当事人意思自治从而达成一致。重组计划是没有强制性的，所以如果有债权人反悔，不按照约定的计划行事，或者为了自身能够得到更多的清偿而反对重组计划通过，债务人也没有办法强制其履行。但预先重整制度很好地运用了司法干预，债务人与债权人达成一致的预先重整计划，并且该计划得到法院批准之后，便产生约束所有债权人、债务人以及股东的强制力。在实践中，经过各国的探索，预先重整出现了不同的模式或者说种类。

（1）单轨制预先重整与双轨制预先重整。单轨制预先重整是最普遍、最常见的一种预先重整方式，其是指债务人直接以提起重整程序为目的而与债权人斡旋，提出预先重整方案并请求债权人接受该方案。所谓的“单轨”，即指破产重整程序。[②]

双轨制预先重整是指债务人以自愿重组为目的而进行谈判，如果可以达成自愿重组协议则将不提起破产申请，这与庭外重组无实质性区别。一旦重组失败，债务人则转而以进入重整程序为目的与债权人进行谈判，提出重整计划并请求债权人投票，而之前债权人对自愿重组计划的认可将会被视为对重整方案的投票。这里所谓的“双轨”即指“自愿重组”和“破产重整”。

---

① ［瑞］艾娃·胡普凯斯：《比较视野中的银行破产法律制度》，季立刚译，法律出版社2006年版，第89页。

② 张铃：《破产预重整制度研究》，上海交通大学2011年硕士学位论文。

（2）完全预先重整与部分预先重整。完全预先重整是指债务人在提起重整申请之前，已经向全部有投票权的债权人请求对（债务人一方）提出的重整方案进行投票表决。在司法实践当中，大多数的预先重整案件都是完全预先重整。对于完全预先重整，法院在受理案件后，经审查发现符合法律规定的，可以直接批准重整计划。经法院审查之后的重整计划就可以直接进入到执行程序，这将节省大量的时间成本和费用成本，并在最大限度上降低对债务人企业的不利影响。

部分预先重整是指债务人提起重整申请之前，仅向部分债权人提起对预先重整方案的投票表决，在其向法院申请破产重整之后，再与余下的债权人单独进行协商，然后再让这部分债权人对预先重整方案进行表决。[①] 如果预先重整方案符合法律的各项规定，但这部分债权人仍不同意，那么法院可以强制批准方案通过，生效的预先重整方案将对全部债权人具有约束力。这样的预先重整案方式在司法实践中也有相应的案例存在。[②]

二、建立我国预先重整制度的初步构想

（一）预先重整制度植入我国破产法的必要性

我国现行的《企业破产法》是2006年8月27日通过，并于2007年6月1日起正式实施的，至今已有近20年的时间。其间，随着中国社会经济的迅速发展，《企业破产法》也被广泛应用到经济生活之中，破产案件数量不断增长，很多地方也纷纷建立起专门的破产法庭。然而，在取得巨大成就的同时，我国的破产法也暴露出一些不足之处。

1. 传统重整制度耗时较长。

首先，根据《企业破产法》第71条规定："人民法院经审查认为重整申

① 徐阳光、毛雪华：《破产重整制度的司法适用问题研究》，载《法制与经济》2015年第1期。

② 张铃：《破产预重整制度研究》，上海交通大学2011年硕士学位论文。

请符合本法规定的，应当裁定债务人重整，并予以公告。”法律虽然规定了准许裁定的事由，但并没有规定法院应该在多久的期限内作出准许或者驳回的裁定，所以导致法院在确定是否接受或驳回重整申请的时间过长。比如，在银广夏重组案中，[①] 债权人在 2010 年 1 月 18 日就提出了重整申请，但是在同年 9 月 16 日，法院才决定受理该重整案件，这其中间隔 8 个月之久，时间成本相当高。其次，《企业破产法》第 79 条前两款规定：“债务人或者管理人应当自人民法院裁定债务人重整之日起六个月内，同时向人民法院和债权人会议提交重整计划草案。前款规定的期限届满，经债务人或者管理人请求，有正当理由的，人民法院可以裁定延期三个月。”根据法条可得知债务人提交破产重整计划的期限最长可达 9 个月，此期限过长，加上债权人还要投票表决，可能还要对重组计划进行修改以及法院最后的裁决，使得重整案件审理时间超过一年亦不罕见。

2. 传统的重整制度成本较高。

前文已述，重整制度的适用，往往需要高昂的费用和成本。此处的成本包括直接成本和间接成本。直接成本指的是《企业破产法》所规定的破产程序中所有必需的费用，如按照第 41 条第 1 项规定的破产案件的诉讼费用，在重整程序中就包括受理费用、职权调查费用、公告送达费用等。比如，《企业破产法》第 41 条第 3 项规定的管理人执行职务的费用、报酬和聘用工作人员的费用，在重整程序中则包括管理人的报酬、管理人在履行职责时所产生的费用等。间接成本是指，债务人企业进入破产重整程序后可能要牺牲的一些长期、隐性的利益，如因营业中断所导致的销售额、利润的减少，因配合重整计划而削弱自己的竞争力，等等。一般来讲，破产重整程序持续的时间越长，其所消耗的直接成本和间接成本均会增加。

3. 破产重整草案的制定主体不利于重整计划的表决。

我国《企业破产法》第 80 条规定：“债务人自行管理财产和营业事务的，由债务人制作重整计划草案。管理人负责管理财产和营业事务的，由管理人

---

① 罗裕珍：《预重整法律制度研究》，南昌大学 2015 年硕士学位论文。

制作重整计划草案。”从该条文不难发现，破产法所规定的重整计划制作主体较为单一，完全交由债务人和管理人进行起草，制定之后再由债权人会议进行投票表决。这种方式不利于债权人或其他利益相关人的参与，计划制订者未必会照顾到债权人及相关主体的切实利益，这样就会使债权人和利益相关者在形成重整计划的过程之中处于较为被动的地位。同时一旦其缺乏对重整计划制订者的信任和认可，重整计划的投票表决也将受到不利影响。如果在破产重整计划的制订过程中，同时赋予债务人和债权人参与制定的权利，那么双方对此将都会持有积极的态度，有利于重整程序的推进。在预先重整制度当中，债务人和债权人双方就可以根据实际情况以及自己的真实意思不断进行沟通，最后确定重整计划的具体内容，这可以让双方最大限度地兼顾自己的利益。

4. 传统破产重整制度对于企业的商誉影响较大。

在企业发展的过程中，其企业形象和商誉是非常重要的无形财产。一个良好的企业形象，有助于其建立更为强大的合作伙伴关系，进而实现企业之间的“双赢”或“多赢”。企业的形象和商誉还有助于企业融资，如对于上市公司而言，商誉的好坏可能直接影响到其股票市值的高低，进而影响到其在资本市场筹集资金的能力。由于我国目前大部分人对破产的理解还停留在破产清算，故当一个企业进入到破产程序当中时，大众对于企业的商誉评价会有着不同程度的降低乃至不信任，并且牵涉时间越久，这种负面影响就会越大。而预先重整能够避免此类情况的发生，因为预先重整并没有真正进入司法程序，更多还是在庭外的自主协商，因此对当事人信誉的负面影响远小于正式的司法重整程序。

（二）预先重整制度植入我国法律的可行性分析

1. 现有的基础。

目前，在我国的产业结构中还存在一定的“僵尸企业”，这部分企业的活力较差，同时又占用了大量的社会资源。以往我国清理“僵尸企业”的方法多是通过破产清算帮助企业有序退出市场，但企业的退出不仅牵涉经济和法律方面的问题，也可能是一个社会问题。基于此，我国政府越发重视通过破产重整制度帮助企业东山再起，从而让各方利益主体都能够得到较好的清偿和安置。然而如前所述，由于重整制度耗时较长，成本过高，这将不能满足经济发展的现实需求，因此，预先重整制度的引进十分有必要。

我国现行《企业破产法》规定了重整制度，这为实践中探索预先重整制度的构建提供了法制基础。根据《企业破产法》第70条，债务人或者债权人可以依照本法规定，直接向人民法院申请对债务人进行重整。债权人申请对债务人进行破产清算的，在人民法院受理破产申请后、宣告债务人破产前，债务人或者出资额占债务人注册资本十分之一以上的出资人，可以向人民法院申请重整。可以将此法条中的重整进行扩充解释，使其包含预先重整，将预先重整制度纳入破产法的体系当中，不仅不会与此法条有所冲突，反而是对其的一个补正。

目前，我国各地纷纷建立起破产审判庭，该举措为预先重整制度的引入提供了良好的专业审判基础。我国最高人民法院于2016年6月21日下发了《关于在中级人民法院设立清算与破产审判庭的工作方案》（以下简称《方案》）的通知。该《方案》中明确规定“直辖市应当至少明确一个中级人民法院设立清算与破产审判庭，省会城市、副省级城市所在地中级人民法院应当设立清算与破产审判庭。其他中级人民法院是否设立清算与破产审判庭，由各省（区、市）高级人民法院会同省级机构编制部门，综合考虑经济社会发展水平、清算与破产案件数量、审判专业力量、破产管理人数量等因素，统筹安排”。同时，该《方案》还规定了破产案件的审判法官原则上从本院或者下级法院具有公司强制清算与企业破产案件及相关案件审判经验的优秀法官中选任产生。[①] 可见，审理破产案件的法官队伍也是具有高素质的专业化队伍。专业的法官，专业的审判庭，这无疑为预先重整制度提供了非常有利的专业人才基础。

---

① 《最高法：在中级人民法院设立清算与破产审判庭》，载中国政府网，https：//www.gov.cn/xinwen/2016-08/11/content_ 5098910.htm，2023年8月30日访问。

2. 具体设想。

结合前文研究，本书设想我国未来破产法中的预先重整制度大体可包括以下几部分：[①]

重整申请之前的庭外协商。由于预先重整制度的本质是当事人之间的意思自治，是平等主体之间的协商，因此，法院不能主动发起预先重整制度，而应由当事人启动。企业如果准备适用预先重整制度，那么在申请重整之前，债务人应事先拟定好重整计划，并对债权人进行充分的信息披露，提请债权人和投资者对预先重整计划进行表决。在表决通过的要求上，可以采用表决人数和表决权比例的双重要求，即拟定的重整方案必须被持有某类债权总额三分之二以上、人数二分之一以上的债权人或出资人所接受，该重整计划即为通过。

预先重整制度的启动。启动预先重整制度的原因，应当与企业破产法中对发动重整程序的原因相一致。换言之，企业只要符合进入实质破产清算程序的标准或者具备破产的风险以及可能的，即可提出预先重整的申请。由于我国企业破产法对于重整原因的界定已经十分宽泛，包括债务人不能清偿且资不抵债或明显缺乏清偿能力，或者有明显丧失清偿能力的可能，因此预先重整原因的规定不必再行放宽，径自采用现行的重整原因即可。[②]

法院对预先重整计划的审查。当事人申请进入重整程序后，法院应进行全面充分的审查，保证预先重整制度的适用能够公开、公平、公正。在对重整计划的审查中，由于重整计划的内容已经先取得利害关系人的同意，因此原则上法院对重整计划的批准可采取较为宽松的审查态度，以期迅速开始债务人的重整。当然，法院在审查过程中，可以举行相应的听证会，或者向有关机关征询相应意见，保证审查意见的科学合理。预先重整计划一旦被法院批准通过，即产生约束所有债权人（包括少数持反对意见的债权人）的效力。

---

① 李奎明：《论企业简易重整制度》，载顾功耘主编：《公司法律评论》，上海人民出版社 2011 年版，第 166—167 页。

② 胡利玲：《困境企业拯救的法律机制研究——制度改进的视角》，中国政法大学出版社 2009 年版，第 285 页。

预先重整制度的结束。如果法院认为预先重整计划不符合有关规定，则应根据破产法的规定裁定结束，并可要求当事人申请转为其他的破产程序。此时产生一个问题，即预先重整计划未获得通过，是否可以申请转为破产重整程序？笔者认为，再无必要。一来申请预先重整的原因与申请传统破产重整制度的原因相同；二来法院对预先重整计划的审查原则上已经比较宽松，在前述情况没有根本改变的前提下，即使申请进入重整程序，其最终结果也必以再次失败而告终。因此，企业预先重整计划不通过，只能转为清算程序。

如何从法律的角度解决其中复杂的利益冲突，将矛盾纠纷化解纳入法治轨道，使资源重新得到配置的同时保持社会稳定，原有的破产重整制度因自身的固有缺陷已勉为其难。破产重整制度必须有效地引导企业的再建与新生，否则只是对资源的更大浪费。预先重整制度较好地实现了将法院司法介入的权威性、公正性与通过债务人债权人意思自治处理问题的简洁性、有效性较为完美结合的目的，值得我国探索和尝试。

第二节　预先重整程序中的临时管理人制度构建

自改革开放以来，我国的市场主体退出制度正逐步完善和健全。从 2006 年破产法律制度修订并施行，到 2013 年 11 月提出要“健全优胜劣汰市场化退出机制，完善企业破产制度”，再到 2018 年 8 月将《企业破产法》的修订纳入立法规划，稳步推进破产法律制度的建立健全和破产审判的市场化、法治化、国际化已成为我国市场经济可持续发展、营商环境优化建设的重中之重，也成为供给侧结构性改革的重要抓手，是有效化解产能过剩的重要步骤。而破产重整制度代表着现代破产法律制度的最新发展方向和趋势，这一制度不仅能够切实保护债权人利益，更有利于社会利益的维护，助力企业重新焕发活力。但前文已述，由于破产重整程序本身的复杂性、成本高等固有缺陷，使得预先重整程序开始得到广泛关注，本书拟对构建我国预先重整程序中的临时破产管理人制度加以研究分析。

一、预先重整程序的产生及其对临时破产管理人的需求

预先重整程序作为庭外重组与庭内重整相融合的市场救济机制，能够使困境企业在重整程序外，通过与债权人自主协商达成重组合意，使企业重新焕发活力，完成自我救赎。随着预先重整程序逐渐受到广泛关注，其不足开始显现。通过在预先重整程序中纳入临时破产管理人制度，能够加快市场出清速度，监督预先重整企业运行，提高重整程序的适用率，在现实层面回应社会需求。

（一）我国预先重整程序的实践探索及面临困境

1. 我国预先重整程序的探索。

预先重整程序起源于英美法系国家，因此在翻译上也被称为“预先包裹式重整”。顾名思义就是企业在进入重整程序时，就已经事先携带了预先重整方案这一“包裹”。也就是说，因经营不善等原因造成债务人企业陷入困境时，债务人企业在准备破产重整之前，在庭外就债务清偿和企业拯救与债权人进行协商，获得大多数债权人同意后形成重整计划，再申请进入司法重整程序，通过重整程序使重整计划具有强制执行的约束力，达到约束全体债权人的法律效果，以实现困境企业的复苏与重建。① 其本质是将私下协商与法律程序融为一体，是灵活性和权威性的有机融合。预先重整的“预先”便是指发生在重整程序申请之前的庭外，程序的内容是债务人与债权人已在这一阶段就企业复苏与偿还债务进行了协商，形成的重整计划草案已得到大多数债权人的同意。重整申请人在向法院提起重整申请的同时提交已达成一致的重整计划草案，法院审查并确认重整计划草案的效力，以保证重整计划对全体债权人产生约束力。

---

① 李奎明：《论困境企业的预先重整》，载《上海财经大学学报》2013 年第 15 期。

在域外的司法实践中，预先重整程序已获得了多数国家的认可。联合国国际贸易法委员会在其《破产法立法指南》中也对预先重整程序作出了细化规定，建议各国结合本国实际运用该程序，借此来帮助经济困难企业再建。[①]在我国，随着传统破产重整制度的局限性不断显现，预先重整程序也开始受到国内学者的关注，实践中也得到各地法院的实践探索。尽管我国对于预先重整尚未制定效力较强的法律，但多个省市已就此问题制定了相应的司法政策与规范性指导文件。

2018 年，最高人民法院印发《全国法院破产审判工作会议纪要》，其中第 22 条提出了构建衔接庭外重组与庭内重整的制度要求。2019 年，中央 13 部门印发的《加快完善市场主体退出制度改革方案》中进一步提出建立预先重整程序的要求。同年，最高人民法院印发的《全国法院民商事审判工作会议纪要》中再次强调完善庭外重组和庭内重整的衔接制度，以降低成本提高效率。而在各地方，关于预先重整的探索也纷纷展开。2015 年，深圳市中院发布《深圳市中级人民法院关于执行移送破产案件管理人工作指引》，允许债权人和债务人等破产案件利害关系人在法院受理破产申请前自行协商，并达成重整方案。[②] 2019 年 12 月 30 日，北京市第一中级人民法院发布《北京破产法庭破产重整案件办理规定（试行）》，其中第三章专门规定了“预重整”程序。[③] 2021 年 1 月 8 日，重庆市发布了专门用于“预重整”程序的工作指引等，此处不再逐一列举。

2. 预先重整程序的现实困境。

尽管预先重整程序在我国得到关注与应用，但是受现行立法并未有具体规定之影响，基本由各地自行展开探索，实践中不断涌现出诸多问题。

首先，预先重整程序的进行主要依赖债务人和债权人，缺乏专业人士引导和推进。预先重整程序作为破产制度体系的重要组成部分，较为强调债务人的自我管理与私下协商，在此过程中法院并不过多介入程序运行之中，而

① 汤正旗、汪涛：《破产法实务教程》，武汉大学出版社 2020 年版，第 204 页。

② 深中法发〔2018〕5 号。

③ 京一中法发〔2019〕437 号。

是仅扮演“判断者”角色，不会主动询问情况或解释说明。预先重整程序的施行大多基于债务人与债权人的自行协商完成，在没有引导者的参与下，极容易存在程序运行的困难。在立法空白的情况下，预先重整程序中各参与主体的角色定位也不清晰，当事人基于自身利益考量很容易发生冲突进而导致协商搁置，预先重整工作无法继续开展。尽管预先重整程序在司法重整阶段较好地避免了“钳制问题”，但是庭外协商期间的多数人一致同意并不容易达成，而在这一过程中，没有专业机构及人员进行引导或以其专业技能予以调节，很容易因债务人和债权人协商不成而导致预先重整失败。

其次，债务人自主经营缺乏相应监督。基于预先重整程序的特点，债务人拥有较大的控制权，不仅依然掌控着公司财产处分的权利，更在协商达成重整协议时起着主导作用。这种由债务人主导的模式能够充分调动债务人开展预先重整的积极性，主动联系各方债权人进行协商，避免债务和经营风险的进一步扩大。然而，由于在此过程中法院参与较少，外部监管的缺失可能导致发生债务人趁机转移资产的道德风险。此外，当企业有必要进行破产清算即没有复兴希望和价值的时候，如没有外部的及时监督，债务人企业的高管可能基于一己私利或者个人水平有限，而对债务企业经营情况做出错误判断，使得债权人对债务人是否有能力挽救企业无法予以充分的信任。

最后，预先重整程序的核心在于，通过预先的协商谈判，形成各方满意的重整协议草案，而这一协商过程充满了不确定性。谈判过程是彼此的利益博弈与妥协，此期间形成的协议草案对双方仅有合同上的约束力，而不具备法律上的强制力，债权人和债务人等利害关系人只能凭借信任来确保预先重整程序的推进。因此，极有可能发生预先重整程序转入重整程序后，当事人对此前形成的协商条款不再认可，即出现反悔的情况，这样只会使得前期的庭外协商谈判成果化为乌有，不仅浪费了时间和成本，更使得预先重整程序的价值“灰飞烟灭”。[①] 另外，预先重整程序庭外协商期间形成的重整草案也

① 刘学：《预重整制度运行困境的突破——以政府与市场的关系为视角》，载《金融理论与教学》2020 年第 3 期。

可能无法通过法院的审查和批准，无法完成重整程序，这种不确定的状态很容易降低当事人适用预先重整程序的积极性。

（二）预先重整程序困境的破解——临时破产管理人的出现

1. 临时破产管理人的范畴界定。

破产管理人之于破产制度，就像毛细血管之于人体，连接着破产程序的方方面面，是协调破产程序运行过程中各方利益的关键角色。所谓临时破产管理人，顾名思义即临时对困境企业破产财产进行管理、清点和处分的组织或个人。曾有观点认为，临时破产管理人制度应构建于法院受理破产申请后至破产宣告前这一阶段。然而根据我国法律规定，我国管理人制度采用的是“破产受理主义”,[①] 同时，我国尽管没有详细规定临时管理人制度，但从《企业破产法》本身不难看出，我国破产管理人的从属性已覆盖了破产案件受理时的短暂期间，以及后续的破产重整、破产清算程序。这有效避免了破产受理后的任何一个阶段因缺失管理主体而导致破产财产受损、破产事务无法推进的情况发生。

因此，本书讨论的临时破产管理人并不是法院受理破产案件后指定的管理人，而是受法院指派，在预先重整程序中的庭外重组阶段提前介入的临时性组织和个人。其主要的任务是引导、辅助债务人清查管理资产和监督债务人，协助起草重整方案，推进与债权人的协商程序。许多采取预先重整程序的国家都引入了临时破产管理人这一制度。比如，英国的预先重整程序中，临时破产管理人扮演了一个重要的角色。其有义务和权利来拯救公司，指导制订预先重整计划，综合衡量各相关主体的权益，统筹安排债务企业与债权人进行平等谈判与协商，内容涉及债务重组方案、融资方案、债务清偿顺序、重整费用等。在日本的预先重整程序中，则采用专业破产专家引导程序进行的方式。破产专家制订重整草案，以此来保证再生程序的公平和高效，以第三方身份披露债务人相关信息，确保信息的正确输送，从而保护债权人。另

---

① 《企业破产法》第13条规定，法院裁定受理的同时指定管理人。

外，泰国于1998年修改了本国的破产法，创设了公司债务重组咨询委员会，其主要担负着类似于破产管理人的职责，推动债务人企业与债权人非正式会谈，达成重整草案，协调预先重整期间的各项事宜。

尽管我国预先重整立法尚且空白，但各地对预先重整程序的实践探索层出不穷。无论是深圳中院审理的被誉为“中国模式的预先重整”——电子公司重整案，[①] 还是北京一中院主审的科技公司破产重整案，都是在法院的主持下选任临时管理人，提前对破产企业进行财产调查与整理。其中，北京一中院主审的科技公司破产重整案便是一个具有代表性的典型案例。通过预先重整，不仅盘活了尚有价值的危困企业，更实现了各方当事人的权益。通过在受理审查阶段指定管理人提前介入的措施，使债务人企业重新返回资本市场，充分发挥了预先重整程序高效率、低成本的优势。[②] 此外，北京破产法院2020年所受理的科技公司预先重整案中，法院在“预”受理后便选任了临时管理人，而后临时管理人迅速进入角色，积极调查公司情况，召集债权人会议，提前形成分组并组织人员进行表决，推动形成重整计划草案，使债务人企业实现了一次重生。[③]

2. 临时破产管理人的制度价值。

首先，临时破产管理人能够填补制度空白，弥补实践漏洞。随着市场化进程的不断推进，我国民商事法律制度也不断与时俱进，在营商环境优化被高度重视的当下，市场主体的退出制度也在逐步完善和健全。探讨建立庭外和解新模式已成为大势所趋，无论是庭外的调解、庭外重组还是预重整，都是新模式下的有益探索，是开拓债权债务调整、资产股权重组的创新形式。但是，对于特定破产企业，司法人员并不具备相应的专业水平，如高新技术的研发知识、互联网多媒体的平台搭建等，无法从债务人企业本身特点出发管理

① 黄晓云：《电子公司破产案：预重整的成功尝试》，载《中国审判》2017年第33期。

② 全国法院审理破产典型案例之六，载中华人民共和国最高人民法院网站，https：//www. court. gov. cn/zixun-xiangqing-83792. html，2023年8月30日访问。

③ 孙立尧：《科技公司“重生”记 北京法院首例审结实质合并重整案纪实》，载《法人》2021年第3期。

预先重整期间的企业财产，无法合理分配资源，实现财产价值的最大化。所以，临时破产管理人的介入，可以让专业的人干专业的事，弥补实践中的漏洞。

其次，临时破产管理人能够实现公平与效率的统一。公平正义是社会治理体系的基本价值导向。破产法律制度的完善、政策制度的制定和落地后的实际操作都应当以公平正义为基本原则。预先重整程序作为司法程序中的重要一环，也应当保证公平与效率的统一，而这需要临时管理人的介入和辅助，使得预先重整程序中的每个利益主体“各得其所”。预先重整程序引入临时管理人，可以利用其程序引导人的身份维持庭外重组阶段的秩序，推动债务人和债权人协商成功，继而在庭内司法重整程序中使预先重整的作用得以发挥，以此来实现预先重整程序的价值。临时破产管理人不仅能够维护债权人债务人的利益，也能够实现以低成本拯救困境企业的效益目标，实现了公平与效率的统一。

最后，临时破产管理人有利于我国破产制度与国际接轨。随着商事合作的不断深入，作为商事法律的破产法也在不断地相互借鉴和融合。在管理人的选任上我国采取了“破产受理主义”，法院裁定受理破产案件同时指定管理人，管理人发挥作用是在破产案件被法院裁定受理之后，因此，在法院裁定受理破产案件之前的阶段，管理人没有实现价值的机会。在构建预先重整程序时，通过增加规定临时管理人制度，使其在法院受理破产案件之前的庭外阶段即可介入，辅助相关主体，推动程序进程，实现了预先重整与正式重整两个不同制度之间的衔接与过渡，也顺应了破产法改革的国际潮流。

二、预先重整程序中临时破产管理人的选任及其权责

（一）临时破产管理人的选任

我国法律规定破产管理人的选任由法院依职权作出。① 从制度层面而言，

① 《企业破产法》第 22 条第 1 款规定，法院指定管理人。

法院指定管理人具有其天然的优势。这种机制确保法院受理案件的同时就能在重整程序中加入管理人，以便债务人企业的财产能够及时被接管，方便破产管理的相关活动能够尽早展开，避免了债务人财产因为无人管理而产生不当损失。同时也能够防止债务人非法转移、隐匿财产或不正当清偿等不当行为的发生。

然而从实践层面来看，现有的管理人选任方式也存在一些不足。例如，由法院指定管理人势必会导致法院工作量的增加，不仅如此，法院从管理人名册中选任的管理人未必熟悉债务人企业的情况。由于法院指定管理人是公权力介入市场机制中的表现，这种情况下使得法院在管理人选任问题上的权力过大，从而导致本身处于破产案件中心的利害关系人，如债务人和债权人反而没有足够的话语权。特别是法院选任破产管理人，虽然能保证破产程序的公平公正，但一定程度上也会抑制债权人的自治，忽略了与破产企业利益最为密切的债权人的意思，对债权人利益保护不力。

因此，在预先重整程序中，应当赋予债务人、债权人等利害关系人在管理人选任机制上更多的话语权。可以考虑除法院指定外，也由债权人和债务人为主导进行推荐，法院负责审查确认。债权人和债务人在预先重整程序的启动和推进中起着巨大的作用，只有让债权人、债务人充分发挥积极性和主动性，推荐深受其信任的管理人从中调和，才更有利于通过预先重整方案。换言之，若将临时破产管理人的选任主体规定为债权人和债务人，能够激发预先重整程序的内生动力，法院在此过程中仅担任形式审查和依权确认的角色，在审查时发现管理人不独立或其他情况时才对此提出改正意见。[①]

根据我国现行法律规定，法院自管理人名册中选任管理人。[②] 最高人民法院规定，各地应根据本地区具体情况编制管理人名册。因此，管理人名册的存在确保了法院指定管理人时的选择空间和约束边界。但是我国的破产管理人市场处于严重的供需不平衡状态，不少地方难以在近年内培养出一支成熟

---

① 张旭东：《债权人选任管理人与中国破产法的演进》，载《中国政法大学学报》2021 年第 4 期。

② 《最高人民法院关于审理企业破产案件指定管理人的规定》（以下简称《指定管理人规定》）第 1 条规定，管理人出自管理人名册。

的、高素质的破产管理人队伍，管理人素质的良莠不齐也使得被选中的管理人不一定能完全把握预先重整程序的运行。此外，我国并未建立对破产管理人履职情况的动态化考核机制，仅以名册“论英雄”的方式使得这种资格审定标准欠缺一定的严肃性。本书认为，管理人名册更新频率较慢，而从事相关行业的组织或个人变化较快，存在于名册中的不一定熟悉预先重整程序，而不存在名册中的也不一定无法胜任相关工作。因此，在预先重整程序中应当允许债务人或债权人根据自身需要，推荐不在名册中，但其认为合适的破产管理人。

根据法律规定，法院从管理人名册中采用随机的方式公开指定管理人。[①] 随机代表着任意选择，一方面对于每个候选管理人都有可能；另一方面还能够从程序层面实现形式上的公平，避免出现投机行为和内部操作，进一步提高了选任程序的公开性、透明化，保持司法廉洁性。但是，如果把位于破产人名册这棵“大树”上的破产管理人视作相同的“树叶”，每一片都资质相同无差别，显然这是不合理的，“没有一片树叶是相同的”，同样，每一个破产管理人候选主体的团队建设和自身能力亦千差万别，不加针对性地任意选择很容易出现管理人无法胜任的情况。[②] 另外，根据现行法律规定，已被选任为破产案件的管理人不得再竞争其他案件。这就导致某些真正有能力的组织和个人难以通过竞争获得更多的机会，限制了破产管理人行业的自由竞争。从破产实践角度出发，随机选任的方式只能实现形式意义上的平等，而无法达到实质的公平正义。

因此，依据企业规模、案件繁简程度、适用程序的不同，在管理人分级管理的基础上，在预先重整程序中可以创新管理人的选任方法，由债权人、债务人各自或协商一致联合推荐，法院进行形式审查后予以确定管理人。由于预先重整程序的设立旨在充分调动破产案件当事人的主观能动性，尊重其意思自由和契约精神，因此，预先重整程序的走向由债务人与债权人的意思

---

① 《指定管理人规定》第 20 条规定，人民法院从管理人名册中随机指定管理人。

② 陈夏红、许胜锋：《破产法信札》，法律出版社 2017 年版，第 176 页。

决定。故而，将债务人和债权人的意愿置于首位，由其决定谁来对预先重整程序进行引导、监督和协助，也许更有利于预先重整制度价值的实现。

（二）临时破产管理人的权利和义务

1. 临时破产管理人的权利。

预先重整中临时管理人的权利是其行使职权的依据，但受预先重整程序中债务人高度自治性的影响，预先重整程序中临时管理人的权利相对较少，即不再具有所谓的“企业经营控制权”[①] 而更侧重于调查、引导和监督等方面的权利。此外，在预先重整程序中临时管理人行权的同时，因其职权本身有限，更应该在有限的职权范围内给予其最大的行权空间，以保证其在任职期间内职责的履行。

对于预先重整程序而言，债务人在企业经营过程中具有控制权，且不会被临时管理人分割，这体现在债务人企业的原高层不发生重大变动，使得管理人的职能被大幅度限缩。因此，临时管理人在这一阶段不是一味地大包大揽，而是专注于给债务人企业提供协助和引导，监督其运行，而不再具有破产法所规定的部分权利，如在《企业破产法》中所规定的管理人对于合同是否履行的决定权,[②] 以及是否继续营业的决定权和财产的处分权。[③] 立法应着重强调临时管理人在任职期间的调查权，即调查企业的经营情况、资产负债和企业高层基本信息，了解各债权人的诉求，根据持股比例、债权大小等捋清不同债权人的矛盾并加以协调；敦促并协助债务人企业公开适当信息，推进庭外协商的进行；辅助债务人与引入的战略投资方进行谈判，分组统筹安排表决，形成具有统一共识的重整方案，引导预先重整程序顺利进行。[④]

以监督权为例，由于债务人的高度自治性，在预先重整过程中相当一部

---

① 企业经营控制权，是指特定主体依据规定或约定，对企业享有的运营管理的权利。参见刘雯丽：《我国企业破产重整管理人职能研究》，载《广西大学学报（哲学社会科学版）》2018 年第 2 期。

② 《企业破产法》第 18 条第 1 款规定，破产申请被法院受理后，管理人有权决定合同的解除或履行。

③ 《企业破产法》第 25 条规定，管理人履行接管并处分财产、调查相关情况的职责。

④ 龚家慧：《论我国关联企业实质合并预重整制度的构建》，载《当代法学》2020 年第 34 期。

分的事务与财产决定权都由债务人行使，因此更需要由作为第三方的临时管理人进行必要的监督。赋予临时管理人以监督权，敦促债务人企业及时披露有关信息，发布其调查过程中收集到的关于债务企业的重整可能性的情况。若债务人在被催促后仍不公开，则临时管理人应当在重整可能性报告中的债务人重整意愿事项上进行注明，以防债务人重整意愿不足导致重整程序失败的情况出现。此时，临时管理人可将情况如实上报法院，由法院决定是否继续预先重整程序。

2. 临时破产管理人的义务。

预先重整程序围绕的重点始终是庭前形成谈判成果，交由庭内予以确认，管理人在其中的基本职责便是推动谈判成果的形成，在预先重整期间届满后，提交重整协议，申请转入正式的重整程序。因此，为了保证债务人企业在预先重整阶段形成的协商结果能够在重整程序中准确快速地审核通过，临时管理人应积极维护谈判成果，竭力保障谈判成果在后续程序中不被随意推翻。如在实践中发生的预先重整案，管理人在召集的债权人会议的表决票下方提示，承诺一旦作出不能撤销和反悔，对于每一位投票表决的债权人说明该承诺违反的后果，并要求其在表决时在表决票上手抄该承诺，以证明尽到了告知义务。[①] 由此，临时管理人在履行职务时也应当与破产管理人一样，履行忠实勤勉的义务。

与重整程序中破产管理人不同的是，临时破产管理人受选任紧迫的影响，履行及时披露信息的报告义务更为重要。临时破产管理人在被选任之前应当自我披露与债权人、债务人等所有利益主体之间的关系。在预先重整阶段债权人、债务人推荐的情况下，对存在的合作关系或曾经存在的合作关系应予以列明，以供法院查验，并应法院要求出具说明。在任职期间，临时管理人应当发挥其作用，披露或协助披露债权人有权了解的相关信息，包含但不限于公司的经营情况、重整方案的协商进度、债权人的清偿顺位等。临时管理

① 浙江省杭州市余杭区人民法院课题组：《房地产企业预重整的实务探索及建议》，载《人民司法（应用）》2016 年第 7 期。

人应当充分拓展信息披露渠道，并确保债权人理解和知悉，做到信息及时送达，当事人不理解时及时加以释明。①

临时管理人也需要接受监督。在预先重整程序中，监督临时管理人的职责可分配给负责选任该管理人的债权人和债务人，而法院可就债权人、债务人所提出的相关异议作出审查，如符合实际情况则准许更换管理人。此外，由于我国《企业破产法》并未明确细化管理人不能胜任的标准，因此在聘任临时管理人时可就监督内容作出协商，以动态化考核机制和问责机制为中心，以临时管理人的履职情况为依据形成定期不定期的监督管理模式。在这一模式下，可以制定临时破产管理人行为规范，设定公示内容，如管理人团队成员、尽职调查报告的风险点；详细注明保密义务，通过红黑清单的形式细化说明管理人应当履行的忠实义务；通过对管理人工作台账以及日常工作的情况进行测评，由债权人、债务人就管理人的职责履行进行评分，评价管理人的专业水平和职业操守，从而起到对管理人监督的作用，更可以此为程序终结后的继任与报酬的结算提供参考。

三、预先重整程序终结后临时破产管理人的角色定位

预先重整程序本质上是将庭内的实质事项移至庭前，由债务人和债权人在庭前完成协商后，在庭内进行形式和实质的审查，确认无误后由法院审核通过并执行。但是，如果预先重整程序独立于重整制度，那么本质上仍然只是庭外重组程序，不具有任何法律上的执行力。同样，重整程序若没有与预先重整程序相衔接，那么其自身的受理难、时间长、成功率低等缺点也将无法得到化解。预先重整程序与重整程序在时间上具有连贯性，在内容上具有相通性，在效力上具有承继性。② 基于此，在临时管理人的任用上也应当考虑

① 曹文兵、朱程斌：《预重整制度的再认识及其规范重构——从余杭预重整案谈起》，载《法律适用（司法案例）》2019 年第 2 期。

② 浙江省杭州市余杭区人民法院课题组：《房地产企业预重整的实务探索及建议》，载《人民司法（应用）》2016 年第 7 期。

其先后两个阶段衔接的问题。

（一）预先重整程序转为重整程序后临时管理人的角色定位

预先重整程序顺利结束后，困境企业正式进入重整程序中，但因为重整程序有选任管理人的规定，这就导致重整阶段的管理人与预先重整阶段的临时管理人可能发生角色上的冲突。庭外阶段的临时管理人任职期间到何时截止，是否有机会成为正式管理人，是转任还是需要重新进入众多候选者中等待被选中，转任是否需要审核等问题纷纷涌现，亟待予以研究解决。

1. 是否允许临时管理人继续担任。

关于预先重整程序终结，转入正式的重整程序后，临时管理人是否被允许自然继任，学界有不同的观点。有学者认为应当明确临时管理人的性质与其承担事务的过渡性阶段特点，避免出现临时破产管理人为了能够成为后续程序的破产管理人而强行推进预先重整，或不愿再继续后续担任破产管理人而“破罐破摔”的情况发生，临时管理人更应该专注于当下的工作，不允许其在预先重整程序终结后自然继续担任破产管理人。[①] 此外，还有部分观点也持类似意见，认为匆忙选任的临时破产管理人并不适合债务人企业重整；债务人、债权人推荐产生的管理人在执行职务时就丧失了中立地位，无法在后续重整过程中保持其独立性。

但大多数观点认为，临时破产管理人对于债务人的资产状况、经营状况等情况较为熟悉，他们从案件开始就着手介入和处理，对相关企业情况、债权债务关系、资产盈余和负债、企业高管和职工信息最为清晰了解，其转为后续重整程序中的破产管理人可以减少与管理人交接工作的烦琐程序，提高重整的效率。同时，允许其在重整程序中转换和继任，还能够调动其工作积极性，为自己争取后续的工作机会，避免“前人种树，后人乘凉”。本书同意这种观点。预先重整程序与重整程序前后相连，其价值取向与目标基本一致。

---

① 苏浩文：《破产多元化下的程序识别：临时管理人制度的必要性》，载《山西能源学院学报》2019 年第 32 期。

因此，预先重整期间的大部分事宜都需要在重整程序中再现或释明。而作为预先重整程序中的重要角色，临时管理人在任职期间做了大量工作，更熟悉预先重整程序中的谈判成果，其工作的延续更有利于减少沟通成本，顺利推进重整。[①] 尽管某些情况下，临时管理人由债务人、债权人推荐产生，甚至有可能没有被列入管理人名册，但经过预先重整阶段的观察，其专业程度和业务能力若能符合职业要求，应当给予其继续的机会，以减少与后续程序中破产管理人交接工作的烦琐，提高破产程序的效率。基于此，应当允许其继续担任重整程序中的破产管理人。从各地法院关于"预先重整"的实践来看，温州、深圳、南京、苏州等地法院和北京破产法庭等都在其预先重整指南中规定，原来的临时管理人可以被指定继续担任管理人。

2. 继续担任管理人的审核问题。

在预先重整程序结束后，临时管理人的工作告一段落，应当对其工作予以整理、总结和报告。根据上述观点，临时管理人应被允许参与到正式管理人的选任中。若无须审核，临时管理人被允许继续担任正式管理人后，可以直接转为破产管理人。但是，在受到债权人会议异议或发生法定情形时，应由法院予以审查确认是否更换。

本书认为，应当对继任的管理人进行审查评议。原因在于，从管理人职责履行角度来说，继任审查能够给管理人在预先重整阶段的履职施加压力，促使其提高责任感。另外，从制度合规角度而言，通过审查评议，一定程度上满足了法律规定的对破产程序管理人选任的资质审查要求，区别仅在于对继任的管理人进行的审查是针对特定的待选主体作出的。经审查后满足条件的，准许其继续担任正式管理人；难以满足的，则另行指定管理人。在审查时，包含但不限于审查其在任职期间的管理事务、推进预先重整方案形成的能力以及忠实勤勉义务的履行，以此来判断其是否具备继续担任管理人的事实要素。[②]

---

① 史巍：《完善我国破产管理人制度》，载《光明日报》2013 年 2 月 26 日。

② 赵然：《探索实施"准临时管理人制度"的设想》，载《人民法院报》2011 年 7 月 6 日。

如果庭前债务人、债权人已经达成各自均比较满意的重整方案，则临时管理人在预先重整程序中的主要工作内容基本完成，所要做的便是整理有关协议，提交给法院并申请预先重整程序终结。但因其在预先重整阶段参与了相关协商特别是重整协议的制定，对债务人企业、债权人利益诉求及重整协议都更为熟悉，因此可在后续采取由债务人企业聘为法律顾问的形式，继续辅助重整协议执行。若预先重整程序中产生了破产事由，进而转入破产清算程序的，则管理人应当配合财产清理工作，协助破产企业顺利完成清退。程序终结后，管理人应当依照规定办理破产人的市场监管、税务、行政许可的注销登记和有关账户的销户手续，妥善完成破产清算程序后向法院报告，交回印章。

（二）预先重整程序终结后的报酬结算

关于临时管理人的报酬，有观点认为，临时破产管理人的报酬独立于破产程序本身，类似于鉴定行为，所以采用计件方式，收取鉴定费更为合理。[①] 本书认为，预先重整程序中的临时管理人，其工作职责并非仅识别和判断债务企业是否具备重整价值，其还担负了正式的破产程序中破产管理人的部分义务和职责，在费用收取方面仅靠计件收费不一定能够完全涵盖其工作内容。工作量大而件数较少时，对临时管理人起不到激励作用；工作量小而件数多时，对债务人企业则是不必要的成本浪费。

实践中，我国部分地区关于管理人报酬的规定也是多种多样。比如，北京市规定，预先重整转重整的，预先重整期间不另行收取费用；预先重整另行指定管理人的，预先重整管理人报酬由法院决定；预先重整失败的，由预先重整管理人和债务人协商。重庆市规定，预先重整转重整的，预先重整期间不另行收取费用；预先重整失败或未继续担任管理人的，预先重整报酬由人民法院确定，“预先重整报酬+重整报酬”不高于法律规定的重整报酬。浙

---

① 苏浩文：《破产多元化下的程序识别：临时管理人制度的必要性》，载《山西能源学院学报》2019年第32期。

江省杭州市、浙江省温州市、江苏省南京市、山东省济南市、山东省青岛市、山西省晋中市则规定，预先重整转重整的，预先重整期间不另行收取费用；预先重整失败或未继续担任管理人的，预先重整报酬由预先重整管理人与债务人自行协商。广东省深圳市、江苏省宿迁市、四川省成都市、黑龙江省齐齐哈尔市、河南省郑州市、河南省洛阳市、辽宁省大连市则规定，预先重整转重整的，预先重整期间不另行收取费用；预先重整失败或未继续担任管理人的，预先重整报酬由预先重整管理人与债务人自行协商，协商不成的由人民法院确定。广州市则规定，预先重整转重整的，预先重整期间不另行收取费用；预先重整另行指定管理人的，预先重整管理人报酬由法院决定；预先重整失败的，由预先重整管理人和债务人协商，协商不成的由人民法院确定。

由此可见，实践中部分地区在预先重整程序中临时管理人的报酬确定上，针对预先重整成功转为重整，并且临时管理人继任破产管理人的情况，对预先重整期间的事务不另行收取费用。对于预先重整失败或预先重整成功后另行指定管理人的情况，各地多以协商为报酬确定的主要原则，协商不成则多由人民法院确定。在具体方案选择上，可采取更为便捷高效的方式，如“定额报酬制”。这种方案区别于前文所述的计件收费，它是管理人事先对重整情况进行评估后，与债权人、债务人协商，在法律规则限额内确定固定报酬。此后结合完成工作的情况和效果，由债务人给付奖励性薪酬。[①] 在报酬的支付上可以采取“预缴制”，即在重整可行性判断期间，产生的必要的执行职务费用，如差旅费、调查费用等随报随销，由债务人财产随时支付。如果特殊情况债务人缓交的，应经过管理人同意。

随着供给侧结构性改革的不断深化，市场退出机制也应当予以革新。破产重整制度设立多年，预先重整程序的引入为其注入了新的活力。由于预先重整程序尚未通过法律予以规制，具体程序的施行皆由法院引导或由债权人、债务人摸索完成。这样不仅不能充分发挥程序的作用，更容易导致后续程序的失败，从而导致这一突破性的实践被扼杀在摇篮里。因此，应当在预先重

① 杨悦：《破产管理人制度的完善》，载《人民司法（应用）》2016 年第 16 期。

整程序中引入临时管理人制度以求更加公平和高效地实现企业复苏。

综上所述，设立临时破产管理人，应当首先认清我国现有破产法律体系的制度空间，从而真正认识到只有在预先重整程序中设立该制度才最能突出其存在的价值。在制度设计上，应认识到临时破产管理人区别于重整阶段的破产管理人，其从选任到权利，从职责到报酬，都凸显预先重整程序的特征以及临时破产管理人制度自身的特点。可以说，对于尚需继续探索和完善的预先重整程序而言，构建临时管理人制度具有重要的时代意义，理应得到理论界与司法界的进一步关注。

· 第四章 ·

破产重整制度创新研究

第一节 破产重整立法理念调适与核心制度改进

在优化营商环境的时代背景下，在依法治国的历史进程中，破产法的适用必将呈现出常态化趋势。考虑到我国经济、政治、社会发展的客观情势，现阶段避免企业破产退出并帮助困境企业走向复苏再建，可能比实施清算更具有综合效益，而这，需要借助破产重整制度来加以完成。但长期以来，我国现有破产重整的立法理念及其规范设计中所存在的某些缺陷，使之并未发挥出人们所期待的客观效果。因此，为充分满足破产审判的客观需求，进一步优化营商环境，有必要调适破产重整的立法理念，并对其核心制度加以改进。

一、我国破产重整立法的理念调适

（一）我国现行破产重整立法理念的形成及缺憾

完善的市场经济体制，是由包括市场进入、市场交易、市场监管以及市场退出在内的完整规则体系构筑起来的。自中国政府决定实施改革开放之日起，在逐步摸索向市场经济体制转变的同时，制定和颁布与其相适应的法律制度就成了历史的必然。破产法的制定，则标志着中国市场经济进入了一个新阶段。[①] 中国现行的重整制度也正是在计划经济体制向市场经济体制过渡的历史进程中，伴随着我国破产法的制定而逐步得以确立。

客观而言，再完善的经济体制也无法消除企业陷于困境的可能，除了破

① 许浩:《起草组专家李曙光谈新破产法》，载《中国经济周刊》2006 年第 35 期。

产淘汰之外，如何帮助失败的经营者走向复苏重生也是各国需要思考的问题。在逐步建立社会主义市场经济体制的过程中，我国政府也很重视困境企业的拯救工作，亦有相关的法律制度，但在2006年之前并没有建立真正意义上的破产重整制度。与之相类似的是1986年公布的《企业破产法（试行）》和1992年《全民所有制工业企业转换经营机制条例》中所规定的企业整顿制度。但1986年破产法中所规定的企业整顿制度，产生于有计划的商品经济阶段，不仅体系不完备，规范设计的科学性和专业性也有相当不足。

1986年破产法颁布后不久，我国的经济体制改革全面推开，在“有计划的商品经济”条件下制定的破产法，因其自身所存在众多的缺憾，已经不能适应对社会关系调整的需要，也影响到破产制度的正确实施。[①] 鉴于此，根据八届人大常委会的立法规划，全国人大财经委员会从1994年开始组织起草破产法。但限于各种因素的制约，一直到2006年8月27日，十届全国人大常委会第23次会议才审议通过了《企业破产法》，并于2007年6月1日起施行。这部破产法按照市场化、法治化的需要，恢复了破产制度的本来面目，强化了破产作为债务概括公平清偿程序的特点，将长期偏离方向的破产法推回正确的轨道。其对各项破产程序与实体制度进行了全面规定，与原破产法相比有众多进步之处。特别是借鉴国际成功经验，对我国的破产重整制度进行专门规定，堪称一大亮点。

但是，由于20年前的破产法学理论研究和实践经验总结远不如今日发达，导致重整制度的立法理念存在一定偏差。虽然《企业破产法》第一次对重整制度进行了系统规定，但并未能对重整制度所蕴含的“促进”导向给予充分体现。现行立法更多考虑的是破产法律程序的公正性，对提升困境企业重整效率的兼顾不够。这一缺憾势必会给我国破产重整的司法实践带来不利影响。对此，2018年年初，2019年年底，最高人民法院先后印发《全国法院破产审判工作会议纪要》《全国法院民商事审判工作会议纪要》等文件，力图

① 王欣新：《破产法》，中国人民大学出版社2019年版，第23页。

通过司法政策来补正破产立法的不足。[①] 但是，政策（含司法政策）的特点就是灵活性有余而稳定性不足，原则性较强而权威性稍弱，因此，理应及时修改《企业破产法》，将相对成熟的理念定型为法律，并在制度的设计中予以充分体现，以期最终对我国营商环境的持续优化有所裨益。

（二）我国破产重整程序立法理念的调适

据前所述，本书认为，我国破产重整制度的立法理念应当在兼顾公平的基础上，侧重于效率的提升，体现“促进”导向，致力于为困境企业复苏提供更多弹性、灵活的制度选择空间。其理由如下。

1. 历史的镜鉴。

破产重整立法理念蕴含于其自身的历史起源之中，从一开始就是以“促进、振兴”为该制度安身立命之所在。重整发端于西方资本主义国家，而西方发达国家的市场经济体制在 19 世纪中后期完成了自由竞争的资本原始积累，开始向垄断过渡。此阶段的经济生产呈现出了彼此连带的特点，经济组织之间的联系日趋紧密。各经济组织的经营失败，极易导致其他经济组织连带受损并产生灾难性后果。鉴于此，任由企业破产就会带来巨大的社会成本，各国立法者必须考虑如何运用法律制度来规避和防范企业经营失败后的风险扩散，乃至采取更加积极的法律手段拯救濒临困境的企业。

历史也确实证明了这一点。以美国为例，有学者就曾明确指出，美国历史上每一次连续性经济危机都伴随着对新的破产法的需求。[②] 例如，美国破产法原本并没有重整制度，其诞生的直接原因是 19 世纪末美国铁路公司倒闭所

---

① 如，《全国法院破产审判工作会议纪要》认为，重整制度集中体现了破产法的拯救功能，代表了现代破产法的发展趋势，各级法院要高度重视重整工作，妥善审理企业重整案件，通过市场化、法治化途径挽救困境企业，不断完善社会主义市场主体救治机制。《全国法院民商事审判工作会议纪要》则明确提出，要注重提升破产制度实施的经济效益，降低破产程序运行的时间和成本，有效维护企业营运价值。

② David A. Skeel：*Debt's. Dominion ：A History of Bankruptcy Law in American*，Princeton University Press 2001，p. 18.（大卫・A. 斯基尔：《债务的领域：美国破产法史》，普林斯顿大学出版社 2001 年版，第 18 页。）

引发的经济恐慌。戴维德·斯克尔教授在其著作中明确指出，当时大约全美铁路总里程的20%是由那些欠缺清偿能力的铁路公司所拥有的。在没有求助于国会的情况下，铁路公司及其债权人诉诸州和联邦的法院来保护自己的利益。在19世纪末期，美国的法院系统地发展出了一种司法上的重整技巧，被称为临时接管制度，是这种司法技术而不是1898年的破产法奠定了现代重整的基础。①

在欧洲的英国，早先采取个人破产与公司破产分别立法的模式，自1844年到1986年的多部公司法，一直都把企业破产制度规定于其中，但这种状况似乎令人并不满意。② 1977年，库克勋爵主持成立了破产法改革委员会，其任务在于检查与评估破产制度的实施情况。1982年，当英国历史上企业破产的纪录达到有史以来的最高点时，该委员会的最终报告公开发表了。③ 4年后，国会颁布了英国破产法典，该法大量吸收了破产法改革委员会报告的建议，不仅将破产制度从公司法中独立出来，还学习借鉴美国破产法，引入了重整制度，以增加债务人复苏的机会。可以说，英国重整制度诞生的主要原因，就是为了应对20世纪70年代末至80年代初，因推行经济改革所引发的混乱——一个重要的表现就是企业破产的增加。

在亚洲，日本于1952年制定了公司更生法典，建立了自己的破产重整制度，该法共11章295条，内容详细、全面、完整。由于当时的日本正面临战败后经济秩序混乱和就业压力巨大的社会问题，大量企业经营处于困境状态，重整制度正是在上述背景下出台，可以说它是应社会经济发展的现实需要而制定的。④ 在东南亚，1997年的金融危机给各国经济发展以沉重打击，大量企业陷入困境并濒临破产。但各国当时的破产立法却无力帮助企业走出困境，

---

① David A. Skeel: *Debt's. Dominion* : *A History of Bankruptcy Law in American*, Princeton University Press 2001, p. 4.

② Ian F. Fletcher: *The Law of Insolvency*, Sweet&Maxwell 2002, pp. 6-14.（伊恩·福莱彻:《破产法》，斯威特马克斯韦尔出版社2002年版，第6—14页。）

③ Vanessa Finch, *Corporate Insolvency Law——Perspectives and Principles*, Cambridge University Press 2002, pp12.（万妮莎·芬奇:《公司破产法——视角与原则》，剑桥大学出版社2002年版，第12页。）

④ 靳宝兰、张舒英:《浅析日本的公司更生法》，载《中国法学》1997年第1期。

债务人重组不得不通过法院外的机制加以解决，而其效果受制于各类社会因素却并不明显，因此导致东南亚的印度尼西亚、马来西亚、菲律宾等国开始着手建立自己的破产重整制度或者对已有的规定进行完善。①

结合以上历史考察和分析，可以看出重整制度很大程度上是一个国家的危机对策法或者经济振兴法，立法的宗旨和出发点在于防止经济的崩溃与解体，带有浓厚的“促进法”味道。对此，国际货币基金组织在其一份关于重整的研究报告中也指出：“每一次立法活动都被一次大的经济危机所推动……经济危机要求债务减免。”② 因此，从历史起源来看，应对经济困境是重整制度所担负的必然使命，拯救并促进企业复苏是其应有之义。自然地，重整制度应当体现出“促进法”的理念，立法设计在兼顾公平之余，对重整效率的提升也应当有所考虑甚至重点考虑。其实，我国早有学者指出，破产法具有促进法的功能③，但可惜的是，这一颇富启迪的观点长期以来被学界和实务界忽视了。

2. 理论的再认识。

重整制度的主要适用对象是企业。当企业正常经营时，可分配资源较多，虽然各利害关系人之间有各种各样的利益冲突，但通过制度的安排确立了不同主体获取利益的方式、原则、次序等，将利益冲突限制在了一个有限的范围内。然而在濒临破产状态下的企业中，可分配资源所剩无几，利益冲突更加激烈。特别是重整制度的目的是维持企业的再建与复兴，它所看重的是长远利益、是整体利益，是一种概括的利益。但是，行为在当下的却是不同的个体，是具体的利益相关者，他们所要求的是尽快实现的、清晰可见的有具体内容的利益。这些利益主体的动机和要求是各不相同的，但指向的客体只有一个——破产财产。以经济学的视角看，破产重整中企业的实质就是一堆

① Patrick Bolton：*Toward A Statutory Approach to Sovereign Debt Restructuring*：*Lessons From Corporate Bankruptcy Practice Around The World*，IMF Working Paper 2003，p. 16.（帕特里克·博尔顿：《走向主权债务重组的法定方法：世界各地企业破产实践的经验》，国际货币基金组织 2003 年工作文件，第 16 页。）

② Patrick Bolton：*Toward A Statutory Approach to Sovereign Debt Restructuring*：*Lessons From Corporate Bankruptcy Practice Around The World*，IMF Working Paper 2003，p. 10.

③ 汤维建：《谈谈破产申请的法律主体》，载《现代法学》1994 年第 6 期。

资产，但不同的利益主体诉求不同，即当事人对这些资产的请求权不同，因此，重整制度的设计必须是最大化资产，才能最大化请求权，最终最大化当事人的法律利益。①

为了实现资产的最大化和当事人利益的最大化，重整制度必须直面各类多元利益冲突，不应过于强调稳定和保守，而应当更加市场化和科学化。重整制度应当通过一套高度技术性的法律规范，确保在审判机关的公正审理和利害关系人的充分参与下，在综合考虑成本、收益、效率、公平等核心因素的前提下，对具有重整希望的债务人进行经营上的整顿和债权债务关系的清理，以期摆脱困境，重获新生。因此，它的制度设计不仅要完备系统、公平公正，以便给所有的当事人提供可以预期的一套行为规则；更应该避免僵化和保守，保持一定的弹性和灵活性，给当事人意思自治的空间，最终有效引导困境企业走向重生。一言以蔽之，重整与清算程序、和解程序有着根本不同，它是一个促进导向下的破产法律程序，应当给利益相关主体以足够的宽容和激励。但正是由于对重整制度“促进法”立法理念认识不足，使得我国现有的破产重整在程序启动、重整计划的制订和执行等若干核心问题上还存在巨大的制度改进空间。

二、破产重整核心制度的改进

（一）破产重整启动环节的制度改进

没有重整程序的启动，就不会进入重整。而程序启动与否，又取决于当事人申请和法院裁定两个方面的结合。基于“促进”型的立法理念，重整程序的启动环节应当为法官和当事人提供更加友好的制度选择，使得程序启动更加便利。因此，在程序公正的前提下，应避免因重整程序启动困难或成本较高而妨碍了当事人的自愿选择。但是，也不能因毫无标准而导致当事人滥

① 王佐发：《公司重整制度的契约分析》，中国政法大学出版社2013年版，第2页。

用重整，造成司法资源的浪费。因此，对我国重整制度的启动环节进行优化，一方面应建立重整企业法律识别机制，帮助法官甄别那些真正具备重整价值的企业进入重整程序。另一方面也应考虑探索建立预先重整制度，为当事人适用重整提供更加灵活宽松的制度空间。目前，这两种法律制度，在我国重整立法中均付阙如。

当事人提出重整申请后，经法院审查受理后方可顺利进入重整。由于重整制度本意在于挽救企业，所以法官一个极为重要的判断就是考量债务人是否具有继续经营的价值。如果重整对象已经没有任何再建或复兴的希望，实施重整只能给债权人和社会带来更多的损失，因此，法官必须准确甄别并遴选出那些真正有价值、有希望的企业进入重整程序。但是，企业是否具有经营价值和重整希望是一个纯粹的商业判断问题，对于职业法官而言绝非易事。如何才能保证重整审查的质量，应当建立重整企业法律识别机制，包括征询制度、检查人制度等。

所谓征询，是指当法院收到当事人的破产重整申请时，可将重整申请书的副本送给相应的政府机关并征询其意见。比如，日本《公司更生法》第35条规定：法院在收到重整申请后，应当将情况通知监督公司业务的行政厅、管辖公司的本公司所在地的税务局的长官以及本公司所在地的都道府县和市镇村或与此类似的公共团体的首长；法院认为有必要时，可就公司重整事宜向监管公司事业的行政官署、税务等机关征求意见。[①] 征询制度的价值在于：债务人有无重整的价值与必要，市场管理机关、金融监管机关、税收征管机关、国有资产管理机关等相关行业主管机关比法院可能更为熟悉，对企业能否重整的外部经济环境更知之深切，故法院完全可以通过征询其意见，作为是否开始重整程序的参考。当然，这只是参考，法院并不受企业主管机关意见的约束。

---

① 本文中所引用的日本公司更生法，参见《日本商法典》，王书江、殷剑平译，中国法制出版社2000年版。所引用的法国司法重整与司法清算法，参见《法国商法典》，金邦贵译，中国法制出版社2000年版。所引用的英国破产法，参见《英国破产法》，丁昌业译，法律出版社2003年版。全文均是如此，不再另作说明。

除征询外，法院还可以选任检查人。所谓检查人，是法院根据法律所赋予的权力组建的临时性机构，并不是重整程序中的必设组织。在大陆法系，类似的机构有日本法中的调查委员、法国法中的专家制度。[①] 创设检查人制度的出发点，与征询制度有所不同。征询制度主要是从宏观角度加以研判，通过向行业主管机关了解产业情况，分析企业重整可能的情势和环境。而检查人制度的目的在于从微观出发，深入具体企业内部了解债务人的经营现状和未来，而这涉及产品研发、信贷融资、市场营销等方面的专业知识。通过选任具有专门经验和技能的检查人，令其对债务人进行实地调查并提出合理的参考意见，方便法院采纳借鉴。检查人应与债务人无利害关系，可通过竞争方式加以选任，至于是由自然人还是法人担任则无关紧要。

总之，就重整的申请而言，法官也许更擅长对法律程序与形式问题进行审查，而关系到企业经营的实质判断问题则应广泛征求意见。形式审查不合要求的，可以责令申请人进行补正；但实质审查不具有补救的可能，没有挽救的余地。[②] 因此，鉴于重整申请的审查决定着债务人能否获得进入实质重整程序的客观效果，我国破产法未来应当于此环节进行改进，积极建立重整企业的法律识别机制。具体而言，可考虑增设征询制度、检查人制度，或者在必要时举行听证[③]，以帮助职业法官对债务人是否具备重整价值做出正确判断，避免毫无希望的债务人进入重整程序，浪费宝贵的司法审判资源。

（二）重整计划制度的立法完善

重整程序中，重整计划起着枢纽作用，其制定是否科学，实施是否顺利将决定着后续重整程序能否成功。重整计划所具备的重要意义使各国立法都

---

① 《日本公司更生法》第101条第1项、法国1985年《司法重整与司法清算法》第10条第2款。

② 汤维建：《破产重整程序研究》，载梁慧星主编：《民商法论丛》（第5卷），法律出版社1996年版，第173页。

③ 《全国法院破产审判工作会议纪要》第15条提出，对于债权债务关系复杂，债务规模较大或者涉及上市公司重整的案件，人民法院在审查重整申请时，可以组织申请人、被申请人听证。债权人、出资人、重整投资人等利害关系人经人民法院准许，也可以参加听证。听证期间不计入重整申请审查期限。

给予其足够重视。但遗憾的是，我国《企业破产法》对重整计划的规定仍有欠缺，有必要对其中几个核心制度予以改进。如前所述，应在兼顾公平的基础上，围绕着重整计划的制订、批准、执行等关键点，形成更加富有效率的制度设计。在制定方面，适当扩充计划制订主体范围；在批准方面，对法院的强制批准行为实施更加精准的规制；在执行方面，应允许重整计划依据实际情况做灵活调整。

1. 扩充重整计划的制定主体。

从法律关系的角度观察，应当以债务人提出作为要约，而由关系人会议的表决通过为承诺，将法院的批准视为契约的生效要件。因此，关于重整计划制定主体的范围，似乎应由要约的提出者——债务人一方为妥。但若从激励利害关系人积极参与重整程序，为债务企业提供更多方案选择的视角加以分析，现有制度仍有完善的余地。其实，通过对代表性立法的对比，能够发现重整计划的制定主体不应局限为债务人一方。

例如，依据美国《破产法典》第1121条，在法院作出重整裁定后的120天内，如果没有指定受托人，债务人也只有债务人可以提出重整计划。但是如果债务人在120天的法定期限内没有提出重整计划，或者该计划没有被股权人或债权受到削减的权利人所接受，或者依法指定了受托人，那么任何利害关系人，包括债务人、受托人、债权人委员会、股权持有人委员会、债权人、股东都可以提出重整计划草案。日本立法与美国非常相像，日本的《公司更生法》规定财产的管理人（重整人）应当在更生债权以及更生担保债权申报期限届满后法院规定的期间内制定更生计划草案并提交法院。债务公司、已经申报的更生债权人和更生担保权人以及股东也可以在法院规定的期间内制定计划草案。[①] 可见，在美、日等国重整程序中，能够提出重整计划的主体比较广泛，这充分体现了重整立法的“促进”法特点，即应当以效率原则作为制度设计的重要考虑，仅由债务人一方制定重整计划不能产生最佳的激励作用。

对比我国《企业破产法》，依据第79条之规定，采取的是由重整企业实

① 《日本公司更生法》第189条、第190条。

际经营管理者（破产管理人或债务人自己）提交重整计划的做法。固然由债务人一方来制订重整计划有其合理性，但这也限制了产生更多优质重整方案的可能。重整计划作为重整程序的枢纽，其质量高低与否往往决定着重整的命运，若重整计划的质量不高，将会使债权人难以对重整产生信心，进而在表决中投票反对重整。因此，重整立法应当让更多利益相关者获得重整计划的制订权，这既提高了重整计划的科学性，也考虑到了其他利害关系人的利益，切合实际并富有效率，表决通过的难度也不会比债务人一方单独提出的方式更高。

2. 完善重整计划的强制批准制度。

鉴于重整本身的风险和成本，从短期趋利避害的心态出发，债权人尤其是重整程序中权利受到较多限制的担保权人更倾向于选择将债务人的财产清算分配，快速变现并享有切实的利益。换言之，即使重整成功，那种通过经济稳定所追求的模糊抽象的长远利益能否得以实现的疑问，也足以让债权人产生抵制重整的心理动力。因此，重整计划发生未被债权人会议通过的情形也很常见。为确保重整制度的价值能够实现，各国法律也赋予了法院强行批准重整计划的权利。比如，我国《企业破产法》第 87 条，《日本公司更生法》第 234 条等都有类似规定。重整计划的强制批准极富特色，具有经济法公私法交融的特点[①]，若没有这一制度，重整除限制担保物权的行使外，与和解程序将没有任何差别。

由于法院对重整计划的强制批准将对利害关系人，特别是对那些持反对意见的关系人的利益产生重大影响，因此，强制批准重整计划应有一定适用条件。对此，我国现行破产法并未进行明确规定，实践中更多交给法官自由裁量，由法官在个案审理的过程中，依照立法精神与立法目的，结合客观需要进行具体化处理。但是为了更好地帮助法官行使自由裁量权，在防止其滥用司法权力的同时，为其提供抵挡来自社会或政府不当干预的保护，仍有必

---

① 王欣新：《论破产立法中的经济法理念》，载史际春、邓峰主编：《经济法评论》（第 4 卷），中国法制出版社 2003 年版，第 335 页。

要对我国重整计划强制批准的标准再予以改进。一方面，除了要考虑重整计划必须依据破产法的规定，对所有权利人给予公平的保护，并且充分考虑债权人和出资人的异议权；另一方面，也是更为重要的，法院对于重整计划的强制批准必须考虑债务人企业是否有再建的价值，若债权人反对的原因是企业已经没有复兴的希望，则法院必须慎重考虑，否则就有违重整制度的“促进”导向。[①]

但是，重整计划内容比较庞大，既包括债权债务的清理措施，也包括重整企业的营运措施，如何对其中的经营方案是否具备可行性加以审查，也绝非易事。诚如有学者所言，实则此种商机之研判通常是以该行业之专门知识与经济为基础所作之价值取舍，既非外行人事前所得臆测，尤非得于事后以其结果之成败臧否当初决策之正确与否。[②] 为了解决这一问题，除前文所述的听证、征询制度外，也可考虑借鉴重整计划说明书制度。说明书是在重整计划表决前发给利害关系人，主要目的是向债权人和股东介绍债务人的背景和未来前景，以帮助债权人和股东对重整计划进行表决，其功能非常类似于股票或债券发行中的招股说明书。[③] 我国破产立法可以考虑在重整计划强制批准环节，增加有关重整计划说明书的规定，要求说明书的提供者对重整企业获得盈利能力的经营方案是否可行给予重点说明，进而为法院作出裁判提供有价值的参考。

3. 允许执行中重整计划可以变更。

重整计划的执行是对重整计划的具体实施，是对重整实际效果的检验。因此，关于重整计划的执行，并非一个没有立法价值的事实问题，仍有制度规范之必要。特别是重整计划执行中可能发生诸多难以预料的情形，尤其是对于企业经营这样一种复杂的商业行为而言，需要对当事人予以足够的包容。本着促进困境企业重整效率提升的目标，立法应允许重整计划于执行中可因情势变化作灵活变更。

---

① 《全国法院破产审判工作会议纪要》第 17 条、第 18 条。

② 王仁宏主编：《商法裁判百选》，中国政法大学出版社 2002 年版，第 130 页。

③ 潘琪：《美国破产法》，法律出版社 1999 年版，第 213 页。

允许在执行中变更重整计划体现了重整制度追求效率，力图促进债务人复兴的精神和价值趋向，对此，国外立法有明确规定。日本《公司更生法》第 271 条规定计划执行人可以申请法院变更计划，变更的程序与通过计划的程序相同，但是不受变更影响的关系人无须参加表决。我国破产立法对此问题未作任何规定，建议在修法时予以完善，增加重整计划执行变更之条款。否则，若不允许灵活调整重整计划，一旦因客观情况变化无法全部执行时，就只能裁定终止重整并宣告破产，对债权人更为不利。

但重整计划毕竟是由债权人会议通过并由法院批准方可执行的法律文件，其执行中的变更应符合相关条件。从实体上看，必须是在执行中出现了特殊情况，有必要做及时之调整。这里的特殊情况，依据我国最高人民法院的司法政策，主要是指国家政策调整、法律修改变化等情况。但其实，现实生活远比立法复杂，市场环境的变化，重大灾害或社会事件均有可能引发重整程序的调整。考虑到重整立法的“促进”导向，本着有利于困境企业重整成功的目的，应当对引发重整计划变更的特殊情况作广义解释，充分交给债权人会议讨论决定，更多尊重利害关系人的意愿。[1] 另外，重整计划的调整必须是该计划尚未获得实质程度的执行，如果主要内容已经基本执行完毕，则没有变更的必要。否则，会导致否定已经形成的交易秩序，不仅影响到更多当事人的切身利益，也不合乎效率的要求。从程序上看，对于重整计划变更的表决、申请人民法院批准以及人民法院裁定是否批准的程序，应当与原重整计划的相同。但是对于重整计划申请变更的次数、变更后提出新计划的期限等问题，应有所限制。[2] 若债权人会议决议不同意或者人民法院不批准变更申请的，经管理人或者利害关系人请求，应当裁定终止重整计划的执行，并宣告债务人破产。

① 王欣新：《破产法》，中国人民大学出版社 2019 年版，第 333 页。

② 《全国法院破产审判工作会议纪要》第 19 条、第 20 条。

第二节　中小企业重整困境及立法应对

在我国市场经济发展过程中，中小企业一直发挥着重要作用。它们创造出近六成的工业产值和出口总额，实现近一半的利税，提供近80%的城镇就业机会。[①] 然而从企业生命周期的角度分析，小企业的破产率很高，[②] 实践中企业的创办和倒闭几乎全数发生在中小企业。面对如此重要又脆弱的中小企业，德国、意大利等国家构建起了完善的扶持和服务体系，使它们的中小企业作为本国经济支柱的同时，还在全球的市场份额中占据一席之地。我国要想在未来真正培育出创新型中小企业、“专精特新”中小企业，势必要提供滋养其发展的良好环境。

毫无疑问，法治是最好的营商环境。我国诸多“入口端”优惠政策在助企纾困中效用显著，但“出口端”法律的制定与完善却显不足。在解散、清算、注销一系列市场主体终止的制度架构中，破产法律处于核心地位，其为各类商事主体及利害关系人提供了司法清算中利益分配的稳定预期。而现代破产法又是由重整、和解、清算三个主要法律程序构成，其中破产重整有别于清算、和解，其以避免和预防企业破产为目标宗旨，在恢复债务人清偿能力的同时，为困境企业提供再次恢复生产经营的机会。[③]

中小企业虽然重要，但也存在自身固有的缺陷，诸如失败率高、经营权和控制权高度合一、财产混同严重等，已经被大家充分认识，这也决定了中小企业破产重整中的特殊需求。“不是每一家企业——无论规模大小——都能或应该被拯救，但应该给那些提供必要或理想概念、产品或服务的企业一个

---

① 《关于〈中华人民共和国中小企业促进法（草案）〉的说明》。

② 陈佳贵：《关于企业生命周期与企业蜕变的探讨》，载《中国工业经济》1995年第11期。

③ 汤维建：《破产概念新说》，载《中外法学》1995年第3期。

战斗的机会”[①]，中小企业恰恰希冀这样的机会。2018 年以来，北京、山西、内蒙古、辽宁、吉林、黑龙江、上海、江苏、浙江、安徽、江西、山东、河南、广东、四川、贵州、陕西、海南、重庆等地人民法院纷纷发布破产案件繁简分流或破产案件快速审理的规定，但多为程序性改进。[②] 对于债权债务和财产状况明确的破产案件，程序的简化确实有利于提高案件审理效率和节省司法资源。但对于中小企业来说，单纯程序上的简化难以解决其重整中所面临的现实困境，也难以实现其重整过程的特殊需求，须从重整的若干关键制度展开研究，并为其量身定制专门的中小企业破产重整规则。

一、中小企业破产重整的现实困境

（一）中小企业破产重整适用率低

根据《企业破产法》的规定，债务人、债权人或占注册资本十分之一以上的出资人有权申请重整。中小企业的出资人与经营者往往合一，故中小企业主在中小企业重整申请中发挥着重大作用。然而实践中，绝大多数中小企业主普遍不了解破产重整的功能，难以把握重整申请的时机，甚至往往回避适用破产重整程序。

1. 中小企业重整实践的缺乏制约了中小企业主的认知。

破产重整在我国仍然处于新兴阶段。据统计，2007 年至 2020 年，全国范围内破产重整案件约占破产案件总量的 10%。2021 年，全国法院审结破产重整案件 732 件，占破产案件审结总量的 5.63%。[③] 整体来看，相较于清算案件

---

① Michelle M. Harner: *Mitigating Financial Risk for Small Business Entrepreneurs*, Ohio State Entrepreneurial Business Law Journal, 2011 (2). (米歇尔·M. 哈那：《减轻小企业创业者的金融风险》，载《俄亥俄州创业商业法杂志》2011 年第 2 期。)

② 此列举为不完全列举，列举省/直辖市或高院或某中院或某基层法院出台了具体可实践的指引性文件。

③ 苏州市吴江区人民法院破产审判庭：《苏州市吴江区人民法院 2021 年度破产审判报告》，载吴江法院网站，https://mp.weixin.qq.com/s/meS5-e80iPiXosBvyUF1dA，2022 年 4 月 14 日访问。

数量，重整案件数量仍然较少。中小企业主本就难以全面、正确地把握破产重整的内核，在申请重整的企业数量较为有限的情况下，因为客观实践的缺乏，中小企业主更加难以认识到破产重整对于保护债务人和预防破产清算的功能，因此接纳并主动适用破产重整制度也就无从谈起。

此外，识别企业的重整价值十分困难，及时发现企业的破产原因或重整原因有赖于债务人企业自身内部控制和财务结构的健全。与大型企业相比，中小企业在这方面的重视程度很低。有研究表明，中小企业的财务结构存在诸多问题，如过于追求销售额，对存货周期、数量缺乏规划，短期借款计划不科学，成本管理手段单一，只看重毛利率、净利率利润指标等。① 这些问题往往使得中小企业主难以精准、及时、有效地发觉财务困境的出现，也就无从把握申请重整的时机。

退一步来看，即使对企业经营困境有所发觉，出于对破产重整制度认知的偏差，以及对“破产”二字的忌讳，大部分中小企业主仍然会出于对声誉的考虑而回避破产重整。相较于大型企业，中小企业对经营者的人身依附性更强，担心出现破产污名化的影响更加明显。在诸如批发零售、住宿餐饮、租赁服务等常见的中小企业聚集行业，中小企业主的关系网发挥着突出作用。美国有学者研究 1998 年某破产法庭的企业破产案件，认为美国的小企业主可以随时建立新企业，因为他们主要依靠的是自身的人力资本和在原企业经营业务中建立的所有关系。② 这也揭示了中小企业主的经营现状，他们往往为树立和保障自身诚信可靠的商业声誉而避免进入破产重整，因为实际上不是重整程序，而是商业声誉保障了他们能够随时重新开始。

2. 中小企业简单、快速、高效的重整需求得不到满足。

我国的破产重整主要适用于大型企业，而且进入破产程序后，各方当事人前期洽谈准备的时间比重整案件的实际办理时间还要长。

---

① 黄双蓉：《中小民营企业财务管理现存问题及对策》，载《财务与会计》2019 年第 16 期。

② Douglas G. Baird、Edward R. Morrison：*Serial Entrepreneurs and Small Business Bankruptcies*, Columbia Law Review, 2005（8）.（道格拉斯·G. 贝尔德、爱德华·R. 莫里森：《连续创业者与小企业破产》，载《哥伦比亚法律评论》2005 年第 8 期。）

从破产重整的过程来看，中小企业的财产状况、债权债务关系、职工安置、重整计划制定等呈现出更为简易的特点，但仍然要历经耗时较长的程序过程。从导致破产的原因来看，全数归责于经营者已然不符合当下的社会环境和经济形势，现行立法所设置的严密的监督程序对于中小企业来说有些冗余。从中小企业自身的承受能力来看，中小企业更急切地希望快速完成重整程序，但重整不仅历时长、成本高，还存在因失败而转入清算的可能。前述种种情形，对于中小企业主而言，都意味着承担责任的风险变大，也会增加中小企业主回避重整的意愿。

唯有将重整程序改造为更加灵活快捷的法律程序，才能与中小企业的重整需求相契合。关于中小企业破产程序的目标，《联合国贸易法委员会小微企业破产立法建议》认为要建立快捷、简单、灵活和低成本的破产程序，向小微企业提供方便易行的简易破产程序。否则债务人面对一系列解决财务困境的法律制度，会因为破产法和替代程序之间的差异而去选择更低成本、更大回报的程序。[①] 我国亦有学者指出，强制执行程序实际上承担了破产法的功能，其门槛较低、效率较高、成本由法院承担等特点满足了中小企业简易重整的需求。[②] 现实生活中，普通的中小企业几乎不可能以重整的高成本获取企业存活的低收益，正如世界银行发布的《关于 MSME（Micro，Small and Medium Enterprises）破产处理的建议》指出，复杂的破产系统阻止了中小微企业诉诸正式程序解决财务困境。

（二）中小企业破产重整成功率低

在少部分愿意适用且能够适用破产重整的中小企业中，破产重整成功也不是一件容易的事情。这首先是因为中小企业很难引入新的重整投资人，而

① Edward R. Morrison：*Bankruptcy's Rarity*：*An Essay on Small Business Bankruptcy in the United States*，European Company and Financial Law Review，2008（2）.（爱德华·R. 莫里森：《罕见的破产：美国小企业破产随笔》，载《欧洲公司与金融法评论》2008 年第 2 期。）

② 唐应茂：《为什么执行程序处理破产问题?》，载《北京大学学报（哲学社会科学版）》2008 年第 6 期。

这恰恰是被实践证明的破产重整最常用和有效的手段。其次基于信贷市场的大环境，金融机构作为中小企业的强势债权人，在破产重整程序中表现出回避或抵制的态度，发挥着突出的钳制作用。

1. 中小企业重整投资人引进困难。

引进重整投资人，包括产业投资人、财务投资人、战略投资人等，是我国目前企业重整成功的重要手段。2021 年 19 家裁定批准重整计划的上市公司中，有 18 家均采用资本公积金转增股本的方式引进了重整投资人。非上市公司但处于成熟期的大型企业同样青睐这样的方式，这种快速获得资金注入从而得以度过困境的方式，中小企业却难以适用，其原因在于以下几个方面。

首先，中小企业欠缺大型企业具备的品牌效应与规模经济优势，盈利能力同样饱受质疑，故其无法吸引有效的重整投资人，从而获得资金注入并形成新的资金池。利用 SWOT 模型①分析大型企业和中小型企业，可以发现中小企业灵活有余而韧性不足，难以经受严酷的市场竞争与考验。尽管 2016 年以来，大量扶持中小企业发展的政策出台，目的在于降低中小企业营业成本，但也未能阻挡企业亏损面扩大、利润总额增速滑坡的颓势。② 所以单纯的优惠政策不能对中小企业的经营发展起到决定作用，无法成为撼动重整投资人的因素。

大型企业和中小型企业的 SWOT 模型

SWOT 模型	大型企业	中小型企业
Strengths	产品/服务质量高，品牌，规模经济	产品/服务成本低廉，市场灵活性

① 所谓 SWOT 模型，即基于内外部竞争环境和竞争条件下的态势分析，就是将与研究对象密切相关的各种主要内部优势、劣势和外部的机会和威胁等，通过调查列举出来，并依照矩阵形式排列，然后用系统分析的思想，把各种因素相互匹配起来加以分析，从中得出一系列相应的结论，而结论通常带有一定的决策性。运用这种方法，可以对研究对象所处的情景进行全面、系统、准确的研究，从而根据研究结果制定相应的发展战略、计划及对策等。S（strengths）是优势、W（weaknesses）是劣势、O（opportunities）是机会、T（threats）是威胁。按照企业竞争战略的完整概念，战略应是一个企业“能够做的”（组织的强项和弱项）和“可能做的”（环境的机会和威胁）之间的有机组合。

② 薛宇择、张明源：《我国中小企业融资困境分析及其应对策略——效仿德国中小企业融资框架》，载《西南金融》2020 年第 2 期。

续表

Weaknesses	组织架构健全，研发投入多	财务及管理混乱，研究开发相对落后
Opportunities	全球化时代到来，国际人才流动	电子商务平台，政策优惠与扶持，人工智能大数据兴起
Threats	行业政策变化	同类产品的替代，因不可抗力因素导致的国内市场紧缩

其次，重整投资人还将面临中小企业内部信息披露及组织结构方面的阻碍。中小企业的经营信息及相关财务信息获取难度较大。世界银行发布的《关于 MSME（Micro，Small and Medium Enterprises）破产处理的建议》认为，缺乏有关 MSME 债务人的信息是中小企业在破产中面临的突出问题之一，“因为关于 MSME 债务人的良好记录和可靠财务信息通常不存在或有限，这使得评估业务可行性变得更加困难，并降低了债权人对 MSME 债务人的信任”。中小企业的信息缺失不仅会导致债权人的不信任，而且会使重整投资人因评估困难而规避承担中小企业的重整风险。

最后，重整投资人的引入，往往要更换大股东和经营者。相比大型企业完善的组织体系，很多中小企业存在“一言堂”现象。更换管理层的决定会受到来自中小企业主的强烈抵制，导致引入重整投资者进展困难。尤其是在家族企业中，企业治理“任人唯亲”为一大突出现象与治理难点，这往往也是导致破产的重要因素。人事整顿势必要耗费额外的精力与费用，由此也会削减重整投资人的投资欲望。

2. 金融机构债权人钳制现象突出。

在中小企业的债权人中，金融机构占据主导地位，对重整程序的进行发挥着钳制作用。金融机构债权人钳制的原因在于信贷市场对中小企业的不友好。大多数中小企业是通过间接债务融资开展融资活动，如银行贷款。[①] 而银

① 杨薪燕、许婕：《中小企业债务融资风险分析》，载《财会通讯》2017 年第 14 期。

行一直在信贷市场中具备结构性竞争优势，近几年，国家鼓励发展中小银行和民营金融机构，有研究指出银行竞争促进银行搜索企业信息，降低了信息不对称，缓解了企业融资约束。[①] 然而值得注意的是，有学者指出在中国的市场化利率改革进程中，银行市场集中度下降并不等于银行价格竞争增强，部分银行仍然具备价格垄断优势。[②] 这样的背景下，中小企业尤其是创新型中小企业，在贷款过程中往往处于劣势地位。

金融机构债权人的钳制为破产重整带来两个方面的困境。一方面，由于担保的存在，金融机构债权人热衷于在强制执行程序中利用担保获得清偿。世界银行发布的《关于 MSME（Micro，Small and Medium Enterprises）破产处理的建议》在涉及债权人被动性的问题上，有过这样的描述："债权人几乎没有动机通过法律程序与 MSME 债务人打交道，无担保债权人在这一过程中的参与通常有限，有担保债权人通常在出现财务困境的最初迹象时就将重点放在担保的执行上，这往往会导致效率的下降。"世界银行发布的《关于 MSME 破产处理的报告》也有相关论述："特别是那些债务人处于'微观'边缘、资产很少的企业，债权人预期得到的回报根本不够高，不足以证明参与成本是合理的。"因此，实践中金融机构债权人参与重整的积极性十分有限。另一方面，金融机构债权人为能够就担保财产获得全额清偿，在重整计划草案表决时往往不作出让步，导致重整计划难以通过。重整程序的开始以暂停担保权利的行使为代价，最大限度保留企业经营所需的财产以帮助企业获得新生。相比大型企业，中小企业债务融资的方式有限，金融机构债权人掌握着谈判的优势地位，无担保债权人和股东难以获利，其主导的重整程序无法顺利通过重整计划。在此背景下，普通债权人参与中小企业重整的积极性也被削减。

---

① 姜付秀、蔡文婧、蔡欣妮、李行天：《银行竞争的微观效应：来自融资约束的经验证据》，载《经济研究》2019 年第 6 期。

② 李波、朱太辉：《银行价格竞争、融资约束与企业研发投资——基于"中介效应"模型的实证研究》，载《金融研究》2020 年第 7 期。

二、中小企业破产重整困境的立法原因

中小企业重整面临如此之多的问题，其原因多种多样，如市场经济体制发展不完善，中小企业的价值尚未得到国人更多认同等。但破产法立法的不完善是一个重要原因，立法的疏漏无法为中小企业重整提供足够的制度红利或者制度支撑，因此，本书拟从立法的角度进行粗浅分析。

（一）破产法适用范围的局限性

考察我国《企业破产法》的立法资料，最初的草案显示立法指导思想之一，是将破产法统一适用于各类企业组织。① 后续讨论中对此产生了争议，反对意见认为当时的信用体系不完善②，个人破产有滥用可能，合伙企业、个人独资企业破产时合伙人、出资人又将牵连个人破产，故最终将破产法仅限于企业法人。为弥补这一立法缺陷，《企业破产法》第135条规定企业法人以外的组织参照适用破产清算，这一规定使清算的适用范围得以扩张。

此后，通过系列法律法规及司法解释，使清算程序能够扩张适用于其他企业组织的立法目的得以落实。例如，《合伙企业法》第92条规定债权人可以申请破产清算。个人独资企业清算亦可以参照破产法。③《民办教育促进法》第58条规定民办学校资不抵债导致终止，由法院组织清算。《农民专业合作社法》第55条规定其破产适用《企业破产法》规定。个体工商户因缺乏组织性特征，有时不存在解散需要，清算亦可被省略，其终止事由为直接停

---

① 《关于〈中华人民共和国企业破产法（草案）〉的说明》。

② 2007年左右，国家开始加快推进信用体系建设，2013年发布《征信业管理条例》，明确征信系统是由国家设立的金融信用信息基础数据库。2014年发布《社会信用体系建设规划纲要（2014—2020年）》，据中国人民银行征信中心官网，截至2015年9月底，征信系统收录自然人8.7亿多，收录企业及其他组织近2102万户。政务诚信、商务诚信、社会诚信近几年开始深入推进，新华社：《人民银行征信系统已收录8.7亿自然人》，载中国政府网，https：//www.gov.cn/xinwen/2015-10/27/content_2954607.htm，2023年8月30日访问。

③ 《最高人民法院关于个人独资企业清算是否可以参照适用企业破产法规定的破产清算程序的批复》。

止经营活动，与清算或直接注销导致终止的法律效果无实质差异。[①] 尽管更多类型的企业得以适用破产清算，但破产重整的适用范围仍然局限于企业法人，部分中小企业自然无法获得适用资格。

现行立法所规定适用范围的局限性，是阻碍中小企业适用重整的关键因素之一。《贸易法委员会破产法立法指南》建议 8 和 9 指出，破产法应当管辖从事经济活动的所有债务人的破产程序，对不适用的例外情形应明确规定。美国破产法第 109 条规定了不同债务人的适格要求，以非常宽泛的概念对适用破产的债务人作了排除性规定。[②] 依据其第 101 条规定，企业（corporation）包括非个人或合伙企业形式的协会（association），根据相关法律组织的合伙企业协会（partnership association），股份公司（joint-stock company），非法人公司或社团（unincorporated company or association），商业信托（business trust），仅排除有限合伙企业（limited partnership）。德国破产程序中，私法上的法人如股份有限公司、有限责任公司、合作社和具有法律权利能力的社团均具有破产能力，而"无法律人格的公司"如普通合伙、有限合伙、民事合伙的财产也有可能适用于破产程序。[③]

通过域外经验的考察，可以发现市场经济发展的法治要求是尽可能将各类从事经济活动的债务人纳入破产程序的调整范围，就此而言，我国还存在较大的差距。由此，有学者提出回归商个人、商合伙和商法人的分类，以构建完整的商事主体终止制度。[④] 有学者提出以营业债务、金融债务和消费债务的分类构建危机救助体系，打破传统的法律组织划分形式，构建"市场主体友好型破产法"。[⑤] 学者们的观点均在努力构建适用于所有市场主体的破产法，

---

① 张阳：《商事主体终止的制度检视及其结构优化》，载《交大法学》2022 年第 2 期。

② ［美］道格拉斯·G. 贝尔德：《美国破产法精要》，徐阳光、武诗敏译，法律出版社 2020 年版，第 4—23 页。

③ ［德］乌尔里希·福尔斯特：《德国破产法》，张宇晖译，中国法制出版社 2020 年版，第 13—24 页。

④ 张阳：《商事主体终止的制度检视及其结构优化》，载《交大法学》2022 年第 2 期。

⑤ 王佐发：《"市场主体友好型"破产法：理论反思与制度建构——兼论中国破产法的修改》，载《中国政法大学学报》2021 年第 4 期。

从一个侧面表明了当前《企业破产法》适用范围的局限性，这为中小企业适用重整程序带来了极大的法律障碍。

（二）个人破产立法的缺失

在我国，个人破产的立法缺失也是中小企业主回避破产的主要原因。随着企业的破产，中小企业主因负有连带责任也将面临无救济途径的债务困境。2019 年 2 月，我国首次提出研究推动建立个人破产制度及相关配套制度。[①] 2019 年 4 月起，台州、温州、苏州、东营、南京、衢州、金华、杭州、宁波、成都、无锡等地陆续发布个人债务集中清理的实施指引，某些文件将“对已进入破产程序的企业法人负保证责任的个人、因公司法人人格被否定而承担清偿责任的个人、对非法人组织的债务负连带责任的个人经营者”纳入调整范围。但实践中因以上规定均不具有国家正式立法的效力，债权人的钳制现象突出，中小企业主的责任豁免并未得到实质性解决。

客观分析个人破产立法的条件，征信制度、财产登记制度等配套制度尚不健全，“逃废债”现象严重，社会大众对于破产免责的接受度有限，破产污名化普遍存在，因此导致立法者和社会公众对个人破产立法都心存疑惑。但换个角度思考，个人破产的立法可以倒逼相关制度的完善，引领新的社会观念。通过考察域外发达经济体的破产立法，可以看到，美国破产法第七章和第十三章对自然人清算和重整作出了规定，德国的破产程序包括企业破产和消费者破产，自然人具有破产资格，而且不区分商人、独立经营者或普通消费者。英国于 18 世纪便引入破产免责的概念，使得破产不再局限于商人。日本、韩国、西班牙、荷兰、丹麦、芬兰、瑞典等均有自然人债务整理的相关法案。

个人破产作为破产架构中的关键一环，是联结中小企业破产的重要制度。中小企业主不同于普通消费者，其具备的商业属性将其置于中小企业破产与

---

① 《最高人民法院关于深化人民法院司法体制综合配套改革的意见——人民法院第五个五年改革纲要（2019—2023）》。

个人破产的中间地带。大量中小企业主因银行融资的困难，在企业初创期往往采用个人对企业提供担保的方式从银行获得贷款，一旦企业经营失败，则经营者就需要承担担保责任，从而一并陷入财务困境。为维护债权人的利益，实践探索出了将个人资产纳入破产财产合并处置的做法。如铝业公司等三公司破产重整案，该案为浙江法院十大破产审判典型案例之一。[①] 铝业公司、浙江家居用品公司、上海家居用品公司因法人人格高度混同，被裁定合并重整。该三家公司均显示为小微企业与高新技术企业，公司的股权架构为典型的金字塔式股权结构，三家公司的管理层保持着高度一致。在案件审理过程中发现，铝业公司的财产与法定代表人个人财产高度混同，后经实际控制人书面同意，裁定将实际控制人夫妻财产纳入破产财产一并处置。由此可见，在现有金融市场信贷政策背景下，若没有个人破产制度的存在，中小企业经营者因企业破产而导致承担担保责任并陷入财务困境将是常见现象，这将进一步加深中小企业经营者对破产制度（包括重整制度在内）的抵触情绪。

（三）破产程序公正有余而效率不足

我国《企业破产法》制定时借鉴了域外破产法的诸多制度，但直到近几年，破产作为市场经济发展的产物才逐渐被广泛应用。相比于1986年的旧破产法，2006年修订的《企业破产法》虽然回归了市场化、法治化的正确轨道，但更强调保障破产法律程序公正性[②]，债权人的公平分配始终是破产制度设计的核心价值目标。换言之，我国现行破产立法比较强调债权人的公平清偿与保护，对于市场经济条件下如何更加高效地完成破产程序，即破产法的效率问题则考虑较少。而中小企业基于自身特点，恰恰需要效率型的破产重整程序。

此处关于效率导向的破产法立法目标，是基于中小企业本身的特点而展开。从前文已论述的中小企业破产重整面临的现实困境及立法原因，不难发现为保障大型企业顺利重整的公正性而进行的制度设计，反而会成为中小企

① 载全国企业破产重整案件信息网，https：//pccz. court. gov. cn/pcajxxw/pcdxal/dxalxq？id＝6BB184D34A497DE067E9510610BF155C，2022年5月2日访问。

② 张世君：《我国破产重整立法的理念调适与核心制度改进》，载《法学杂志》2020年第7期。

业选择破产重整制度的桎梏。如为保障债权人利益而设置较长的债权申报期限、重整计划提交期限等，这些对于中小企业来说，意义没有那么明显，价值也没有那么大，反而阻碍了破产制度效率目标的实现。

有效率的重整才能真正成为中小企业解决财务困境的法律手段，进而促进中小企业的生存及成长。例如，世界银行发布的《关于 MSME 破产处理的报告》指明了有效破产制度对解决中小企业困境的重要性，“通过以更有效的制度取代过时的破产立法，提高贷款人的信心，改进的破产程序使贷款人在收回违约贷款方面更具确定性和可预测性，这将增加一个经济体中可获得的信贷总量，进而减少信贷缺口”。中小企业重整的使命不同于大型企业，中小企业重整的主要目标是减免债务、延长清偿期限，走出财务困境。[①] 故中小企业重整制度的要义在于，尽可能促使债务人与债权人快速高效地达成债务清偿协议，通过有效的破产制度为当事人提供更合适的谈判框架，最终为中小企业摆脱困境、走向复兴提供更加友好的法治环境。

三、中小企业破产重整的立法完善

（一）中小企业破产重整的适用范围

中小企业破产重整程序的适用标准至关重要，一方面要尽量满足更多中小企业的需求，另一方面要防范中小企业滥用重整程序。

中小企业破产重整程序的适用标准，就是指哪些中小企业可以适用重整程序，这就涉及中小企业的范围或者认定的问题。虽然各国对中小企业的称谓与界定存在差异，但基本将其作为与大型企业相对的概念。[②] 本书所讨论的中小企业采取较为宽泛的界定，是指那些区别于大型企业的中小微企业。具体来说，我国官方统计上的《中小企业划型标准规定》（以下简称划型标准）

---

① 王欣新：《破产法修改中的新制度建设》，载《法治研究》2022 年第 4 期。

② 陈建波：《中小企业界定标准：国际比较与中国实践》，载徐明、隋强主编：《多层次资本市场研究》（总第 7 辑），中国金融出版社 2021 年版，第 49 页。

以营业收入和从业人员作为指标。世界银行发布的《关于 MSME（Micro, Small and Medium Enterprises）破产处理的建议》则认为，对于中小企业无须设定最高债务限额或最低股权要求，界定指标应偏向营业收入和从业人员等。其理由在于：以债务限额衡量破产重整案件复杂程度的合理性有限；债权人可以通过表决重整计划行使自己的权利，无须通过债务限额保障债权人利益；除高经济水平国家的例外情况，大部分中小企业重整案件并不复杂。有学者提出，对具备重整原因的企业来说，营业收入无法反映其规模，破产法语境下应以债务规模区别中小企业。①

可以通过考察域外类似立法得到相应的启示。韩国自 2015 年 7 月 1 日起实施“小额营业所得者简易重整程序”，其中“小额营业所得者”是指，申请开始重整程序时，重整债权及重整担保权总额为 50 亿韩元以下，承担债务金额低于总统令规定的金额的营业所得者。② 美国国会于 2019 年通过并签署《小规模经营重整法》（Small Business Reorganization Act，SBRA），SBRA 识别中小企业的标准是商业活动和债务限额。可以发现，这些中小企业的适用标准主要是从企业营业活动所引发的债务规模出发进行考量，债务数额的高低直接关系着中小企业是否能够适用重整程序。至于具体数额的规定与各国的经济发展水平、中小企业的盈利能力、破产审判的专业水平密切相关。至于具体数额的确定则属于立法技术问题，本书不再展开论述。

本书认为，企业通常在扩大生产时有融资的需求，大部分情形下营业收入和债务规模会呈现出正相关。重整是企业具备破产原因时的司法处置程序，其整理归集濒临破产的债务人的财产，制定债权人的清偿方案，力图帮助企业走向复兴，因此，以债务规模衡量重整案件的复杂程度具备合理性。从这一点上看，有学者认为将“small business”翻译成“小本生意”更为准确，这也很形象地说明了中小企业的经营特点。合伙企业、个人独资企业、一部分有限公司、个体工商户等作为中小企业的典型代表，均应纳入快速重整的适用范围。

---

① 韩长印：《中小企业重整的法理阐释与制度重构》，载《中国法律评论》2021 年第 6 期。

② 卢泰岳、李英：《韩国破产法最新修改与破产法院的设立》，载《中国政法大学学报》2018 年第 4 期。

（二）中小企业破产重整的营业管理制度

1. 关于重整企业管理机构选任的不同模式。

重整企业的管理机构在美国破产法中被称为“占有中的债务人”。在美国的历史上，1938 年钱德勒法案生效后，在破产法中就设立了“占有中的债务人”制度（DIP），规定大多数的破产案件中，债务人继续控制企业，除非法院基于明显的理由而指定接管人。1978 年的美国破产法对“占有中的债务人”制度进行全面完善，规定债务人在案件申请后自动取得占有中债务人的法律地位，类似于破产管理人，有权继续经营企业。但是，由债务人自动作为重整管理机构仅是一项基本原则，其前提是法院没有另外委托重整受托人，因此，债务人还必须通过法院的审查。如美国破产法规定重整程序开始后，直到重整计划被批准之前，任何利害关系人都可以援引一定的理由申请法院指定破产受托人①，取代占有中的债务人。但利害关系人必须证明债务人有欺诈、不诚实、无能力、严重的管理失误，或者法院也可以有利于债权人、股东和破产财团的其他权益为理由，依据职权指定破产受托人。

日本的公司更生法是于 1952 年参照美国的重整立法而建立的②，在很多制度设计上是相同的，但在重整管理机构的选任上却呈现出不同的面貌。日本法上的重整管理机构被称为财产管理人，日本公司更生法第 46 条规定法院在决定更生程序开始的时候，必须选任一名或数名财产管理人。在日本，债务人的地位不像美国那样可以直接成为重整机构，而必须等到法院的任命，从这个意义上看，日本立法与英国颇为类似。德国 1999 年生效的新破产法中，重整管理机构的选任采取以法院裁定为前提条件的债务人自行管理，该法第 270 条规定，如果破产法院在决定破产程序开始时裁定了这种自行管理，债务人就可以在监督人的监督下管理和处分破产财产所涉及的财产。可以说，这是有条件地由债务人充当重整机构的做法。

---

① 美国破产法中，破产受托人是与重整机构不同的概念。参见潘琪：《美国破产法》，法律出版社 1999 年版，第 143 页。

② ［日］佐藤铁男：《日中比较破产法概论》，陈根发译，载《外国法译评》1993 年第 3 期。

诸国重整管理机构可谓是林林总总，指称各异，如占有中的债务人、财产管理人、管理人、重整人等，都是债务人企业在进入实质的重整程序后，管理和控制企业经营运作的组织机构，类似于正常经营状态下的公司董事会、破产清算状态下的清算人，只是选任方式和各自职权范围不同。透过这些法律现象，可以发现每类重整管理机构选任方式所折射出的是立法理念的差异，进而决定着重整制度构建模式和所蕴含价值取向的不同。从效率的角度看，采取 DIP 模式，即由债务人继续占有并经营管理将使企业重整成功的可能性更大。对债务人来说，他们在企业经营多年，比较熟悉业务状况，且有相应的技能与经验。若由法院选任合格的重整人，不仅法院要分散过多的时间和精力，就是选任出合格的重整人后，新的机构也要花费一定的时间去了解企业情况，这对急需时间来拯救企业的重整制度而言必然是一种极大的浪费。有的学者甚至从心理角度分析认为：由债务人续任重整机构，既有压力又有动力，并含有戴罪立功，一展身手的意蕴。

2. 我国中小企业重整管理机构选任的模式。

管理机构的选择是影响企业重整成功与否的关键因素。我国《企业破产法》采取管理人管理和债务人自行管理两种模式，实践中择一选择。就中小企业而言，本书认为 DIP 是最有利于中小企业重整成功的管理模式。

DIP 模式将有助于提高中小企业主破产重整申请的动力，成为我国中小企业主回避破产重整的重要因素之一，就是进入重整程序大概率意味着丧失企业的经营权。[①] 实践中的创业者往往都是过于乐观和富有激情的，且对企业充满感情，丧失经营权无疑会打消其重整申请的积极性。在美国破产重整中，便将以 DIP 为原则作为激励重整申请的重要机制。[②] SBRA 进一步规定重整计划只能由债务人提出，这无疑赋予了债务人极大的权利，将大大鼓励债务人申请破产重整。在以保护债权人利益为首要目标、债务人自行管理适用条件严格的德国破产法实践中，DIP 适用极少。据德国学者统计数据，2005—2010

---

① 韩长印：《中小企业重整的法理阐释与制度重构》，载《中国法律评论》2021 年第 6 期。

② 张亚楠：《完善我国破产保护制度的若干思考》，载《政治与法律》2015 年第 2 期。

年债务人自行管理破产案件占所有企业破产案件的比例基本维持在0.5%左右。[①] 由此导致众多企业错过重整时机，故2012年德国重点对债务人自行管理制度进行了改革。通过美国与德国的经验教训，不难发现债务人自行管理制度在重整申请上的积极作用。

DIP模式还有助于提高中小企业主的谈判地位，弱化债权人的钳制作用，为利益相关方（主要是债权人和债务人）提供一个鼓励公平谈判重整计划的平台。中小企业的所有权与控制权高度混同，具有股东身份的中小企业管理层在自行管理的过程中会更具备谈判能力，更容易说服担保价值高于债务价值的担保债权人。DIP模式还能充分发挥中小企业主的作用，使破产财产最大限度得以保值增值。从我国划型标准来看，中小企业的人员多在300人以下，涵盖农林牧渔、工业建筑、批发零售、交通运输、仓储邮政、住宿餐饮、休闲娱乐等行业。中小企业的成长多有赖于企业主的个人能力，部分行业依赖无形资产的价值如知识产权、商标等，部分行业依赖人脉关系和商业资源，这些都与中小企业主紧密相关。有的中小企业几乎没有专用性资产，出售或租借专用资产的重整手段无从适用，一旦企业主失去对重整程序的控制，中小企业便会处在加速倒闭的路上。

DIP模式还将打通重整计划的制定与执行环节，使中小企业真正再生。债务人自行管理体现了法院对中小企业主的信任，激励中小企业主勤勉履职。引导债务人充分利用和继续发挥已经具备的商业知识与技能，还有利于降低重整的成本。[②] 重整计划顺利通过后，在执行阶段，债务人对自身的经营情况最为清楚，重整计划的执行将更加高效、顺畅，从而使陷入困境的中小企业真正获得新生。至于债务人自行管理的条件，可与《全国法院民商事审判工作会议纪要》第111条的规定保持一致，在结合中小企业特征的基础上，细化为以下四个方面的条件：债务人的内部治理机制仍正常运转，债务人自行

---

① 何旺翔：《破产重整制度改革研究》，中国政法大学出版社2020年版，第134—135页。

② 董士君：《DIP融资的国际经验与本土化建构》，载黄红元总编：《证券法苑》（第三十三卷），法律出版社2021年版，第301页。

管理有利于债务人继续经营，债务人不存在隐匿、转移财产的行为，以及债务人不存在其他严重损害债权人利益的行为。

3. 管理人对重整债务人的监督责任。

债务人继续参与重整程序，在发挥作用的同时也会存在债务人不当谋取自身利益、伤害债权人利益的弊端。因此，从公平的角度来看，让债务人继续管理和控制公司难以让债权人和社会公众放心。既然在正常的经营状态下都没有将企业管理经营成功，有谁会相信让这些债务人继续经营下去，濒临破产倒闭的公司就能够起死回生呢？特别是当存在债务人有不为外界所知的管理层欺诈、行为不诚实、渎职的行为时，让债务人管理公司就有碍公平观念。更让债权人和社会公众担心的是，债务人继续保持对企业的控制与管理，会不会导致债务人滥用重整制度避免市场竞争的失败，破产重整制度在一定意义上成为保护竞争对手的工具，使申请重整的债务人获得不正当的竞争优势，有碍于公平竞争。

因此，无论在哪一方面走向极端，都将是不可取的。片面强调债务人利益，强调高效率进行重整，虽然有助于企业顺利渡过难关，尽早走向重生，但是却伴随着高度的风险。若没有公平理念的支撑和相应制度上的保障，完全有可能只是换汤不换药，导致重整目标落空，最终损害债权人和其他社会公众的利益。如在美国，申请重整越来越成为企业经营的一种策略，特别是在激烈的市场竞争中，陷入财务困境的企业经常利用重整制度阻断债权人的追索，获得调整的时机。[①] 这种做法已经遭到了众多的批评和指责，究其原因就在于美国所实行的占有中债务人制度对债务人实在是太有利了。然而，过于强调对债权人和社会公众利益的保护，完全由法院任命的外部管理人控制和经营企业，将债务人拒绝在重整过程之外，也许在保持企业财产最终公平清偿的意义上是有价值的，但是将无法调动债务人参加重整的积极性，可能会有损重整的效率，这是一种过于传统和保守的做法。真正科学的制度设计

---

① 实际上，由原来的管理层继续对重整的公司进行经营管理未必能够有良好的业绩。在美国，近年来寻求破产重整的公司中，只有不到20%的成功率。参见宋福生：《美国公司重整制度评析》，载《外国经济与管理》1997年第2期。

应当是效率与公平的有机结合，将拯救企业和保护债权人、稳定经济秩序整合在一起的方案。

因此，为了能够在高效完成中小企业重整的同时，减少债务人自行管理的不利影响，应当加强和完善中小企业重整的监督机制，可以考虑由破产管理人负责监督。例如，SBRA 规定受托人（Trustee）代替指定的委员会监督占有中的债务人完成重整计划。[①] 在我国，根据《企业破产法》第 68 条的规定，债权人委员会的职权之一就是监督债务人财产的管理和处分。但中小企业破产重整可以不设债权人委员会，监督的职责交由破产管理人即可。

关于管理人监督权限的范围，有学者认为“自行管理债务人行使对于不动产和知识产权及有价证券等重要财产权的转让、营业转让、借款等对债权人利益有重大影响的财产处分行为的，以及在第一次债权人会议召开之前行使前述各项职权之一或者决定继续或者停止债务人的营业的，应当获得管理人或者法院的许可，或者法院可以根据个案案情明确指定应当获得管理人或者法院许可的对债权人利益有重大影响的具体行为”。[②] 也有学者认为“自行管理的债务人在实施我国《企业破产法》第 69 条规定的行为时应当向管理人报告，且管理人同样拥有我国《企业破产法》第 68 条以及《最高人民法院关于适用〈中华人民共和国企业破产法〉若干问题的规定（三）》第 15 条赋予债权人委员会的职权”。[③]

目前，国内部分城市发布的中小微企业快速重整办法通常规定，自行管理的债务人或管理人实施对债权人利益有重大影响的财产处分行为，应当事先制作财产管理或者变价方案并提交债权人会议进行表决，经债权人会议表决未通过的，除经人民法院裁定批准外不得处分。[④] 本书认为自行管理的债务人的处分行为应向债权人会议进行报告，重大财产处分行为应获得许可，在

① 美国破产法典第 1183 条、第 704 条（a）、第 1106 条（a）。

② 金春、［日］史黛西·斯蒂尔、［澳］安德鲁·戈德温：《破产重整程序中的管理人制度》，载《政法论坛》2010 年第 6 期。

③ 谢肇煌：《公司重整中的债务人自行管理：功能定位与权责配置》，载《天府新论》2021 年第 3 期。

④ 《北京破产法庭中小微企业快速重整工作办法（试行）》。

债务人充分管理与管理人适当监督之间取得平衡。至于自行管理债务人与破产管理人的权责分配问题，有学者认为调查及检查权、撤销权、登记申报债权与制作债权表、追缴债务人股东未缴纳的出资，追回债务人的董事、监事和高级管理人员利用职权从企业获取的非正常收入和侵占的企业财产等，与债务人利益密切相关不便于债务人行使的权利应交由管理人行使，其他重整事务职权交由自行管理的债务人。[①] 本书也基本认同该观点。

关于管理人监督责任的行使方式。有学者指出，管理人可以通过专项调查、临时报告、阶段性报告、接受债权人投诉等方式行使监督权。[②] 本书基本认同该观点，同时也建议管理人还可以进一步制订监督债务人的具体制度。[③]

（三）中小企业破产重整的识别审查

我国目前尚未建立起破产重整企业的识别审查机制，本书支持在重整申请阶段进行实质审查以防止重整程序的滥用。一个有效破产制度的着眼点应同时包括“及时、有效和公正地解决破产问题”和“防止不适当地利用破产制度”。实质审查是防止破产滥用的关键措施，如果不对中小企业破产重整的申请进行实质审查，在适用债务人自行管理制度的背景下，企业的所有者不会因进入重整程序而丧失管理权，将导致重整成为企业所有者无限次挽救企业的试验田。这种以公共资源为私人利益埋单的做法显然不是破产制度的价值追寻，故进入重整程序之前，重整企业的识别尤为重要。

企业是否具备拯救的希望显然并非法律判断的问题，而是商业判断的问题，法官应当借助专业人士来识别真正具备重整价值的企业。《全国法院破产审判工作会议纪要》第15条关于重整案件的听证程序规定，“对于债权债务关系复杂、债务规模较大，或者涉及上市公司重整的案件，人民法院在审查重整申请时，可以组织申请人、被申请人听证。债权人、出资人、重整投资人等利害关系人经人民法院准许，也可以参加听证”。从该规定可以发现，参

---

① 王欣新、李江鸿：《论破产重整中的债务人自行管理制度》，载《政治与法律》2009年第11期。

② 同上。

③ 《全国法院破产审判工作会议纪要》第9条。

与听证的各方限于破产案件当事人，以法院的司法介入为主导，未能充分依据专业人士的意见形成判断。

考察国外关于重整企业识别审查的方法，不乏可以借鉴之处。如日本破产法规定，法院有权对重整案件进行必要的调查，如果法院认为有必要，还可以要求对重整前公司或重整后公司的业务有管辖权的行政机构和对税收索赔有管辖权的机构陈述其对重整前公司或被重整公司的重整程序的意见。其他行政机构或按照规定有征收权的机构，均可向法院陈述其意见。[①] 法院通过征求更了解重整企业及监管机关的意见，可以有效判断企业重整的价值及重整成功的可能。德国破产法规定，临时破产管理人应审查债务人的资产是否能够支付诉讼费用，法院还可以指示其作为专家审查是否有理由启动重整程序以及债务人继续经营的前景如何。临时破产管理人有权进入债务人的营业场所并进行调查，债务人必须允许临时破产管理人检查其账簿和商业票据，应当提供一切必要的信息，并协助履行职责。[②] 临时破产管理人最终形成的审查意见远比破产案件当事人所反映的更加真实、客观、全面，深入的调查是作出准确判断必备的条件。在韩国，其立法规定法院可针对个人小额营业所得者指定法院事务官作为免费的简易调查委员[③]，调查的同时也降低了成本，是值得借鉴的措施。因此，为更好地帮助法官进行判断，以应对僵尸企业的重整申请，我国应于破产法律制度中增设重整的征询或者调查制度，即当法院收到重整申请时，应将申请书副本送相应的政府机关并征询意见，请求其对企业有无重整价值进行专业判断，以此辅助法院裁定是否可以进入重整程序。

目前我国个别城市发布的中小微企业快速重整办法，还颇有创新性地规定了重整企业识别的推定规则，值得肯定。例如，“债务人为专精特新中小企业，北京证券交易所、上海证券交易所、深圳证券交易所、全国中小企业股份转让系统等全国性证券交易场所上市或挂牌的中小微企业，或具有特殊、

① 日本会社更生法第 8 条。

② 定稿《破产法》第 22 条。

③ 卢泰岳、李英：《韩国破产法最新修改与破产法院的设立》，载《中国政法大学学报》2018 年第 4 期。

特许行业资质，或主营业务属于前沿科技、高新技术等领域的，除有相反证据外，应当推定债务人具有重整价值和重整可能”①。其规定实际上是充分相信了工信部、证监会、市场监督管理局等部门作出的专业判断，认为它们更了解企业的专业能力，更了解行业市场情况，具备商业判断能力且制定了严格标准筛选优质的中小企业。与此同时，部分城市规定的中小企业重整办法还规定，可以通过掌握专业技术知识、了解行业市场情况、具备商业判断能力的专业社会中介机构或专业人员等第三方出具的有关意见进行判断，这是市场化重整的重要体现。本书支持该做法，并主张将其作为判断企业重整价值的主要手段加以运用。

重整企业的审查与识别固然重要，却不能过于依赖听证，由此增加的破产成本不符合效率导向。中小企业破产重整的启动条件越简单，其重整成功的可能性才会越大，债权人利益被保护的程度才能更高。因此，中小企业是否具备重整价值有必要经过实质审查，但实质审查的程序不可过于烦琐。听证程序的冗长还会拖延企业重整的时机，听证程序的时间即使不被计入重整期间，该时间也需要加以限制，从而降低听证程序的成本。关于法官的书面材料审查，有学者建议可通过司法解释的方式，对如何判断企业的“再建希望”作出否定性的细化解释，从而给法官提供更加清晰的裁判指引。即规定债务人企业存在以下事由时，可认定其不具备再建希望，这些事由可以包括：清算价值明显大于营运价值；继续经营的追加投资不能确保；明显已不具备生产供应能力和市场需求；企业所属行业已明显失去市场前景且无转产可能；已丧失原本赖以生存发展的专利和专有技术、驰名商标、商业信誉及所谓“壳资源”等。②

（四）中小企业重整计划的表决通过与批准执行

1. 表决权分组。

破产立法对于重整计划的表决采用独特的分组表决机制，即把债权人与

---

① 《北京破产法庭中小微企业快速重整工作办法（试行）》第6条。

② 彭国元、张亚琮：《论破产重整程序的启动》，载《学术论坛》2012年第2期。

股东等利害关系人分成几个不同的小组，再以各小组为基本单位进行表决，然后按照各组的表决结果计算关系人会议的表决结果。采用分组表决机制是考虑到了利害关系人之间不同的利益诉求，每一组利益基本相同，就会有基本相同的共同利益，便于减少谈判成本，使重整计划可以较为顺利通过。如何确定具体的分组标准，各国立法呈现出不同面貌，但基本上都强调每一个小组利益应当基本一致。我国《企业破产法》第 82 条规定，重整计划的表决分组为：（1）对债务人的特定财产享有担保权的债权；（2）债务人所欠职工的工资和医疗、伤残补助、抚恤费用，所欠的应当划入职工个人账户的基本养老保险、基本医疗保险费用，以及法律、行政法规规定应当支付给职工的补偿金；（3）债务人所欠税款；（4）普通债权。人民法院在有必要时可以决定在普通债权组中设小额债权组对重整计划草案进行表决。

计划的表决是能否进行重整的关键问题。我国《企业破产法》对重整计划的表决问题采取了双重标准的做法，该法第 84 条第 1 款和第 2 款规定人民法院应当自收到重整计划草案之日起三十日内召开债权人会议，对重整计划草案进行表决。出席会议的同一表决组的债权人过半数同意重整计划草案，并且其所代表的债权额占该组债权总额的三分之二以上的，即为该组通过重整计划草案。第 86 条第 1 款规定各表决组均通过重整计划草案时，重整计划即为通过。因此，我国的立法不仅灵活可行，同时还可保证决议公平。但美中不足的是，该法第 85 条第 2 款规定了重整计划草案涉及出资人权益调整事项的，应当设出资人组，对该事项进行表决，但该条规定对涉及股东组的表决权如何行使则语焉不详。结合重整立法的宗旨和前文的分析，似乎应该解释为股东组应和债权人组一样行使相同方式的表决，采用人数与债权数的双重标准。但这仅是一种学理解释，具体操作的实施还有待于相关立法的完善。

2. 重整计划的正常批准。

正常批准是关系人会议就重整计划一致表决通过的情况，此时法院仍需要进行相关的审查。其立法旨趣在于防范关系人会议多数决之滥用，由法院以超然立场，再次审核，俾重整计划能符合公正合理之要求，以维护公司、公司债权人以及股东之权益。从我国《企业破产法》的文本来看，第 86 条规定了各表决组均通过重整计划草案时，重整计划即为通过。自重整计划通过之日起十日内，债务人或者管理人应当向人民法院提出批准重整计划的申请。人民法院经审查认为符合规定的，应当自收到申请之日起三十天内裁定批准，终止重整程序，并予以公告。因此，我国的破产立法将重整计划审查的问题交给了法院自由裁量，但本书认为还是应当对该问题进行细化规定，陈明具体要求以方便法院审查。

至于如何进行审查，结合上述的立法实践，可发现关系人会议通过重整计划后，法院的审查包括两大方面，一是程序上的审查，主要看有无违法决议的情况；二是实质上的审查，就重整计划的内容进行判断。程序上的审查比较容易，而内容的审查法院就要颇费周折。特别是在重整计划中关于商业机会、经营决策等纯粹商业事项的判断或发展预测是否也在法院审查的范围之内。对此，法院似乎不应过多进行审查和介入，“实则此种商机之研判通常是以该行业之专门知识与经济为基础所作之价值取舍，既非外行人事前所得臆测，尤非得于事后以其结果之成败臧否当初决策之正确与否”。

3. 重整计划的强制批准。

重整计划的批准在符合法律规定的条件下，可能会发生并未被关系人会议通过，而法院却强行批准的情况。由于法院的强制批准将对各类利害关系人的利益产生重大影响，特别是对那些持反对意见的关系人，因此，法院的强制批准不应成为常态，应该有严格的适用条件。对此，各国法律均有规定。如我国《企业破产法》第 87 条第 2 款规定：未通过重整计划草案的表决组拒绝再次表决或者再次表决仍未通过重整计划草案，但重整计划草案符合法定条件的，债务人或者管理人可以申请人民法院批准重整计划草案。日本公司更生法有类似规定。

对上述各国立法加以考察，首先，可发现，法院对于重整计划的强制批准是各国法律所认可的，这是一种对重整制度的补救措施，否则，重整除了限制担保物权的行使外，与和解程序将没有任何差别。其次，强制批准所具备的标准基本上是相同的，即重整计划必须对那些没有接受计划的权利人给予公平和充分的保护，否则将严重损害这些利害关系人的利益，与法律的正义理念不容。最后，法院对于重整计划的批准必须考虑债务人企业是否有再建的价值，若关系人反对的原因是企业已经基本没有复兴的希望，则法院必须将该问题加以考虑，否则就背离了重整制度的本来目的。

在此，可以清晰地看出，法院对重整计划强制批准的过程之中，虽然也要考虑对债权人等利害关系人的考虑，但是否做出批准决定的依据却在于债务人企业是否有再建的价值，即重整制度的本来目的，对重整计划的强制批准鲜明地体现了国家的介入态度以及从社会本位的角度出发维护社会整体利益的意图。[①] 至于如何考虑社会大众的公共利益从而对重整计划进行强制批准，立法交给了法院自由裁量，由法院在个案审理的过程中，依据案件的具体情况，依照法律的精神与立法目的，针对社会的情形和需要进行具体化，从而实现法律所保护的公平与正义。

4. 重整计划的执行。

重整计划生效后即进入执行阶段，重整计划的执行是对重整计划的具体实施，也是重整程序的最终目的。重整计划的执行阶段并不是万事皆休，仍有许多问题需要解决。在这个环节上，需要立法者考虑至少两个问题，即重整计划由谁执行以及如何执行。

重整计划一般都有专门的执行人，但对于谁适合担任执行人，立法并不一致。由于各个国家关于重整机构的选任方式不尽相同，所以重整机构的组成不同，因此重整计划的执行人也不相同。重整人、债务人、董事等似乎都可以成为执行人。在此，本书认为重整机构担任计划执行人最为恰当，这主要是考虑到重整机构参与了重整开始后的全过程，尤其是重整企业的维持和重整计划的拟定，应该是计划执行的最佳人选。

我国《企业破产法》第 89 条第 2 款规定人民法院裁定批准重整计划后，

① 王欣新：《论破产立法中的经济法理念》，载史际春、邓峰主编：《经济法评论》（第 4 卷），中国法制出版社 2003 年版，第 335 页。

已接管财产和营业事务的管理人应当向债务人移交财产和营业事务；第90条规定自人民法院裁定批准重整计划之日起，在重整计划规定的监督期内，由管理人监督重整计划的执行。在监督期内，债务人应当向管理人报告重整计划执行情况和债务人财务状况。因此，我国虽然采用了债务人执行重整计划的模式，但同时要求管理人对其监督管理，这种方案在一定程度上保证了重整计划执行的效率与公正，颇值赞赏。计划的执行人应负善良管理人的注意义务，违反此义务给债务人企业造成损害的，应承担损害赔偿责任。立法应当允许执行人可以聘请工作人员，但在具体的事项上，要强调效率与公平兼顾。就效率角度而言，计划生效后，执行人就应迅速将其加以执行，不得超过法律所规定的年限。

第三节 我国破产重整企业信用修复制度的构建

众所周知，市场经济是信用经济，市场离开了信用的媒介就无法运行。综观世界发达市场经济国家和地区，对于信用的重视和维护概莫能外，我国也高度重视信用体系的建设工作。在信用体系建设越来越重要的当下，存在巨大信用缺陷的破产企业，在重整过程中如何修复信用，业已成为决定企业能否重整成功的关键因素之一。

一、破产重整企业信用修复的意义与现状

（一）破产重整企业信用修复制度的意义

1. 破产重整企业信用修复的必要性。

企业破产重整的过程，是一个对其债权关系、物权关系、投资关系、劳

动关系、税收关系等运营关系进行完善和调整的过程，具有一定的特殊性。破产重整企业与正常经营的企业相比，最大的不同之处在于，重整企业陷入了经营危机，就已经具备或可能具备破产条件。正常企业在贷款融资、招投标等重要生产经营领域不会受到禁止或限制；而重整企业因债务危机，多已丧失了正常经营能力，并且可能因为执行逾期、税款缴纳逾期等原因受到联合惩戒措施，实际业务经营受到重创。基于此，破产重整企业应被视为不同于正常企业的特殊组织，在考虑信用修复这一问题时，更应当注意重整企业因其特殊性而自带的难题，进而构建适用于破产重整企业的信用修复机制。

中华民族是一个讲礼仪、重视道德修养的民族，历来把诚信作为衡量某一主体的重要标尺。企业作为经济社会的关键主体，尤其应遵守这一准则。在市场经济体制中，企业诚信是企业综合实力中的关键一环。我国的市场经济讲求公平与自由，唯独具有良好信用形象的企业才能吸引更多合作伙伴，才能拥有长远发展的可能。

市场经济作为非常讲究信用的经济体系，世界发达国家和地区无一不把信用体系建设当作经济发展的重要内容，各国政府均非常重视对企业的信用度、诚信度的监管与维护。我国也概莫能外，党中央、国务院也高度重视信用体系的建设工作。特别是2019年7月，国务院办公厅颁布《国务院办公厅关于加快推进社会信用体系建设构建以信用为基础的新型监管机制的指导意见》，进一步强调要加快推进社会信用体系建设，并基于当前市场经济形势，针对构建以信用为基础的新型监管体制提出了建议。可以说，我国已全面进入“信用透明化时代”，无论是政府、法院、市场或是金融机构，都离不开信用考评。企业从诞生至消灭，任何活动的开展都将受信用的约束。①

在此基础上，我国正在加快打造线上线下互联互通的一体化信用信息平台，配套的联合惩戒措施也趋完善，个人、企业的信用情况将更加公开化、透明化。可以预见，企业一旦因失信而被记录在案，其生产经营活动将受到

① 闫海、王天依：《论重整企业信用修复的特征、机制与方式》，载《征信》2021年第1期。

广泛限制。因此，建立良好的企业信用，对于市场主体而言至关重要。[①]

2. 破产重整企业信用修复的现实意义。

我国实行失信惩戒机制，对失信企业实施较大力度的惩戒措施，给市场主体带来了威慑力，对于维护市场稳定和交易公平均具有积极意义。但凡事都有两面性，受到失信惩戒的企业，若在生产经营上长期面临困难，必将更快地走向衰亡，破产重整企业尤为如此。目前，破产重整在我国司法实践中得到广泛应用的同时，与之相伴随的企业信用修复难问题也日益显现。由于我国绝大多数的破产重整为存续型重整，重整企业继承了原企业的不良信用记录，故企业原来的信用问题也将遗留在重整后的企业中。自然地，破产重整后的企业会因原有的失信记录而在营业维持和经营恢复过程中受到相应的制约，如无法获得银行贷款、无法获得新的投资、无法被法院的执行黑名单移除等。[②] 这类问题已经导致不少企业虽在法律程序上重整成功，却无法顺利在商业实践中开展经营活动，也会使债权人和投资人丧失信心，甚至还可能陷入二次破产的困境。随着重整制度的广泛适用，重整企业的信用修复已然不是司法个案的需求，而是大势所趋。

因此，要想真正实现破产重整制度的目的，除了正确适用破产重整制度之外，注重对破产重整企业信用的修复也十分必要。我国应当重视破产重整企业这一特殊群体，构建一个全面、系统的重整企业信用修复制度。只有帮助重整企业修复必要的信用，才能帮助其以全新的"面貌"重新进入市场，从而真正实现破产重整制度的目的。本书认为，破产重整企业完成信用修复，有以下几方面的现实意义。

第一，对债权人的积极意义。重整企业的信用得到修复除了企业自身受益外，最直接的受益人即为该企业的债权人。债权人因原企业的财产危机与经营危机而受到损失，所得利益大幅度缩水，从而更期待企业通过破产重整有所弥补。重整企业的信用若能得到修复，企业恢复经营能力的可能性就会

---

① 杨晖、柳青：《破产重整企业征信问题研究》，载《征信》2020 年第 4 期。

② 徐志明、熊光明：《对完善我国信用修复制度的思考》，载《征信》2019 年第 3 期。

大大提高，企业的营收额也必将提高，从而将有能力保证债权人可以受偿的债权额。同时，债权人也可选择与恢复信用的重整企业继续合作，从而节约合作资源，达到互利双赢的效果。①

第二，对于优化营商环境的积极意义。若市场仍旧依据原企业的不良信用记录对重整企业进行各类限制，显然不利于社会上众多重整企业重获生机。在世界银行评价营商环境的体系中，专门设有“破产”这一评价栏目，体现出破产制度对于良好营商环境的积极作用。我国若进一步改善和破产有关的重整企业信用修复制度，将对自身提高营商环境评价排名起到积极作用，也有利于进一步完善我国社会主义市场经济体制，打造更加便于市场主体生存的营商环境。

第三，对于节约司法资源具有重要意义。破产重整制度从启动到结束，人民法院都投入了大量司法资源。在法院裁定批准重整计划后，企业按计划履行权利与义务才是重整活动的真正开始。② 在重整计划执行完毕后，债务清偿问题已经得到实际解决。在此情况下，尽快恢复企业信用，切实保障重整目的实现，可避免浪费前期法院为企业重整计划制定、表决、批准、执行所耗费的大量司法资源。③

（二）我国破产重整企业信用修复的问题

近年来，我国信用信息平台的建设日趋完备，对失信企业也多实行较为严格的惩戒措施，社会上各类主体的信用情况越来越透明化。破产重整企业作为经历过严重经营危机的一类主体，其信用情况并不乐观。债务企业在重整之前，大多数在银行、税务、市场监管、法院等部门留存不良信用记录。重整企业的经营模式、债务承担方式等虽已按照重整计划经过整改，但其依旧冠以原企业之名义，面临原企业造成的经营困境。故而，虽破产重整制度在我国已被广泛适用，但极有可能发生债务企业即便完成了法律意义上的重

---

① 孙家磊、王康：《浅析破产重整企业信用修复问题》，载《中国信用》2021 年第 9 期。

② 《企业破产法》第 86 条。

③ 崔明亮：《破产重整计划执行法律问题研究》，载《中国政法大学学报》2018 年第 2 期。

整程序，但在实践意义上也无法真正地实现恢复正常生产经营的目标。①

破产重整企业具有一定特殊性，在信用修复方面也应贯彻特殊的修复机制。由于当下我国没有明确针对重整企业信用修复的相关制度，重整企业的信用修复也只能沿用正常企业的信用修复规则，当遇到不适用的规则时，重整企业往往也无计可施，大多要经历更长时间的审批程序或直接被拒绝。由于企业重整会经历多个阶段，重整的信用修复需多个部门配合，其主要面临的困境也有多个方面，如立法相对滞后、部门信用修复难、异地法院黑名单移出难等。法律依据和相关流程的缺失，都是重整企业修复信用的阻碍，亟待解决。

1. 破产重整企业信用修复领域立法落后。

当下，我国并无任何立法中有涉及破产重整企业信用修复的条款，该领域的活动仅有指导性政策文件为支撑。虽然国务院于2016年发布的《关于建立完善守信联合激励和失信联合惩戒制度加快推进社会诚信建设的指导意见》(国发〔2016〕33号)中，明确提出要推进信用修复立法工作的要求，但未提及重整企业这一特殊主体。我国的《企业破产法》《征信业管理条例》等相关法律法规中，也都未明确涉及破产重整企业的信用修复问题。《企业破产法》虽将“破产重整”单独列为一章，但就法院裁定批准重整计划后，企业如何重回正轨并未有所规定，对重整企业的信用修复问题更是没有提及。

2018年，我国发布的《关于进一步做好“僵尸企业”及去产能企业债务处置工作的通知》(发改财金〔2018〕1756号)，第一次正式提到了有关完善重整企业信用修复机制的内容。该通知规定了重整企业可在信息平台中更新其信息，但仅凭借这一通知，还是难以完全满足重整企业修复信用的目的。由此，浙江、山西、上海等地就该问题陆续出台了地方性政策，如针对破产重整企业成立专门工作组指导企业信用修复工作，或为重整企业开辟特殊通道，等等。但是，地方性政策终究缺乏普适性和强制性，各地政策较多根据个案制定方案，虽能解决重整企业一时之困，却因各地差异性无法成为常态

① 荣艳:《破产重整企业信用修复问题初探》，载《企业合规论丛》2018年第2期。

化、系统化机制。这就导致纵使企业重整成功，其信用等级大多仍处于尴尬状态，既不能等同于正常经营中的企业，也不能等同于完全破产的企业，在重回市场过程中仍处处受限。因此，立法依据的缺失是破产重整企业信用修复过程中所面临的一大难题。

2. 纳税信用评级加重企业负担。

根据我国《税收征管法》《纳税信用管理办法（试行）》以及《国家税务总局关于纳税信用评价有关事项的公告》中的相关规定可知，目前我国企业纳税信用等级分为 A、B、M、C、D 五个层次，D 级为最低信用等级。[①] 破产重整企业在进入破产程序前，就已出现严重债务问题，无法及时足额缴纳税款。根据《纳税信用管理办法（试行）》第 20 条中列举的企业纳税信用等级被评为 D 等级的情形中，前三项便是关于未足额缴纳或逾期缴纳税款、滞纳金、罚款的规定。故而破产重整企业在重整前，企业的纳税信用评级大多便已被评为 D 级。被评为 D 级的企业，主管税务机关应将该企业的情况向其他部门予以通报传达，并建议在进出口、招投标、生产许可等诸多方面予以限制或禁止，且 D 级评价保留 2 年，第三年纳税信用不得评价为 A 级。[②]

由此可知，破产重整企业的纳税信用不仅极大可能会被评为最低等级，还会受到税务机关与其他部门的联合征戒措施。从融资、招投标、获得许可，再到从业任职资格、资质审核等，均是企业经营的重要环节，若在这些方面受到限制或禁止，企业无疑寸步难行。这对刚经历过整顿重组，但还未恢复到原有经营实力的破产重整企业而言，会造成极大的经营负担，很有可能再次因经营困难而导致二次破产。从学理上看，重整制度的特点为，企业通过各种途径解决债务难题，优化经营模式从而化解经营危机。基于此，重整后的企业虽然依旧继承原企业之名义，但本质已然与原企业大不相同，可视为一个“全新”的企业，其纳税信用等级应重新被考量，税务机关也应帮助该类企业重新进入市场，给予其符合当前真实情况的、公正的纳税评级。

---

① 《纳税信用管理办法（试行）》第 18 条。

② 《纳税信用管理办法（试行）》第 32 条。

3. 金融不良信用信息影响企业融资。

企业为了维持正常的经营资金链，往往需要向银行或金融机构贷款而满足融资需求。由于企业贷款的数额多为大额贷款，因而金融机构在信用情况方面对企业的要求颇高。但在破产重整过程中，大多数债务企业因诉讼纠纷、贷款逾期等情形，已被法院列为失信执行人、被银行列为失信贷款主体，基本不可能从银行申请到贷款。在重整计划执行完成后，企业在央行征信系统中的不良信用记录依旧存在，若不实施修复，债务企业很难再次融资，将再次面临资金断流的危机。

企业重整成功后，普遍需要通过寻找新的项目和业务将企业拉回正轨，而在企业恢复正常经营的过程中，最为重要的就是解决资金的问题。向银行等金融机构贷款是企业为解决资金难题首先考虑的出路，但是，由于人民银行征信系统中依旧存在大量关于企业以前产生的不良记录和违约记录，致使贷款银行在审核时往往拒绝企业的贷款申请。根据《企业破产法》的规定，按照重整计划减免的债务，自重整计划执行完毕时起，债务人不再承担清偿责任。[①] 企业重整计划中的债权清偿方案已经对破产重整企业的债务做了一次性的清偿规划，在重整企业以前所欠债务已经清偿或减免的情况下，商业银行等放贷机构依旧以破产重整企业以前的信贷不良记录为审核条件拒绝其贷款申请，显然不合情理。甚至在有些案件中，在企业提供充分抵押物担保的情况下，银行依旧以存在不良记录为由拒绝批准破产重整企业的贷款申请。[②] 这就极大程度上加剧了重整后企业正常经营的难度，没有贷款资金的支持，企业很可能再次走向死亡。

4. 工商不良信用信息阻碍企业重整。

我国市场监管行政管理机关于 2014 年设立了“国家企业信用信息公示系统”，用于公示市场主体的各项信用信息并提供查询服务。查询主体可查询到企业的登记信息、备案信息、行政处罚信息，以及由企业按照规定报送、公

① 《企业破产法》第 94 条。

② 马西蒙、乐鹏：《破产重整企业信用恢复问题初探》，载王欣新、郑志斌主编：《破产法论坛》（第 13 辑），法律出版社 2018 年版，第 283—284 页。

示的年度报告信息和获得许可的信息。我国于同年还出台规定，企业未按期履行义务导致经营状态异常的，将被市场监管部门列入企业经营异常名录，并通过国家企业信用信息系统予以公示，其他市场主体均可得知其经营状态。《企业信息公示暂行条例》中还明确强调，地方政府及有关部门应贯彻落实失信联合惩戒机制，对于被列入经营异常名录的企业在土地出让、政府采购等环节进行限制。[①] 由此可知，一旦被列入经营异常目录，那么企业的许多经营行为将受限。这不仅影响重整计划的实施，即便在重整完成后，企业也极可能再次陷于危机状态。

5. 法院执行工作机制有待完善。

根据《最高人民法院关于公布失信被执行人名单信息的若干规定》可知，符合失信情形的企业将被纳入法院的失信执行人名单，除被公示之外还会被通报相关部门，在多方面对失信执行人实行惩戒措施。[②] 被法院列入失信执行人名单的企业，其不良信用信息可在全国范围内通过互联网被查询到。"黑名单"制度的威慑性能够有效解决法院执行难的问题，但在利用这一制度的同时，我国对被执行人合法权益的保护措施还未及时跟进。破产重整企业在进入重整程序前，往往因为执行不能而被列入法院系统"黑名单"，许多必要经营行为受限。通过重整程序执行法院判决后，虽能够退出本地法院的"黑名单"，但在全国失信被执行人名单上依旧可被查询到，企业失信者身份依旧存在于异地法院的"黑名单"中。当重整企业经营行为涉及异地法院时，依旧会受到异地法院的惩戒措施。即使企业能够出具证明债务执行终结的材料，异地法院因失信"黑名单"的公信力，大多也不予理会。这对于重整企业是不公平的，也损害了重整企业的正当权益。

重整企业的信用修复过程，法院应占有举足轻重的作用。破产重整案件自法院立案之日起，就是由法院牵头审理。涉案债务企业需向法院说明企业的生产经营情况，并提交包括营业执照、股权说明书、重整计划书等重要证

---

① 《企业信息公示暂行条例》第18条。

② 《最高人民法院关于公布失信被执行人名单信息的若干规定》第8条。

明材料。因此，人民法院比任何主体都了解重整企业的情况，对于其信用状况也具有发言权，若能出具司法文书或函件证明企业已进入重整程序或已重整完成，对于重整企业的信用修复而言无疑是一大助力。反观当下，根据《企业破产法》，法院在裁定通过重整计划后，重整程序便宣告终止，至于后续重整计划是否完成，法院并不参与监督和认定。[①] 而人民法院作为全程参与破产重整的司法机关，对企业重整情况有着较为明晰的了解，对于重整企业的信用修复可充当证明人的角色，应当通过工作机制的创新让人民法院在重整企业信用修复中发挥更大的作用。

6. 第三方信用服务机构作用展现不明显。

第三方信用服务机构是专业从事信用调查、信用评级、诚信评价、信用管理咨询以及其他信用服务业务的机构。在完成资信资料收集工作后，信用服务机构会加以整合分析，做客观记载，并按照资信评级要求撰写被调查主体的信用报告，供信用需求方参考。近年来，第三方信用评级机构快速成长，已成为金融市场中的重要主体。被调查主体可通过信用评级机构的信用评价来证明企业的信用实力，评级机构也能帮助其他市场主体评估或预测交易方的资信等级，以便未来投资合作。

我国于 2014 年便在《社会信用体系建设规划纲要（2014-2020 年）》中明确提出了要发挥信用服务机构的作用，2019 年我国更是发布了第一批国家认可的信用服务机构名单，并要求相关信用网站予以采信。信用服务机构出具的信用报告，也可作为市场主体申请信用修复的证明文件。因此，按照国家要求，第三方信用服务机构在信用修复方面可发挥作用，其出具的信用材料具有官方认定的可信度，是失信主体和行政机关、金融机构等沟通的桥梁。若依托第三方信用服务机构，破产重整企业便可获得完整、有效的信用证明材料，既避免了为信用修复多头奔走，也保证了信用评级的可信度。

但目前，第三方信用服务机构在重整企业信用修复过程中的作用依旧存在局限，信用数据也存在一定滞后性。究其原因，主要是服务机构信用数据

---

① 闫海、王天依：《论重整企业信用修复的特征、机制与方式》，载《征信》2021 年第 1 期。

获取难度较大。当下，政府与信用机构间尚未建立完善的信用信息共享机制，第三方信用服务机构获取公共信用数据的途径较为狭窄，获取到的信息极大可能存在不准确性。同时，社会上各信用服务机构之间因竞争关系也未实现数据共享，各机构数据掌握程度的不同，使得不同信用机构出具的信用评级存在差异性。此外，第三方信用服务机构评级费用高、评级过程不透明等问题，也使市场主体对信用报告的价值产生怀疑，阻碍信用评级机构发挥正常作用。重整企业由于遭遇过债务危机，信用情况比正常企业或破产清算企业更具复杂性，在此方面，信用服务行业未能充分展现其作用，为重整企业信用修复助力。

7. 政府职能优势发挥不充分。

前文提及，破产重整是一个涉及多领域、多部门的复杂过程，对重整企业的信用信息的真实性、时效性的把握具有一定难度。重整企业信用信息的收集与分析，需要耗费大量人力、物力，更需要某个主体指导信用修复过程，能担此重任的，无疑是政府。社会信用体系建设的各项工作，由政府进行具体规划与落实①，政府同时也是各项信用信息的监管者和使用者。② 政府在重整企业信用修复领域中，应承担多种职能。当重整企业信用修复面临无法可依的困境时，政府应出台支持性政策文件，制定相关规范；当银行、税务、市场监管等部门不配合时，政府应统筹指导全局；对于重整计划的执行情况、信用修复情况，政府应发挥监管作用。但目前，在重整企业信用修复的过程中，政府未能充分发挥职能优势，主动承担职责参与信用修复工作。政府仅被动依据有关部门申请作出决定，这一职能缺位状况亟须调整。

同时，根据推进供给侧结构性改革和持续优化营商环境的要求，我国不断加强政府和法院之间的协同合作，在破产实践中形成了破产府院联动机制。这是在我国破产配套法律制度尚不健全的背景下，法院与政府联动而产生的重要实践，在解决破产企业债务清偿、税务核销、信用修复等方面颇有助益。

① 袁文瀚：《信用监管的行政法解读》，载《行政法学研究》2019 年第 1 期。

② 王瑞雪：《政府规制中的信用工具研究》，载《中国法学》2017 年第 4 期。

破产府院联动的本质，是司法权请求行政权协作处理破产疑难问题，可广泛适用于多领域中。[①] 但是，当下的破产府院联动模式虽发挥了一定的积极作用，却存在不少问题。许多地方政府虽发布文件，或以其他形式对破产处置问题作出指导，但并未对政府的具体权责和工作程序加以规定，府院联动模式仍处于相对模糊的状态。政府虽积极创新破产府院联动方式，但各地在具体操作上每一个案都需要进行单独探索，缺乏统一完善的府院联动机制。因此，在重整企业信用修复问题上，政府职能优势发挥尚不充分，构成重整企业信用修复机制的一大短板。

二、我国破产重整企业信用修复制度的构建

2014 年，最高人民法院着手开展企业破产案件审理方式改革试点工作，全国 21 家法院被列为试点单位。其中，温州市、嘉兴市法院在破产重整方面取得的成效显著。尤其是浙江温州地区为处理重整企业信用修复问题，探索出了一条具有当地特色的实践道路，为各地处理信用修复问题和建立府院联动机制提供了有益帮助。前文曾提及，信用修复的内容主要涉及银行不良信贷信息、税务部门不良纳税信息、市场监管部门不良经营信息、法院失信被执行人信息这四大类。温州地区为解决这四大类不良信息的修复问题，进行了积极的实践探索，如成立政府专门工作小组，组织召开不定期联席会议，协商解决重整企业信用修复过程中所遇到的难题。[②] 在此基础上，出台府院联席会议纪要，强化政府在破产重整信用修复问题上提供公共服务的职能。这较好地解决了各部门之间无法有效沟通以及相互之间不配合的弊病，通过建立统一的协商机制，使法院可以同银行、税务、市场监管等机构及时沟通，共同为企业恢复信用。“温州模式”的成功，对我国重整企业信用修复机制的

---

① 范志勇：《破产联动共识及其法治化进路》，载《扬州大学学报（人文社会科学版）》2021 年第 3 期。

② 南单婵：《破产重整企业信用修复研究》，载《上海金融》2016 年第 4 期。

构建具有积极的借鉴意义。① 为更好地推进破产重整企业信用修复工作，结合前述问题，可从以下几个方面入手进行探索。

（一）完善破产重整企业信用修复立法

1. 将信用修复计划纳入重整计划草案。

我国《企业破产法》第81条规定了重整计划草案应当包括的内容，但由于重整企业的信用修复作为影响重整企业能否顺利重生的重要内容，信用修复的质量同债务人重整有着不可分割的关系，故而信用修复计划也应作为重整计划的一部分。在此基础上，《企业破产法》可规定，将信用修复的方案纳入重整计划草案，在原有重整企业重整计划的制定过程中，同税务部门、商业银行等协商编制清偿方案时，增加债务清偿完毕后相应不良信用信息修复的步骤和措施。在重整计划经法院批准后，由金融债权人直接向中国人民银行征信中心报请登记企业重整信息，修复原有记录。

如前所述，破产重整企业的信用修复涉及多类主体、多个部门，面临种种难题，苦于没有明确的法律规定，极大增加了重整企业信用修复的难度。我国可在银行、税务、市场监管等部门遵循的法律法规中加以明确，使重整企业向各部门主体请求修复企业信用时有据可依，也使各部门在帮重整企业办理信用业务时有章可循。除立法外，还可通过出台司法解释的方式对破产重整企业信用修复的问题加以规定。因立法是一个严谨且烦琐的过程，每一条法律法规的增订都是关乎社稷民生的大事。本书提出的增订有关重整企业信用修复法律法规的构想，也必须经过实践的试验和理论的论证，这将是一个漫长的过程。

2. 规范破产重整企业实施信用修复的条件。

近年来，破产重整制度已成为我国濒危企业摆脱困境、重回市场的重要方式，重整企业的信用修复问题也随之越来越被重视。重整企业的信用修复问题固然重要，但若不加以约束，那么极有可能给一些尚未恢复生产经营能

① 潘光林：《温州法院破产审判工作六项亮点》，载《人民法治》2017年第11期。

力的企业留下投机取巧的机会，产生利用信用修复机制虚报企业信用状况，造成市场混乱。因此，在构建破产重整企业信用修复机制的同时，也要兼顾重整企业信用修复的约束机制。如此，既可达到帮助重整企业修复企业信用的目标，又可维护市场诚信与安定。因此，应当对企业信用修复的条件进行明确规定，可以从实体条件和程序条件两个方面出发进行思考和设计。[①]

（1）明确实体条件。根据《征信管理条例》的规定，企业不良信用信息有 5 年的保存期限，5 年后不良信用信息自动删除。但近年来，随着我国信用体系建设的深入推进，企业对于自身信用修复的需要日益增高，越来越多的市场主体主动寻求信用修复。为适应这一趋势，也为了失信主体未来更好的发展，许多省份将企业申请信用修复的期限限制由 5 年缩短至 3 年，如山东省、四川省等。这一改变对于失信企业而言，无疑是雪中送炭。但三年的时间仍然较长，本书认为，在法院裁定通过重整计划后，企业便有权根据重整计划的完成情况向有关部门申请信用修复。[②]

重整企业信用修复的适用范围可采用负面清单模式。在相关法律规定中，应列明不予信用修复的经营活动类型，如危害公共利益行为、严重违法违规行为、侵害公民人身或财产权益行为，等等。对于一些具有惩戒性和公信力的行为记录，如企业重整前受到的行政处罚记录等，不可申请删除和恢复，重整企业只可待 5 年的公示期过后，该记录自动不再公示。其中，对于不予修复类型的认定，人民法院应基于主客观相统一的原则，确保重整企业修复的公平公正。除负面清单以外，对于破产重整企业的法院执行信用、银行信贷信用、工商税务信用等信息，则可申请恢复。

（2）优化程序要件。重整企业信用修复的程序应予以明确，建议将修复的程序分为三步。首先，重整企业向受理破产案件的人民法院提出修复不良信用的申请，法院依法受理修复申请后，对申请者主体资格以及是否满足信用修复的条件予以实质性审查。对于不符合修复条件或修复申请者主体资格

① 宋玉霞：《实施破产重整企业信用修复制度》，载《人民法治》2016 年第 9 期。

② 郑志斌、张婷：《公司重整：角色与规则》，北京大学出版社 2013 年版，第 290 页。

不适当的，释明原因后予以退回。其次，对于通过实质性审查的申请，人民法院按照修复申请，作出协助执行通知书并移送信用信息的提供部门。最后，收到法院协助执行通知书的信用信息提供部门，在内部备案后按照法院要求对重整企业的不良信息进行修复。信用修复的申请应以书面申请为主，适当扩宽一定的新媒体申请渠道，在降低申请受理成本的同时，提高重整企业信用修复的效率。具体如下。

第一，申请方式。破产重整企业向人民法院申请信用修复，应自备法院出具的通过企业重整计划的裁定书，以证明债务企业处于重整阶段或者经历过重整，恢复了部分生产经营能力，企业信用状况有所改善。同时，重整企业还应备齐重整计划书、补缴税款证明、还款证明等证明性文件，证明自身所完成的信用补救行为。若重整企业未能提供上述材料，人民法院可要求重整企业在 7 日内补齐，对于未能补齐的重整企业，法院应驳回申请。在申请方式上，重整企业应通过书面申请的方式申请信用修复，以方便人民法院和有关部门机构审查，不提供书面材料仅依口头申请的，应不予办理。

第二，审查与告知。收到申请的人民法院，应根据重整企业提供的材料在 15 日内进行实质性审查，调查重整企业所提交的材料内容是否属实、分析重整企业当前的信用状况及可修复至何种程度。经审查，人民法院同意申请的，应书面告知重整企业，并按照修复申请作出协助执行通知书后，移送至信用信息的提供部门。人民法院驳回重整企业申请的，也应书面通知申请人，并明确告知其驳回理由与申诉方式。

第三，执行与监督。相关部门在收到人民法院出具的协助执行通知书后，应及时在部门公示网站或部门登记册上办理。若在一定期限内，相关机构拖延办理的，重整企业有权向该部门提出异议，部门仍拒不执行的，重整企业应有权向上级部门申诉。同时，其他市场主体或利害关系人也应有权监督重整企业信用修复申请的审核与执行，对于审核过程和执行过程中的公正性和公平性有异议的，相关利害关系人有权向主管部门提出异议，有关部门应及时核实审查。诉求被驳回的，利害关系人有权在规定时限内向上一级主管部门提出异议，要求重新审核或更正执行内容，上级部门应及时予以处理。

（二）充分发挥人民法院的作用

为更好地发挥人民法院在破产重整企业信用修复中的积极作用，建议如下。

1. 要求法院及时发布司法文书。

我国应完善《企业破产法》中有关破产重整内容的规定，要求人民法院对重整完成的企业及时发布相关司法文书。目前我国《企业破产法》在“重整”一章，只规定了人民法院有裁定是否通过重整计划的义务，但对重整计划的完成情况，未要求法院或其他部门予以监督或认定。实践中，重整计划的完成才真正代表企业重新具备正常生产经营的能力，人民法院作为全程了解企业重整工作的参与主体，应承担认定企业是否实质上重整成功的义务。因此，我国《企业破产法》中可增添相应条款，要求法院发挥信息优势，监督企业重整计划的履行，并在企业执行完重整计划后作出裁定，以发布法律文书的形式证明企业重整完成，对企业恢复信用有所助益。

人民法院出具的法律文书因其以国家司法公信力为后盾，具备相对权威的可信度，能够起到证明破产重整企业恢复生产经营能力的积极作用，成为破产重整企业信用修复的重要凭证。目前，破产重整企业在信用修复过程中面临的主要困境之一，就是无法提供合法有力的证明材料，相关部门仅凭重整计划书无法确定企业的信用情况，无法及时办理信用修复。基于此，人民法院作为司法机关，又作为重整案件的审理机关，在企业重整完成后应及时为其发布司法文书，以证明该企业按照法院批准的重整计划顺利进行了重整，已重新具备生产经营能力。获得法院文书的企业应当视为已恢复正常的生产经营能力，此做法有利于相关资质认定、行政审批等主管部门为重整企业办理相关手续，从而帮助企业重新获取完全的市场主体资格。

虽然人民法院出具的裁定书、协助执行书等具有天然的法律效力，但实践中依旧存在即使提供相应司法函件，个别部门仍不予以配合的情况。故应在府院联动的政策文件中，明确人民法院作出的破产重整裁定、协助执行通知书等函件的法律效力与作用。当重整企业依据法院出具的函件向人民银行、税务、市场监管等部门申请修复其原有不良信用记录时，各部门应依据法院函件的要求，协助企业修复企业信用，并将重整的信息录入系统，从而替换原有不良信用记录。

2. 异地法院“黑名单”及时删除。

最高人民法院2017年发布的《关于公布失信被执行人名单信息的若干规定》第10条第1款第5项规定，因审判监督或破产程序，人民法院依法裁定对失信被执行人中止执行的，人民法院应当在三个工作日内删除失信信息。根据此项规定，人民法院在确认重整企业完成重整计划后，应当严格执行及时删除重整企业失信信息的规定，在最高人民法院建立的失信被执行人名单库中删除所涉企业的名称，确保企业的生产经营不再受到失信记录的影响。此外，异地法院在收到受理重整案件的法院出具的司法文书后，也应及时将重整企业从当地法院失信执行人名单中剔除。若异地法院拒绝认可和办理，应赋予重整企业向上级法院申诉的权利，从而维护自身权益。

3. 进一步完善破产府院联动机制。

当前，百年未有之大变局加速演进，外部经济环境更趋复杂严峻，为维持我国经济稳中求进的工作总基调，政府必须充分发挥其职能优势，帮助破产重整企业修复信用，促进经济复苏。2020年4月，浙江省衢州市政府办公室发函，宣布对26家重整成功的企业不再实施失信联合惩戒措施，支持这26家企业重回市场。发布该函件的信用衢州建设领导小组，是为解决衢州市企业信用问题而组建的专门职能小组，以此协调行政管理工作与企业信用工作。[①] 衢州市给予重整企业的支持措施，对重整企业具有很强的适用性和可操作性，是破产重整府院联动机制的良好示范举措。除衢州市外，山东省济南市政府于2020年7月也发布通知，明确企业破产府院联动机制的主要任务之一，就是要健全信用修复制度，完善企业信用黑名单退出机制，协调各部门工作，以

---

① 范志勇：《从单向走向互动的破产府院联动机制——以我国法院的破产能动司法为中心》，载《中国政法大学学报》2021年第1期。

多种方式协助重整企业修复信用。在通知中，济南市还将政府帮助企业信用修复的具体操作予以详细规范，如信息共享模式、工作组人员召集、组织协调机制、会议召开方式等。这一举措，很好地将破产府院联动机制进行了优化，有利于政府在重整企业信用修复过程中更好地发挥自己的职能。

结合前述，为更好发挥府院联动机制的作用，本书有以下几点建议：第一，应组建专门工作小组。政府应吸纳相关主管部门工作人员、破产管理人、专家等，成立一个高素质的府院联动智囊团，作为该机制的沟通平台，负责协调破产重整的各项信用修复工作，为重整企业在信用道路上排忧解难。第二，出台指导性惠企政策。应借鉴衢州市、济南市等地的良好经验，通过发布函件或通知等形式，解除破产重整企业因失信黑名单的种种限制，健全府院联动信用修复机制。同时，针对重整企业的特殊性，出台为重整企业减负的惠企政策，核减重整企业审批事项；建立线上线下互联互通的一体化平台，优化审批流程，打造更适合重整企业发展的营商环境。[①] 第三，构建破产管理人意见反馈机制。破产管理人对于重整企业各项事务的了解较为全面，且深知企业信用修复所面临的困难与障碍。因此，在府院联动过程中，应注重参考企业破产管理人的意见与建议，赋予其向主管部门反映问题的权利，使政府能够精准掌握重整企业生产经营状况和信用修复情况。第四，明确参与主体的责任内容。政府应将破产重整府院联动机制的责任压实到个人，强化责任分工。对于工作严重失误或久拖不决，对企业造成重大影响的主体，应严格追究其责任，切实提高府院联动机制的科学化、法治化水平和工作效率，确保该机制的实用效能。[②] 如此，才能让府院联动机制在破产重整企业信用修复领域中更好地发挥作用。

(三) 优化相关部门对于重整企业信用修复的机制

2021 年 2 月，国家发展改革委、最高人民法院等十三部门联合发布《关

---

① 周陈、薛智胜：《社会主义核心价值观视阈下我国破产法律制度的完善》，载《天津法学》2018 年第 4 期。

② 翟静波、蒋慧：《企业破产处置府院联动机制的嬗变逻辑与进化路径》，载《广西警察学院学报》2021 年第 4 期。

于推动和保障管理人在破产程序中依法履职进一步优化营商环境的意见》（以下简称《联合意见》），提出支持重整企业金融信用修复和企业纳税信用修复等内容。该意见的发布，为重整企业的信用修复提供了有力保障，也使得相关部门在重整企业信用修复方面有章可循。结合该文件的内容和其他政策规定，本书针对该问题提出几点建议。

1. 对金融信用信息的修复。

企业在银行或金融机构的信用信息对企业贷款融资有着关键作用，重整企业在重整过程中或重整完成后，都应给予机会挽救信贷信用，以便日后可正常贷款。根据《联合意见》，在人民法院作出批准重整的裁定后，重整管理人可凭借法院裁定书向金融机构申请，在信用信息数据库中添加说明信息，公开说明企业重整状况。金融机构在确认重整企业反映情况属实后，应按照正常标准和流程为重整企业办理融资信贷业务。例如，浙江省温州市曾发布规定，企业重整成功后，管理人可凭法院函件向人民银行和商业银行申请信用修复；银行收到申请后应在七个工作日内予以办理，将原有征信系统中企业违约欠款等不良信息替换为企业重整成功的信息，从而起到隔断原来企业失信记录的效果。[①] 这对于企业重新获得融资贷款，无疑是一个较好的支持措施。同时该办法充分考虑到直接将企业原有不良记录删除后，无法起到提示其他市场主体的风险，因此，通过在大事记中提示企业重整成功的方式对第三人予以保护。根据以上经验，本书认为，具体可从以下几个方面进行制度构建：

第一，倡导重整企业申请添加“大事记”声明信息。目前，中国人民银行征信系统的企业信用报告中设有“声明信息”一栏，用于填写说明信息。重整企业可参考温州法院的实践，在该栏中添加破产重整的说明内容，或者直接在信用报告中添加有关重整的这一“大事记”，告知信用报告使用者企业的重整情况，使其相信企业信用有所改善的事实。因人民银行的征信系统具有一定权威性和公信力，信用报告使用者对于征信系统中所添加的说明必然予以信任。破产重整企业应利用这一便利，标注说明自身历经破产重整的情

① 潘光林：《温州法院破产审判工作六项亮点》，载《人民法治》2017年第11期。

况，从而与重整前的不良信用“划清界限”。破产管理人申请在人民银行征信系统中添加相关信息的，应提交法院出具的企业重整计划通过或重整完成的裁定书。当相关主体查询该企业的信用情况时，征信系统应以显著方式向其展示所涉企业的“大事记”内容，以证明该企业已重整完毕，有资格进行正常金融业务活动。①

第二，优化金融机构信用修复的工作机制。对于已按重整计划归还所欠银行贷款的重整企业，银行应及时按照重整企业的申请修改其信贷负面信息。重整企业的管理人在企业完成重整计划后，可持人民法院出具的司法文书以及相关证明材料，向当地人民银行或其他商业银行提出申请，要求替换留在银行征信系统中的原不良信息。银行在收到申请后的一定时间内，应完成对重整企业的审查工作。对于重整完成的企业，应及时为其办理企业信用修复，并及时在人民银行征信系统中予以公示。必要时，应在营业厅开设破产重整企业信用修复的“绿色通道”，配备专门工作人员，指导和协助破产重整管理人办理相关业务。

2. 对纳税信用信息的修复。

2021 年，国家税务总局根据 2020 年《国务院办公厅关于进一步完善失信约束制度构建诚信建设长效机制的指导意见》等文件要求，就纳税信用评价与修复有关事项发布了《国家税务总局关于纳税信用评价与修复有关事项的公告》（以下简称《公告》）。《公告》进一步扩大了纳税信用修复范围②，并加大了对破产重整企业纳税信用修复支持力度。③ 根据国家税务总局的公告要求，再结合我国关于优化营商环境的相关文件，税务机关在收到破产管理人的纳税信用修复申请后，依据法院出具的批准重整裁定书，应及时按照纳税评级标准重新评定重整企业纳税等级。对于在重整前因重大税收违法行为

① 南单婵：《破产重整企业信用修复研究》，载《上海金融》2016 年第 4 期。

② 《公告》新增了对严重失信行为和破产重整企业的纳税信用修复情形。对于符合《公告》第 1 条所列五种情形的企业，满足已纠正纳税信用失信行为、履行税收法律责任或重大税收违法失信主体信息不予公布或停止公布。同时，企业保持 6 个月或 12 个月在税务管理系统中没有新增纳税信用失信行为记录等条件后，可向主管税务机关申请纳税信用修复。

③ 胡元聪、闫晴：《纳税信用修复制度的理论解析与优化路径》，载《现代法学》2018 年第 1 期。

而被公告并施以联合惩戒措施的企业，管理人申请信用修复的，税务机关在审查认定后，应撤销对该企业的公告，同时将企业的重整情况通知相关部门，停止失信惩戒措施。

在此基础上，税务机关也应转变观念，落实国家关于“优化营商环境”的相关精神，将重整前的企业和重整成功的企业视为两个不同的信用主体，重新考量重整后企业的信用情况，以积极的态度帮助重整企业恢复纳税信用。[①] 本书认为，可在《企业所得税法》《税收征收管理法》等与税收相关的法律法规中增添更加符合重整企业实际情况的纳税信用修复条款，并规范破产重整企业适用的纳税信用修复程序。税务主管部门法应落实国务院的工作精神，重视重整企业纳税信用修复的重要性，切实采用有效措施完善税务信用修复的体制机制。

3. 对工商信用信息的修复。

在工商信用方面，可从以下几方面构建重整企业的工商信用修复制度。

及时将重整成功的企业移出经营异常名录。根据《企业经营异常名录管理暂行办法》第 10 条的规定，企业若在被列入经营异常名录之日起的 3 年内，依照《企业信息公示暂行条例》规定履行公示义务的，可以向作出列入决定的工商行政管理部门申请将其移出名录。除重整企业应根据法律法规的要求履行应完成的义务外，市场监管行政管理部门也要及时审查重整企业提交说明解释材料，明确其破产重整的特殊状态，并在“国家企业信用信息公示系统”上予以标注公示，而不是一概以破产企业待之。重整企业申请移出经营异常名录的，市场监管部门应及时审核材料，对符合相关条件的重整企业，应在规定期限内将其移出经营异常名录，并在公示系统中公示。如此，凭借市场监管行政管理部门的“国家企业信用信息公示系统”的公信力和公开性，重整企业不仅可以修复市场监管部门的信用信息，在一定程度上也修复了其在其他市场主体眼中的信用形象，对于重整企业日后开展与其他企业

① 张世君、高雅丽：《论我国破产重整企业纳税信用制度修复制度之构建》，载《税务研究》2020 年第 9 期。

生产经营的合作大有益处。

另外，应积极探索开设暂时性营业执照业务。依据浙江温州法院的实践经验，人民法院和作出吊销重整企业营业执照的市场监管部门之间应建立互通机制，为企业办理临时性营业执照，从而帮助企业度过重整的困难期，直至其恢复到正常状态。具体而言，在法院裁定批准重整后，管理人因经营需要可向负责企业重整案件的人民法院申请出具协助执行通知书。凭借该协助书，管理人向市场监管部门申请恢复营业的，市场监管部门经过审查确认后，应为重整企业办理暂时性恢复营业执照业务。此暂时性营业执照上，应标明有效期限并留档；到期后，若重整企业还未能达到重新申请营业执照的标准并且需要续期的，市场监管部门也应及时按照上述程序为其办理续期。此类帮扶举措，可以有效帮助重整企业解决重整期间内无合法营业执照的困境，使其更好更快地恢复正常经营业务。

4. 完善破产重整企业自力救济制度。

在优化市场监管、税务、银行等部门关于重整企业信用修复机制的同时，企业也应极力寻求自力救济途径，帮助自身修复信用。[①] 二者合力，才能更好地拯救企业信用。

一方面，我国应倡导破产重整企业及时进行自主解释。如上文提及的，在征信系统中“声明信息”一栏添加相关解释。人民银行的征信系统具有一定权威性，是市场主体较为信任的企业信用查询渠道，重整企业主动在征信系统中添加重整这一“大事记”或在声明栏填写解释说明，主动与重整前的企业不良信用记录撇清关系，无疑是进行自主解释的最佳途径。除此以外，重整企业应避免被动等待银行、市场监管等部门的问询或催促，应及时到有关部门说明情况，主动到市场监管部门出示重整材料，重新办理企业相关资质认定。

另一方面，还应完善破产重整企业自力纠错机制，帮助解决重整企业及时更新信用状况。重整企业从开始执行重整计划起，企业信用就已经开始得

---

① 杨晖、柳青：《破产重整企业征信问题研究》，载《征信》2020 年第 4 期。

到改善，对于各部门中留存的有关信用信息，重整企业提出修改或更新后，部门不予办理或记录有误的，企业应有权申请纠正。对于不予纠正的部门，重整企业应有权向上级部门申诉。我国也应同时规定自力纠错的期限，在一定期限内未申请纠正与企业信用有关信息的重整企业，便丧失申诉权。如此，在自主解释的配合下，重整企业在很大程度上便可自力完成部分企业信用修复的工作，加速恢复合格市场主体身份的进程。

5. 充分发挥第三方信用服务机构的作用。

商务部在《关于加快推进商务诚信建设工作的实施意见》中明确表示，我国的信用评价机制应重视第三方信用服务机构的优势，使其成为社会信用体系建设的支撑性力量。必须认识到，在深化“放管服”改革、推动高质量发展的进程中，虽然我国社会信用体系的建设单纯依靠政府远远不够，但第三方信用服务机构没有政府的支持也很难充分发挥作用。因此，政府和第三方信用服务机构应共同走一条共建共创共治的道路，推动第三方信用机构的发展，从而构建更高质量的社会信用体系。[①] 按此要求，我国应高度重视第三方信用评级机构在市场经济中的作用，充分挖掘其优势。

2017 年 5 月，国家信息中心与 15 家信用服务机构签署信用信息共享协议《信用信息共享合作备忘录》，首次实现了政府与第三方信用机构的信息共享，是我国行业信用信息共享机制的重大进步。因此，在重整企业信用修复问题上，政府也应进一步加强与信用服务机构的公共信息共享，在不侵犯企业商业秘密的前提下，推动实现企业信用数据的共享，畅通第三方信用机构获取企业信用信息的各种渠道，使政府与机构之间搭建有效的信息共享桥梁，从而使服务机构最终得出的信用评价更具真实性、可靠性，也使政府、金融机构的工作更加高效，缩短重整企业信用修复的时限。

在发挥第三方信用机构作用的同时，也要加强政府对该行业的监管。政府与行业协会应联合制定完善的行业标准和监管机制，规定并公开行业内统

---

① 刘梦宇、王砾尧：《第三方力量——国家发改委引入第三方信用服务机构参与行业信用建设与监管纪实》，载《中国信用》2017 年第 12 期。

一的信用服务收费标准和违法处罚条款，以防止信用服务机构为牟取不当利益而出具虚假信用报告、乱收费等行为。政府和行业协会也应定期跟踪信用服务机构的业务状况，确保评价结果客观、公正。此外，第三方信用服务机构也应履行自身职责，持续关注重整企业的动向，了解重整计划的完成进度，及时评估企业的信用水平，作出上调或下调信用评级的调整。要重视从业人员的业务培训，定期实行业务抽查考核，确保评级结果的含金量。最终，使信用评价报告成为一份客观、严谨、全面的信用“证明”，帮助企业更快地修复信用。

6. 明确重整企业实施信用修复的界限。

从维护市场稳定和政府公信力的角度考虑，企业重整后的信用可修复到何种程度也是一个需要探讨的问题，要防止企业肆意利用信用修复机制抬高信用等级，导致重整企业信用修复机制的滥用。

第一，人民法院对于重整企业的信用修复，可以将重整企业移出法院执行“黑名单”作为界限。破产重整企业在重整前大多因执行不能而在法院留下不良信用记录，在法院帮助重整企业移出本地法院和异地法院的执行“黑名单”后，重整企业所受到的联合惩戒措施也随之消除，重整企业在法院系统的信用修复目的已然达到。因此，重整企业不得再向法院提出请求删除逾期执行记录、删除重整前企业债务纠纷案件记录等要求。

第二，金融信用修复，应不得超过原企业正常状态下的信用水平。人民银行征信系统是为各商业银行提供个人和企业信用信息的专门系统，与企业贷款、融资等业务息息相关，破产重整企业因融资需要应及时修复其金融信用信息。但重整企业在重整前往往经历了严重资不抵债、拖欠银行贷款等阶段，重整企业面临破产风险。即便完成重整计划，企业的资金在短时间内都可能无法恢复至原正常状态。因此，为维护人民银行和各商业银行的利益，维护金融市场的稳定，本书认为，银行对重整企业的银行征信信息的修复，应以原企业正常状态下的信用水平为界，不得超过此水准。

第三，纳税信用等级不得直接被评为 A 级。如上文所述，破产重整企业因重整前的逾期、未足额缴纳税款和滞纳金等行为，纳税信用等级往往已被降为D级，在融资、招投标、资质申请等方面受到限制。根据纳税评价标准，D等级的保留时间为2年，纳税评级被评为D等级的企业第三年不得被评为A级。上文提到，因纳税评级为D级的企业会受到八类惩戒措施，不利于重整企业生产经营能力的恢复，我国应适当缩短D等级的保留时限，在此不再赘述。由于破产重整企业生产经营水平恢复尚需要时间，且重整前被评为D级，故而在D级的保留时限期满后，企业重整后第二年纳税信用等级的评定应以B级为限，之后再根据重整企业后续经营状况逐渐升级，不得直接被评为A级，从而保证纳税信用评级的公正性与合理性。

第四，市场监管部门对于重整企业信用的修复，应以企业当下生产经营能力为界限。企业向市场监管部门申请各类经营资质，需经过市场监管部门的严格审查，符合条件的才能颁发资质证书。破产重整企业在经历严重危机后，生产经营水平受到重创，许多原企业具备的资质条件已经不复存在。因此，在重整企业工商信用修复方面，除及时将重整企业移出经营异常名录外，对于重整企业各项资质恢复的申请，市场监管部门应严格审核企业的生产经营情况，考察其是否具备相应资质。市场监管主管部门对重整企业的资质审查，应以企业当下状况为基准和界限，避免盲目参照原企业的运营水准，给未达到资质标准的重整企业颁发资质证书，对市场秩序造成负面影响。

目前，我国的社会信用体系已趋于完备，配套的失信惩戒机制也得到落实，但对应的信用修复机制则明显不足。近年来，破产重整制度在我国得到广泛实践，随之而来的重整企业信用修复问题也越来越突出，构建重整企业信用修复机制迫在眉睫。破产重整企业的信用修复应被视为企业信用修复的重要部分，既要寻求共同点，也要明确区分重整企业的特殊性，结合已有法律法规和实践经验，探索适合的道路以帮助重整企业重回市场。由于企业信用涉及银行、市场监管、税务等多个部门多个主体，为实现重整企业信用修复的目的，各个部门也应充分发挥各自职能优势，加强协作，不断创新机制。这既是重整企业修复企业信用、重回市场的重要依托，也是各部门以自身行动优化营商环境的良好契机，更是我国建立企业信用修复制度的重要内容。

· 第五章 ·

破产司法程序优化研究

第一节　简易破产程序研究

可以说，法治之于发展，恰似音律之于曲乐、文法之于语言。而破产法律制度作为解决企业经营债务纠纷，优化经济资源配置，提升企业质效的重要法治途径，是现代市场经济体制不可或缺的重要制度。但是，从现有的破产制度来看，我国仍有较大的改进空间，若能增加简易破产程序的相关内容，必将更有助于优化我国营商环境。特别是当前供给侧结构性改革不断推进，“僵尸企业”需要大量退出市场，破产案件随之增加，审判机关面临巨大工作压力。通过对那些破产金额较小，案情较为简单的案件适用简易破产程序审理，能够及时回应社会现实需求。因此，推进破产审理程序的繁简分流，探索构建简易破产程序势在必行。本书结合国内外的相关立法与司法实践，拟对简易破产的具体规则构建做粗浅分析。

一、简易破产程序的现实需求

（一）破产程序适用的现实情况

在我国当前市场经济体制下，市场主体的退出制度具有举足轻重的地位。市场经济通过竞争机制和价格机制进行资源配置，根据供求关系的变化调节社会生产，鼓励优胜劣汰，推动社会发展。在市场经济下，市场主体通过退出市场，释放出被占据的生产资源和要素，在价格规律的引导下，重新完成生产资源和要素的优化配置。[①] 其中，破产程序作为市场退出制度中由法院主导的方式，具有至关重要的作用。正如学者所言，破产制度具有保障债务公平有序清偿、优化市场资源配置、规范企业市场退出的社会作用；对于丧失清偿能力而又缺乏拯救价值和可能的债务人，应当及时通过破产清算程序对债权债务关系进行全面清理，促使其及时退出市场，重新有效配置社会资源。[②]

虽然破产制度是市场退出的重要方式之一，但是适用破产程序退出市场的情况不容乐观。每年大量退出市场的主体，选择通过破产程序的则寥寥无几。究其原因，破产程序的适用障碍是重要因素之一。我国现行《企业破产法》规定的普通破产程序，在处理事实清楚、债权债务关系简单、争议不大的破产案件时，程序较为烦琐，不能高效地处理较为简易的破产案件。这导致企业在申请破产时产生顾虑，当事人往往不倾向于适用破产退出，担心其费时耗力。

破产法的适用与企业退出意愿之间的不协调，易导致“僵尸企业”的增加，影响市场运转的活力。“僵尸企业”的存在违背了市场规律，因为它们的存在会压低产品的市场价格，抢占其他健康企业的资源，进而阻碍生产率的提高，并影响市场对资源的配置效率，最终会出现劣币驱逐良币的现象，破坏正常的市场竞争机制和价格机制。债权债务关系简单的企业具有更少的沉没成本，所以面对较为复杂烦琐的破产程序，这类企业很可能宁愿沦为有名无实的空壳公司，也不愿通过普通破产程序退出市场。破产作为企业退出市场的重要途径，也需要适应多种类型市场主体的需求，基于此，构建简易破产程序势在必行。

（二）简易破产程序构建的客观需求

司法资源是有限的，需要合理配置有限的司法资源，才能实现司法程序的公正性，反之将会阻碍法律的实施效果。每个案件的审理具有不同的难易程度，破产程序的设置应当与案件的难易程度相适应。如果不对案件审理的

---

① 王国明：《促进市场主体优胜劣汰，推动经济高质量发展》，载《中国市场监管报》2019年7月30日。

② 王欣新：《破产法》，中国人民大学出版社2019年版，第344页。

难易程度加以区分，一律适用普通程序，将会造成司法资源分配不均，严重阻碍司法效率。这也正是在破产法中区分普通程序和简易程序的原因。当前，“案多人少”是人民法院普遍面临的突出矛盾。2021 年，最高法院受理案件 33602 件，审结 28720 件；地方各级法院受理案件 3351.6 万件，审结和执结 3010.4 万件，全国法官人均办案 238 件①，由此可见我国司法资源之紧张程度。

破产案件也面临着“案多人少”的问题。近年来，破产案件数量快速上升，2017 年至 2020 年受理和审结的破产案件分别占破产法实施以来案件总量的 54%和 41%。2007 年至 2020 年，全国法院共受理破产案件 59604 件，审结破产案件 48045 件。② 2021 年，全国各级法院审理的破产案件更是高达 16187 件，审结破产案件 12659 件。③ 除此之外，破产案件审结期限较长也凸显了“案多人少”的困窘，一些法院已审结的破产案件平均周期超过 500 天，有些破产案件审理时间长达数年，少数破产案件甚至超过十年未能审结。④ 由此可见，以我国目前的司法资源，普通破产程序难以支撑持续增长的破产案件数量。如果不及时引入简易破产程序，实行繁简分流，那么持续增长的案件量将超出法院审理的承受能力。

同时，一些法院审理破产案件的能力也不适应现实需求，进而造成破产审判实践中立案难、效率低等问题。这具体表现在以下两个方面：一是审判组织的建设难以适应现实需求。在不断建立和完善市场主体退出机制的背景下，各地法院加快建设破产审判组织。自 2019 年全国首家破产法庭在深圳成立之后的 3 年间，全国已成立 15 家破产法庭。但是就全国而言，破产法庭数量较少难以提高全国破产审判组织的专业化水平。二是法官能力难以适应现实需求。与其他民商事案件不同，破产案件要求法官具有较强的法学专业能

① 《最高人民法院工作报告——2022 年 3 月 8 日在第十三届全国人民代表大会第五次会议上》，载《人民日报》2022 年 3 月 16 日。

② 新华社：《2007 年至 2020 年全国法院共审结破产案件逾 4.8 万件》，载中国政府网，https：//www.court.gov.cn/zixun-xiangqin，2022 年 4 月 19 日访问。

③ 最高人民法院办公厅：《2021 年全国法院司法统计公报》，载中华人民共和国最高人民法院网站，http：//gongbao.court.gov.cn/Details/a6c42e26948d3545aea5419fa2beaa.html，2022 年 5 月 1 日访问。

④ 《全国人民代表大会常务委员会执法检查组关于检查〈中华人民共和国企业破产法〉实施情况的报告》。

力和充足的经管类知识储备，因为破产案件不仅涉及法律，还涉及经济、金融、财务、企业经营等其他专业知识。而部分法官受到知识和经验的限制，对审理破产案件准备不足。

现阶段，需要进一步提高审理案件的数量以积累审判经验，从而带动破产案件审理能力的提升。同等条件下，引入简易破产程序可以提高审理案件的效率和数量，从而积累更多经验，加快提升破产审判组织、法官和法院内部管理的水平，回应破产案件的现实需求。正如前文所述，现行破产程序中存在不同程度的适用障碍。无论是市场主体的启动难还是人民法院的审理难，这些问题的存在反映了现有破产程序并未发挥出应有的效用。由此可以看出破产法设立的价值目标并未实现，破产法未发挥出预期的效用。

为化解上述问题，需要通过引入简易破产程序，提升破产程序的效益。程序本身不是目的，实现法律价值才是程序所追求的目的。诉讼程序的价值包括诉讼公正和诉讼效益。其中诉讼效益是从经济学引入的一个表征成本与收益之比的概念，诉讼效益包括经济成本与经济收益两个基本要素。经济成本是程序主体在实施诉讼行为的过程中所耗费的人力、物力、财力和时间等司法资源的总和；而经济收益是指当事人预期利益的实现或预期不利益的避免。[①] 破产程序作为一种特殊的诉讼程序[②]，亦具有相似的价值追求。破产程序也追求效益的最大化，即用最少的审理资源、最短的时间实现最大限度的司法公正，这符合市场主体参与破产审判所追求的价值，破产程序耗时越长，破产财产的有形损耗、无形损耗甚至流失的风险就会增加一分。[③] 同时，诉讼效益的最大化也是资源配置和司法效率提升的迫切需求，可使用最少的司法资源获得最大的效益。所以，无论是对于破产案件当事人还是审理案件的法院，简易破产程序的适用无疑是实现诉讼效益最大化的重要方式。通过简易破产程序的适用，有助于缓解破产程序与现实需求的脱节，促进破产制度的效用得到充分发挥。

---

① 汤维建、向泰编：《民事诉讼法》，中国人民大学出版社 2014 年版，第 28—29 页。

② 许德风：《破产法论：解释与功能比较的视角》，北京大学出版社 2015 年版，第 15 页。

③ 徐建新：《破产案件简化审理程序探究》，人民法院出版社 2015 年版，第 2 页。

二、简易破产程序的构建基础

（一）法制环境的变化

一项法律制度往往与其他法律制度具有密切的联系，其顺利实施也需要相应法律制度的配合，以及其他法律制度所营造的法律环境，破产法也是如此。[①] 从我国破产法的历史沿革来看，《企业破产法》与《民事诉讼法》具有紧密的联系。例如，在我国旧《企业破产法（试行）》的立法体系之下，破产法律制度的部分内容被直接规定于民事诉讼法中。1991 年实行的《民事诉讼法》在第十九章中专门规定了“企业法人破产还债程序”。2007 年实施的《企业破产法》第 4 条规定：“破产案件审理程序，本法没有规定的，适用民事诉讼法的有关规定。”由此可见，破产程序作为一种特殊的民事诉讼程序，其程序性规范可以参照《民事诉讼法》，因此，简易程序的构建也可以参照《民事诉讼法》的相关规定。这些规定为简易破产程序的构建提供了重要的制度基础，为简易破产程序的可操作性提供了更多的可能。具体体现在以下四个方面。

其一，利用电子方式提高办案效率。《民事诉讼法》第 16 条规定：“经当事人同意，民事诉讼活动可以通过信息网络平台在线进行。民事诉讼活动通过信息网络平台在线进行的，与线下诉讼活动具有同等法律效力。”第 90 条规定，“经受送达人同意，人民法院可以采用能够确认其收悉的电子方式送达诉讼文书”。上述规定均体现了民事诉讼程序对电子化运作的注重。其二，缩短不必要的程序性期限。《民事诉讼法》第 95 条对公告送达的期限进行修改，由原有的 60 日缩短为 30 日。第 164 条明确规定，适用简易程序审理的案件审结期限是 3 个月，并明确规定了延长期限为 1 个月。其三，进一步明确小额诉讼程序的适用范围。根据社会的经济发展水平，《民事诉讼法》第 165 条将平均工资 30%以下的小额诉讼标的额提升到 50%以下；并新增第 166 条，明

① 王欣新：《破产法》，中国人民大学出版社 2019 年版，第 10 页。

确排除适用小额诉讼的情形。其四，扩大独任制的适用范围，即民事诉讼程序的二审也可以适用独任制。由此可见，《民事诉讼法》的修改为简易破产程序的构建提供了法制基础。

（二）实践经验的积累

1993 年，深圳市人大常委会通过了《深圳经济特区企业破产条例》，该条例第六章规定了简易破产程序。由于该条例相关规定不完全符合当时国情，并且未对当事人的权利保障设立合理机制，于 2012 年被深圳市人大所废止。但作为中国大陆对简易破产程序最早的探索与实践，该条例中对简易程序的适用范围、期限和程序的简化都作出了开创性规定，这对日后继续探索简易破产程序具有重要的借鉴作用。

2020 年，为了最大限度地发挥破产审判制度优势，最高人民法院印发《关于推进破产案件依法高效审理的意见》（以下简称《审理意见》）。《审理意见》分别从“优化案件公告和受理等程序流程”“完善债务人财产接管和调查方式”“提升债权人会议召开和表决效率”“构建简单案件快速审理机制”“强化强制措施和打击逃废债力度”五个方面推进破产案件依法高效审理。《审理意见》的发布，对提高破产审判效率、降低破产程序成本提供了制度保障，同时也为简易破产程序的构建提供了指引。

与此同时，各地方基于相同的目的，纷纷印发了多部规范性司法文件。北京市、上海市、天津市、重庆市、海南省、辽宁省大连市、黑龙江省齐齐哈尔市、浙江省温州市、山东省枣庄市和青岛市、广东省广州市、四川省成都高新区等多个省份城市和地区印发了司法文件，对破产程序的简化进行了详细规定。尽管各地方对简化破产案件具有不同的处理方法，但是这些司法文件为简易破产程序的构建提供了宝贵经验，并证明简易破产程序可以在实践中操作和执行。

本书作者在中国裁判文书网中，输入关键词“破产案件”“审理”和“快速”，排除与简化破产程序无关的法律规定，显示共有 14 个地方有关于简化破产程序的规定（为便于表述，后文对这些地方性司法文件均采用简称）。[①] 其中有 7 个地方的司法文件都规定了通过电子化方式，提高当事人接受信息的效率。8 个地方的司法文件将缩短破产案件审理周期作为要求。10 个地方的司法文件将降低破产费用、控制破产成本作为重要内容。通过对不同地方的规定进行梳理，"高效审理、控制成本以及推行电子方式"是相关司法规定中出现频率最高的词语。由此可见，各地方对于简易破产程序的构建，在前述三个问题上已经存在一定共识，这也为后文对简易破产程序的构建提供了可以借鉴的资料。

虽然现有司法文件为简易破产程序的构建提供了宝贵经验，但是，各地司法文件对简易破产程序的规定，在完整性、详细度以及裁判标准等问题上还存在差异，包括简易程序的基本原则、适用条件、程序启动与转换等。立法具有一定的滞后性，所以允许地方法院先行发布一些指导性意见进行前期探索。然而，众多省（市）出台简易破产程序的规定，这表明对简易破产程序的需求已不再是个别的需求，而趋于成为全国统一大市场背景下的共同需求。如果不对简易破产程序进行统一立法，将造成各地同案不同判的问题，不利于统一大市场的构建以及各地区经济的均衡化发展。所以，在国家正式立法中引入简易破产程序，有利于弥补立法上的空白，也有助于促进各地规范的统一，进而有助于全国统一大市场的形成。

---

① 《北京市高级人民法院关于加快破产案件审理的意见》（京高法发〔2018〕156 号，以下简称《北京意见》）、《上海市高级人民法院关于简化程序加快推进破产案件审理的办案指引》（沪高法〔2018〕167 号，以下简称《上海指引》）、《重庆市高级人民法院关于破产案件简化审理的工作规范》（渝高法〔2019〕208 号，以下简称《重庆规范》）、《大连市中级人民法院关于简化破产案件审理程序的工作指引》（以下简称《大连指引》）、《枣庄市中级人民法院破产案件繁简分流及快速审理规程（试行）》（枣中法办〔2021〕7 号）、《天津市高级人民法院关于适用快速审理方式审理破产案件的审判委员会纪要》（津高法〔2020〕121 号）、《山东省高级人民法院关于破产案件简易快速审理工作指引（试行）》（鲁高法办〔2020〕21 号）、《海南省高级人民法院关于企业破产清算案件快速审理的若干意见（试行）》（琼高法〔2019〕174 号）、《广州市中级人民法院关于印发〈推进破产案件快速审理的工作指引（试行）〉的通知》（穗中法〔2020〕30 号）、《青岛市中级人民法院简易破产案件快速审理规程（试行）》（青中法〔2020〕62 号）、《齐齐哈尔市中级人民法院关于破产案件适用快速审理机制办案指引（试行）》。

（三）各类政策的支持

随着经济发展进入新常态，我国经济发展的主要矛盾已转化为结构性问题，矛盾的主要方面在供给侧，主要表现在供给结构不能适应需求结构的变化。在这种背景下，从供给侧发力，推进供给侧结构性改革成为促进经济高质量发展的重要途径。所谓供给侧结构性改革，即从提高供给质量出发，用改革的办法推进结构调整，矫正要素配置扭曲，扩大有效供给，提高供给结构对需求变化的适应性和灵活性，提高全要素生产率，更好满足广大人民群众的需要，促进经济社会持续健康发展。

破产法作为市场经济法律制度体系的重要组成部分，本应对规范市场经济秩序、优化资源配置起到重要作用。然而现行普通破产程序因程序烦琐、审期较长等问题，不能满足中小市场主体的退出需求。为保障供给侧结构性改革，充分发挥破产制度在退出机制中的积极作用，2016 年到 2019 年，最高人民法院先后下发《关于依法开展破产案件审理积极稳妥推进破产企业救治和清算工作的通知》《全国法院破产审判工作会议纪要》《关于执行案件移送破产审查若干问题的指导意见》等司法文件，以发挥破产保护机制，依法保障供给侧结构性改革工作的顺利进行。2020 年最高人民法院印发《审理意见》，指导各地方为优化营商环境，不断提升破产案件的审理效率，推动提升破产审判的高效化。这些政策和文件的实施都为完善破产制度、构建简易破产程序提供了政策支持。

三、我国简易破产程序的构建

（一）简易破产程序构建的指导理念

1. 简易破产程序的法律界定。

构建简易破产程序，应当对其内涵与特征予以深刻把握。所谓简易破产程序，是指对于破产财产数额较小、债权人较少、债权债务关系简单的破产案件，法院审理时所采取的一种经过简化的破产程序。相比于普通破产程序，简易破产程序具有以下特殊之处。

首先，简易破产程序适用对象特定。简易破产程序针对破产财产金额较小，案情简单的中小微企业及部分“僵尸企业”适用。破产金额小，意味着破产当事人的责任相对较小，案情简单则说明案件的审理难度相对较低。中小微企业因其规模的限制，破产债务纠纷金额一般不大。就部分“僵尸企业”而言，在破产前处于长期亏损，主要依赖政府财政补贴或者银行贷款维持经营的困难局面，其账面资金已经损耗无几，适用简化的破产程序不仅不会影响案件审理的公正性，还能较快结案，有利于优化资源配置。

其次，简易破产程序审理流程简单。简易破产程序通过将普通破产程序审理流程加以简化处理，缩短破产案件审判期限来促进司法资源向复杂案件倾斜，实现资源的合理配置与程序运行的实质正义。简易破产程序虽然程序有所精简，但仍是与普通破产程序并存的独立的第一审程序。它有自己特定的适用范围与程序架构，并非普通破产程序的附属程序或辅助性程序。在简易破产程序推进过程中，可以通过互联网等现代信息技术工具来提高效率，提高中小微企业及部分“僵尸企业”的市场出清效率，实现各类生产要素的快速流转与配置。

最后，简易破产程序仍具有破产程序的法律效力。简易破产程序究其根本仍属于破产法律程序，所追求的价值目标也与普通破产程序一致。破产法的核心任务就是保障债务人财产在债权人中的公平分配，实现市场的优胜劣汰和吐故纳新。虽然简易破产程序是采取更有效率的方式帮助债务人缩短退出时间，以节省退出成本，但是简易破产程序具有与普通破产程序同样的法律效力。具体来说，破产程序启动之后，在空间效力、时间效力方面，在对债务人、债权人、社会公众的影响方面，法院所做出的各类破产裁判的法律效果同普通破产程序一样。

2. 简易破产程序的指导理念。

第一，适用简易程序审理破产案件，要遵循法治的原则。破产案件公正审理的前提是遵守法治的基本要求，所以简易程序的构建必须建立在现有法律框架内。这意味着破产案件的简化不能毫无依据，为了简化而随意扩大适用范围、任意缩短审理期限。缺失了法治底线的审理程序，不仅难以发挥出简易程序应有的效果，反而会导致程序与现实的脱节。所以破产程序中的简化不能突破现有《企业破产法》的原则要求和基本规范。

第二，简易破产程序的构建要注重保障当事人的权利。实践中如果一味地以当事人的意见为程序构建基础，虽然充分尊重了每一位当事人的意见，但也会存在滥用程序选择权规避简易程序的弊端。要依法保障债权人、债务人及其他利害关系人的合法权益，在依法的前提下，努力实现高效。[①]《北京意见》也规定，适用快速审理的破产案件，不得克减或损害破产参与人必须享有的程序权利和实体权利。这些规定均体现了适用简易程序不能忽视对当事人权利的保障。

第三，适用简易程序的破产案件，要符合效率原则。如前文所述，通过分析我国构建简易破产程序的现实需求，并结合现有相关司法文件，简易破产程序构建之目的是提高审理破产案件的效率，是在法治的轨道上，在遵循程序公正的原则下，使用最少的司法资源实现对债权人和债务人的保护。因此，简易破产程序在遵循程序公平原则的基础上，可以在合理的范围内缩短程序性事项所需的时间，采取电子化的方式以及更为简化的流程，提升破产案件的审判效率。

（二）简易破产程序的适用条件和审判管辖

1. 适用条件及范围。

关于简易破产程序的适用条件，主要是明确法律主体的适用范围。简易

---

① 林文学、关丽、郁琳、詹应国：《〈关于推进破产案件依法高效审理的意见〉的理解与适用》，载《人民司法》2020 年第 13 期。

程序的适用范围应涵盖在普通程序的适用范围内。《企业破产法》第 2 条第 1 款规定："企业法人不能清偿到期债务，并且资产不足以清偿全部债务或者明显缺乏清偿能力的，依照本法规定清理债务。"普通破产程序的适用条件是当企业出现上述破产原因，才可启动破产程序。简易破产程序是在普通破产程序基础上的简化，所以破产案件适用简易程序的前提是符合现行《企业破产法》中所规定的破产原因。

（1）积极条件。通过对各地方司法文件中规定的适用条件进行整理，本书认为适用条件主要分为积极条件和消极条件。其中，积极条件主要采用了两种模式进行规范：概括主义和列举主义。概括主义是指对某一法律现象从法学理论上作抽象概念性的规定，总结其具有普遍性的特征，而非某一现象独有的特性。概括主义虽然不能将具体情形详尽列出，但是概括主义具有较强的稳定性，不会轻易受实际情况的变化而废止。列举主义的优势在于可以明确规制法官的自由裁量权，主要在英美法系中实行，这种模式与其法律形式相适应，如果成文法中存在遗漏，可以通过司法实践中的判例加以弥补，不会影响对案件的正确审理。[①] 在我国《大连指引》第 5 条和《上海指引》第 4 条中，关于应当适用简易程序的条件均采用了列举主义。例如，其规定破产案件符合下列情形之一的，应当简化审理程序：执行部门已查实无财产可供执行，依法终结本次执行程序后移送破产；债务人被吊销营业执照但未经清算，债权债务关系简单，无资产或者资产较少；债务人的主要财产、账册、重要文件等灭失，或者债务人主要管理人员下落不明。

不同立法模式均存在其利弊，我国更适合概括主义与列举主义相结合的模式，即总结一般性适用条件，并列举一些适用条件的具体情形。仅适用概括的方法会造成简易破产程序的适用范围过大，并且个别符合概括性特征的案件实则并不一定适用简易程序。例如，一些事实清楚、债权债务关系明确的破产案件，看似符合简易程序的一般规定，但是涉及众多债权人，会对社会产生广泛影响的情况下，则不应适用简易程序。反之，如果采用一般规定

① 王欣新：《破产法》，中国人民大学出版社 2019 年版，第 40 页。

与具体列举相结合的模式，则可以对适用范围过大的问题做出限制，同时将一些符合一般规定却不应适用简易程序的情形排除在外。

除此之外，关于积极条件中是否应区分强制适用和选择适用的情况，各个地方具有不同的规定。《审理意见》和《北京意见》中仅规定了选择适用的情形，《上海指引》和《大连指引》中则分别规定了两种适用情形。本书认为不应规定强制适用的条件。强制适用表明如果破产案件事实清楚、债权债务关系明确、争议不大的应当直接适用简易程序，不能选择适用普通程序。本书认为积极条件中只需规定可以适用的条件，破产案件是否适用简易程序，应由法官结合案件实际情况进行判断。如果强制适用简易程序，无论从债务人还是债权人的角度来看都存在一定弊端。对当事人来说，强制适用简易程序意味着没有程序选择权，导致债务人对裁判的公正性存在怀疑，甚至可能会通过一些手段规避适用简易程序，从而无法实现简易破产程序的目的。

综上，事实清楚、债权债务关系明确、争议不大且同时具备下列情形之一的破产案件，可以适用简易审理程序：执行部门已查实无财产可供执行，依法终结本次执行程序后移送破产；债务人被吊销营业执照但未经清算，债权债务关系简单，无资产或者资产较少；债务人的主要财产、账册、重要文件等灭失，或者债务人主要管理人员下落不明；债务人资产和债权人数量较少的；申请人、被申请人及主要债权人协商一致同意简化审理程序的；其他适宜简化审理程序的案件。

（2）消极条件。《审理意见》及一些地方的司法文件都列举了不应适用简易程序的破产案件类型①，具体包括：破产重整案件；债务人资产情况复杂或难以变现的；涉及人数众多、存在职工安置困难等复杂情形的破产案件；债权债务关系复杂，可能需要进行审计等；存在未结诉讼、仲裁纠纷，或受理后可能发生衍生诉讼，有可能影响案件快速审结的；涉及刑民交叉的。

简易破产程序的简便性主要体现在案件事实、债权债务关系以及社会影响，所以当案件缺乏上述特征时，需要排除适用。然而上述特征的判断标准

---

① 《大连指引》第7条、《上海指引》第5条、《北京意见》第5条。

过于模糊，例如，何谓债权债务关系明确、争议不大，不同法官在不同案件中的判断都会存在差异。加之破产案件较为复杂，所以列举出需要排除适用的情形并以此作为判断基准，则更为妥当。同时，列举的方式难以穷尽各类情况，需要设置兜底条款。综上所述，结合各地方的规定，本书认为具有下列情形之一的，原则上不适用简化审理程序：债务人资产情况复杂或难以变现的；债权债务关系复杂，可能需要进行审计等；涉及人数众多、存在职工安置困难等复杂情形的破产案件；存在未结诉讼、仲裁纠纷，或受理后可能发生衍生诉讼，有可能影响案件审结效率的；涉及刑民交叉的；其他不宜适用快速审理的情形。

（3）适用范围。关于简易破产案件与普通破产案件中所涉的案件类型是否一致，即简易破产案件是否包括清算案件、重整案件和和解案件，在该问题上，各地在实践中存在一定差异。《审理意见》中将破产案件限定在清算程序与和解程序中，排除重整程序的适用；《北京意见》中并未对该问题进行详细规定；《上海指引》和《大连指引》则明确规定申请破产案件、执行转破产案件以及强制清算转破产清算案件适用简易程序。基于此，本书认为适用简易破产程序的案件应当为当事人申请的破产案件、执行转破产案件以及强制清算转破产清算案件，并不包括重整案件和和解案件。

简易破产程序的适用范围不包括重整与和解案件主要基于以下两个原因。其一，破产清算程序与重整程序、和解程序是价值理念完全不同的破产程序，实体性规范和程序性规范上均存在差异。其二，从程序设置的目的来看，简易破产程序的设置目的与重整、和解程序的目的存在区别。破产清算的目的是使破产企业的债权人公平受偿，最终使破产企业归于消灭，而重整程序的目的是使企业摆脱财务危机、挽救债务人并使企业重新获得营运能力。帮助一个企业重获生机远比归于消灭更为困难，重整考虑更多的是企业重整计划的可行性，所以重整程序难以通过简易程序进行规范。和解程序也是如此，和解程序并不是一个纯粹债权债务清偿的问题，它设置的目的在于预防破产，和解需要考虑各方当事人的价值选择并且双方达成合意，所以仅以提升程序上的效率而进行简化或者缩短和解期限，则难以保障程序的公平性。

2. 审判管辖。

简易破产案件的管辖是指各法院之间受理简易破产案件的分工和权限。从我国现行法律和司法解释文件来看，简易案件主要是由基层法院进行管辖。《民事诉讼法》第161条规定，对于简单的民事案件，当事人双方可以同时到基层人民法院或者它派出的法庭，请求解决纠纷。《全国法院破产审判工作会议纪要》第2条规定，对于债权债务关系简单、审理难度不大的破产案件，可以主要由基层人民法院管辖，通过快速审理程序高效审结。

本书认为，从简易程序运用所总结出的经验来看，并结合《全国法院破产审判工作会议纪要》，简易破产程序在基层法院适用最为合适。简易破产程序所处理的破产案件往往数额较小，债权人较少，债权债务关系较为简单，而这正符合基层法院的受案范围。鉴于破产案件专业性较强，所需的相关知识面较广，基层人民法院受理后，不得在派出法庭中审理。

（三）简易破产程序的启动和程序转换

1. 简易破产程序的启动。

根据各国立法的不同规定，破产程序的启动方式分为职权主义和申请主义。职权主义是指法院启动破产程序并不以存在当事人的申请为必备条件，只要债务人发生破产原因，在法律规定的情况下，法院可以依职权启动破产程序。[①] 而申请主义是我国现行破产法实行的一种立法模式，即法院必须依据债权人、债务人等当事人的申请启动破产程序，无权在无人申请的情况下，自行依职权启动破产程序。[②] 我国《企业破产法》第7条规定，当债务人出现法律规定的破产原因时，债权人或债务人有权向法院提出破产申请。

然而结合我国目前的破产审判实践，严守申请主义未必是最佳选择，因为在企业申请破产退出意愿不强的情况下，会导致破产启动难的问题。为规

---

① 王欣新：《破产法》，中国人民大学出版社2019年版，第50页。

② 同上。

避上述问题，北京、上海、大连等地的司法文件进行了改进。如《北京意见》第8条规定：人民法院裁定受理破产申请后，合议庭认为可适用快速审理的，在履行内部审批程序后，应将相关事项及时告知破产参与人。但是，这仍不是真正意义上的职权主义，其仍以当事人申请为先决条件，只是多了一个法院内部的审查和转换机制。如果当事人不申请进入破产程序，则后续根本不可能适用简易破产程序。

本书认为简易破产程序的启动方式可以适当考虑采纳适用职权主义。我国现行破产法所采用的申请主义中存在诸多问题，如债务人不愿意与其他债权人分享破产企业财产，不愿意进入破产程序，而债权人因其债权数额较小，对烦琐的破产程序具有畏难心理也不愿申请破产，这直接导致一些本应进入破产程序的企业难以纳入破产程序。法院无权主动启动破产程序将造成破产案件启动难问题的进一步累积，长此以往，将会阻碍我国社会主义市场经济的高质量发展。如果采用职权主义，则可以打破破产案件启动难的困境，完善企业有序退出市场的法治机制，促进我国社会主义市场经济的高质量发展。

我国破产立法引入破产程序启动职权主义，应当采用“两步走”策略。第一步，考虑改革的“路径依赖”问题，探索构建辅助职权主义模式，即现阶段继续适用以当事人申请为主、法院为辅的破产启动模式，即启动破产程序仍然需要当事人的同意，但是法院可以做一些解释和推动工作，引导当事人主动适用简易程序。第二步，由于以当事人申请或同意为主、法院依职权为辅的破产启动模式，其本质仍然是尊重当事人的私法自治，因此，待时机成熟时，完全可以在立法上赋予执行法院直接启动破产程序的权利或者直接宣告债务人破产的权利，如在执行转破产的案件当中就可以采取更加主动的职权主义模式。本书暂不进行更多探讨，建议待条件成熟后修改《企业破产法》，对破产启动的职权主义问题进行细化规定。

2. 简易破产程序的转换。

破产程序的转换分为两种：由简易程序向普通程序的转换以及由普通程序向简易程序的转换。

（1）就简易程序向普通程序的转换而言，这一转换机制作为事后救济途径，对于当事人权利的保障具有重要作用。在简易破产程序的审理过程中可能出现需要转换为普通程序的情形，即随着案件审理的进展，对案件了解逐步深入，审判人员发现该案件的复杂性超出预期，简易程序的规定已经不能满足审理该案件的要求，需要转入普通程序进行审理以保证审理的公正性。这种程序转换的需求并不是程序的适用错误，债权人数量和债务总额可能会随案件的进行不断变化，很难在受理时就准确地把握案件的全貌。程序转换机制相当于一种事后救济机制，其目的在于保障当事人的权利，如果没有这种救济机制，适用错误的审理程序将会对社会秩序产生不利的影响，所以需要对程序之间的转换进行规定。

至于程序的转换启动方式是适用职权主义还是申请主义，现行法律和各地司法文件的规定存在差异。一种规定是采用职权主义启动转换机制，如《民事诉讼法》第 170 条规定："人民法院在审理过程中，发现案件不宜适用简易程序的，裁定转为普通程序。"另一种规定采用了申请主义，如《北京意见》第 9 条对程序转换作出了如下规定：破产参与人就适用快速审理提出异议，且有充分理由的，或者在审理过程中发生不宜继续适用快速审理的事由的，仍应按一般程序审理。本书认为程序转换的启动应采用职权主义与申请主义相结合的方式，即在受理案件时，由法官根据案情判断适用简易程序进行审理。而在审理过程中，如果有当事人提出合理的异议时，则应转换为普通程序。在这种启动方式下，可以解决职权主义中法官对权力的滥用，避免法官为快速审结案件，而强行适用简易程序的情况。

对于依职权启动的模式，需要注意法院认定程序转换的标准。《上海指引》规定，当出现以下情况之一，法院可以裁定转换为普通程序：申请人、债务人或其他主要破产参与人对简易破产程序提出异议有充分理由的；相关衍生诉讼对破产程序有重大影响的。第一种情况中对法官赋予了一定的自由裁量权，所以在实践中要对程序转换做出严格的限制，加强对程序转换的监督。第二种情况中应注意对衍生诉讼的理解，并非发生了衍生诉讼都要进行程序转换，只有在该衍生诉讼对简易程序造成了实质影响，才能进行转换。

（2）就普通程序向简易程序的转换而言，应严格采用申请主义。《北京意见》第 9 条规定，对已经按普通程序审理的破产案件，可在征求破产参与人的意见后转换为简易程序。简易程序作为普通程序的简化，建立在当事人放弃一定权利的基础上。如果法院主动提出，当事人可能会基于对法院的畏惧而同意适用，导致当事人的合法权利无法得到保障。普通程序向简易程序的转换要格外注重当事人的意愿，所以这类转换需要具备两个条件：破产参与人的一致同意以及法院的审查。破产参与人的一致同意是指程序的转换需经所有破产参与人的同意，并且是在自愿的情形下作出的意思表示；而法院的审查是指法院应对破产参与人的意见慎重审查，防止破产参与人利用法律规则损害他人利益。

综上，对已经按普通程序审理的破产案件，可在当事人一致同意后，法院进行审查，对符合下列情形之一的，人民法院应当裁定转为普通程序审理：申请人、债务人或其他主要破产参与人对简易破产程序提出异议有充分理由的；相关衍生诉讼对破产程序有重大影响的。当事人就适用简易程序提出异议，且有充分理由的，仍应按一般程序审理。

（四）破产管理人的选任

管理人是破产案件受理后依法成立的，在法院的指导和监督之下全面接管债务人企业并负责债务人财产的保管、清理、估价、处理和分配以及重整等事务的专门机构，管理人是破产程序中最为重要的机构之一。[①] 在普通破产案件中，管理人的责任主要包括以下内容：对申报的债权进行核查，并在必要时进行债权确认诉讼；对债务人财产即破产财产要进行管理、追回、处置、变价与分配等工作。这些事项直接影响到债权人、债务人及其他利害关系人的利益，所以简易程序破产管理人的选任，不仅要考虑高效性，还要遵循公正性。

---

① 王欣新：《破产法》，中国人民大学出版社 2019 年版，第 74—75 页。

1. 破产管理人的类型。

我国《企业破产法》第24条规定，管理人可以由有关部门、机构的人员组成的清算组或者依法设立的律师事务所、会计师事务所、破产清算事务所等社会中介机构担任；中介机构中具备相关专业知识并取得执业资格的人员可以担任个人管理人。尽管法律规定了多种类型的破产管理人，然而，选任个人担任破产管理人的情形一直较少，并且现行法律中关于破产管理人的规定主要适用于中介机构，个人管理人的实践并未展开。

实际上，个人管理人更适合简易破产程序。《指定管理人规定》第17条规定："对于事实清楚、债权债务关系简单、债务人财产相对集中的企业破产案件，人民法院可以指定管理人名册中的个人为管理人。"尽管上述法律和司法解释都明确规定了个人可以担任破产管理人的情况，但由于普通破产案件债权债务关系复杂，难以指定个人作为破产管理人。相比之下，简易破产案件因其具有事实清楚、债权债务关系相对简单、债务人财产相对集中的特点，符合《指定管理人规定》中适用个人管理人的情形，所以本书认为简易破产程序中应充分利用个人类型的破产管理人，充分发挥个人管理人管理费用低的优势。法院也应在选任破产管理人时，鼓励个人管理人积极参加选任。

2. 破产管理人的选任方式。

《指定管理人规定》第20条、第21条规定了我国选任破产管理人的方式，主要分为三种：一是采取轮候、抽签、摇号等随机方式；二是采用竞争方式；三是指定选任的方式。

究竟是单一适用随机方式选任还是将多种选任方式结合适用，各地实践对于该问题的规定存在差异。《北京意见》第11条规定采用了随机和法院指定相结合的方式，对于决定适用简易审理的破产案件，人民法院原则上应当采用随机方式，在裁定受理破产申请的同时指定管理人。但当出现公司强制清算转入破产程序的情形时，原清算组中有管理人名册中的中介机构或者个人的，除该中介机构或者个人存在与本案有利害关系外，人民法院可根据企业破产法及其司法解释的规定，指定该中介机构或者个人作为破产案件的管理人。还有一些地方司法文件，如《上海指引》第 12 条、《大连指引》第 17 条规定，破产管理人的选任仅通过随机方式进行。

本书认为，简易程序中的管理人选任应当适用随机方式，但在特殊情况下可以适用指定选任。采用随机方式选任管理人可以保障结果的实质公平，但是这种选任方式是在忽视差异性基础上达到的公平。因为每个案件具有不同特点，每个管理人也具有不同的擅长领域，这样的差异会导致管理人与破产案件不相适应，进而造成破产程序预期效果的弱化。最理想的情况是在受理案件时就对其类型和案情进行详尽分析，并为案件匹配相适应的管理人。然而这在现实中很难实现，因为法院没有足够的资源对每一个破产案件进行详尽的分析。当管理人团队或个人因为某些原因对债务人较为熟悉，并且可以排除二者具有利害关系，这种情形就非常符合上述理想情况，所以对该特殊情形下管理人的选任，可以考虑适用法院指认的方式。

综上，对管理人的选任可作如下规定：对于决定适用简易审理的破产案件，人民法院原则上应当采用随机方式，在裁定受理破产申请的同时指定管理人。公司强制清算转入破产程序后，原清算组由地方的管理人名册中的中介机构或者个人组成或者参加的，除该中介机构或者个人存在与本案有利害关系等不宜担任管理人或者管理人成员的情形外，人民法院可根据企业破产法及其司法解释的规定，指定该中介机构或者个人作为破产案件的管理人，或者吸收该中介机构作为破产案件的清算组成员。

（五）简易破产程序中的其他制度

1. 债权人会议制度。

破产程序主要是为了保障债权公平清偿而设置的法律制度，为了充分尊重全体债权人的意志、保障他们参与破产程序的权利，设置了债权人会议制度。我国破产程序中的债权人会议，是由依法申报债权的债权人组成，以保障债权人共同利益为目的，为实现债权人的破产程序参与权，讨论决定有关破产事宜，表达债权人意志，协调债权人行为的破产议事机构，债权人会议在破产程序中占有重要地位，它是债权人参与破产程序、维护其利益的自治团体。①

对于简易破产程序中债权人会议的召开次数，实务界的做法基本一致。个别地方的司法文件，如《北京意见》第18条、《上海指引》第23条对简易程序中债权人会议的召开作出如下简化规定：债权人会议一般召开不超过两次，第一次债权人会议表决未通过，企业破产法规定可以二次表决的，二次表决可以通过电子邮件、传真、短信、网络等方式进行，但应当在第一次债权人会议上就上述表决方式的议案进行表决。

关于债权人委员会是否设立的问题，本书认为不必进行设立。依照《企业破产法》第67条的规定，债权人委员会的设立不是必设机构，仅是可以设立的机构。由于债权人委员会是我国债权人自治的辅助形式，并非破产程序的常设机关，所以无须在简易程序中设立。从债权人委员会的职能看，债权人委员会的职权主要在于监督债务人财产的管理、处分和提议召开债权人会议。然而在简易破产案件中，债务人财产状况清楚，无须再通过设置债权人委员会进行分配，如果强行设置债权人委员会反而会导致程序的复杂化。因此，简易破产程序除有特殊情况外，原则上不设立债权人委员会。债权人会议召开一般不超过两次，并可以采用书面、数据电文、网络会议等形式进行。

2. 公告的方式和送达

公告方式主要分为两种：事务性公告和送达公告。事务性公告的对象是不特定的，具有告示的性质；送达公告是在对受送达人无法适用法定送达方式时所采取的公告方式，其公告的对象是特定的，即受送达人。②

（1）事务性公告的简化。对于事务性公告，相关司法文件规定了需要公告事项的公告方式。《审理意见》第1条规定，“对于企业破产法及相关司法解释规定需要公告的事项，人民法院、管理人应当在全国企业破产重整案件信息网发布”。大部分地方规定了类似的公告方式，即通过全国企业破产重整案件信息网上发布公告信息。尽管各地对于公告方式的规定较为统一，但是各

① 王欣新：《破产法》，中国人民大学出版社2019年版，第240页。

② 徐建新：《破产案件简化审理程序探究》，人民法院出版社2015年版，第188页。

地对需要公告的事项并未作出统一规定。有学者认为，排除部分事项的公告是因为此类事务性公告涉及对债务人、未知债权人和利害关系人的权利保障问题。[①] 然而对社会公众来说，如果不进行公告，可能会导致当事人滥用信息不对等，损害债权人利益。因此本书认为，公告程序简化的适用范围应将受理破产申请、宣告破产和终结破产程序等事项包含在内。

（2）公告送达的简化。近年来，法院的案件受理量大幅增加，“案多人少”的矛盾日益突出，导致司法送达资源紧张。伴随信息技术和互联网技术的发展，电子化送达方式应运而生，其方式包括电话、短信、传真、电子邮件等。电子送达不仅可以提升案件送达的速度，还可以降低传统送达方式中物流所耗费的时间成本。2021 年，全国法院 72%的民事、行政案件通过送达平台送达，累计送达 9724 万次，其中电子送达 4147 万次，有效破解长期困扰当事人和法院的“送达难”问题。[②]

除了上述优势以外，采用电子化的方式办理破产案件还有利于优化营商环境。2020 年《全球营商环境报告》显示，营商便利度排名较高的经济体的一个共同特点，就是广泛采用电子系统。排名前 20 的经济体都有网上企业注册流程、电子纳税申报平台，并允许在网上办理财产转移手续。此外，11 个经济体有电子化的施工许可证申办程序。由此可见，排名前 20 的经济体都有高度透明且完善的电子化营商机制。而办理破产作为营商环境的重要指标之一，也应采用更为便利的电子化手段办理破产。我国《民事诉讼法》的修改就体现了这一要求，其第 16 条明确规定，在遵循当事人自愿原则的基础上，扩大电子送达适用范围，允许对判决书、裁定书、调解书适用电子送达，并优化了电子送达渠道，使用当事人熟悉的电子方式，确保电子送达的有效性。

但是简易破产程序中对送达文书的类型并无明确统一。对于民事裁定书和决定书是否可以采用电子方式送达，实务中没有统一的规定。《审理意见》未明确规定电子送达的文书类型。《上海指引》和《大连指引》中规定，简

---

① 徐建新：《破产案件简化审理程序探究》，人民法院出版社 2015 年版，第 188 页。

② 孙航：《三年成绩单出炉，中国特色解纷服务迎来提档升级》，载《人民法院报》2022 年 2 月 25 日。

化审理程序的破产案件可以采用电子邮件、传真、短信、微信等便捷方式送达相关文书，但民事裁定书、决定书除外。本书认为，可以参照民事诉讼法的规定，在遵循当事人自愿原则的基础上，扩大电子送达适用范围，允许对破产程序中的判决书、裁定书、调解书适用电子送达。

综上，对于受理破产申请、指定管理人、申报债权、召开第一次债权人会议、宣告破产和终结破产程序以及其他企业破产法规定需要公告的事项，人民法院、管理人应当在全国企业破产重整案件信息网发布。适用简易程序的破产案件可以采用电子邮件、传真、短信、微信等电子方式送达相关文书。

3. 债权人会议召开方式的简化。

互联网时代背景下，程序的简化方式不仅限于电子送达，还包括债权人会议的召开方式。对于电子化的召开方式是否应作为首要手段，各地实践具有不同的规定。一些地方如《北京意见》第18条、《大连指引》第28条，规定债权人会议的召开方式可以选择通过电子化手段进行，并不限制其适用条件。但还有个别地方，如《上海指引》第23条规定电子化手段应作为补充方式，只能在债权人会议进行第二次表决时适用。

本书认为，债权人会议的召开方式原则上不通过网络平台进行，但出现以下情形时可以适用，当事人一致同意适用网络平台召开债权人会议，以及其他不适宜债权人召开会议的情形。如果优先适用电子方式召开会议，具体操作中会出现以下问题：首先，如果采用电子邮件的方式进行会议，则无法确保债权人及时有效地收到邮件；其次，通过网络平台进行债权人会议，其前提是建立一个完善的信息共享平台，确保不会因泄露相关信息而损害债权人的利益。但并非每个地方都具有能力建立一个完善的平台，所以通过网络召开债权人会议并不是所有案件的最优选，而应当根据案件的实际情况选择适用。

4. 审理期限的缩短。

破产案件的审理期限是指从受理案件到审结为止所用的最长时限。在审理过程中包括立案、审查、受理的期限、债权申报的期限、召开债权人会议的期限、宣告破产的期限、终结期限和注销期限。

关于审理过程中各类期限的缩短，各地实践存在不同标准。以债权申报的期限为例，各地规定的期限从 7 日到 10 日不等，至于其他各类期限也很难形成统一的规定。究其原因，主要是各地经济发展存在差异，进而导致司法资源分配不均衡。这种差异体现在司法机关可支配的人力和财力上，如一些经济发展水平落后的地区，可以审理破产案件的法官数量会少于经济发达地区。本书认为统一简易程序中各类期限的设置，并缩短到合理的范围内，需要考虑以下两方面因素。

其一，要考虑各地区之间的差异。以经济落后地区所用最短时间为判断依据，尽可能照顾到司法资源较少的地区。这与经济学中的木桶效应相似，即一只木桶能盛多少水取决于最短的那块木板，并非最长的那块木板。就审理期限的设计而言，衡量审理期限的标准，很大程度上并不取决于各地实践中适用频次最高的标准，而在于各地实践中的最低标准。这意味着对于审理期限，应以经济落后地区审理案件所用最短时间为判断依据。

其二，还应考虑其他法律规定的限制，处理好法律和创新的关系。审理期限的缩短并不是毫无依据地随意减少，期限的减少要控制在合理的范围内，而这个范围的边界就是现有的法律规定。正如前文所述，简易破产程序的构建不得突破《民事诉讼法》和《企业破产法》的规定，审理期限的构建更是如此。《企业破产法》中的期限主要分为行使权利或完成义务的期限。就最短期限而言，审理期限的缩减是在最长期限内进行的选择，但是不能突破最短期限。以《企业破产法》第 45 条为例：债权申报的期限最短不得少于 30 日，最长不得超过 3 个月。30 日就是这里所指的最短时间，那么简易程序对于债权申报的期限就应当在这个时间段内，择一最优期限进行选择。而不能突破法律进行规定，如规定债权申报期限少于 30 日。关于最长期限的缩减则没有太多限制，以《企业破产法》第 14 条为例："人民法院应当自裁定受理破产申请之日起二十五日内通知已知债权人……"因此，简易程序中的受理通知期限，就应根据上述判断因素进行缩减至适当期限即可。

综上，结合现有地方的司法文件，本书建议对简易破产程序的期限进行如下设计：破产受理法院应当自裁定受理破产申请之日起 10 日内通知已知债权人。债权人申报债权的期限为 30 日，最长不超过 45 日，自受理破产申请公告发布之日起计算。转为普通程序审理的案件应自裁定之日起 5 日内通知破产参与人。适用简易程序的破产案件一般应于裁定受理之日起 6 个月内审结，合议庭应当在裁定受理破产申请之日起 3 日内完成指定管理人的工作。第一次债权人会议应自债权申报期限届满之日起 7 日内召开，管理人应当提前 15 日通知已知债权人参加债权人会议。管理人应当在接受指定之日起 60 日内完成债务人财产调查工作。经审查认为符合宣告破产条件的，应在第一次债权人会议召开后的 15 日至 30 日内裁定宣告破产。管理人应当在破产程序终结之日起的 5 日内，持人民法院终结破产程序的裁定书，向破产企业的原登记机关申请办理注销登记。

第二节　跨国破产中的推定互惠问题研究

自共建“一带一路”倡议提出以来，共建“一带一路”正成为中国参与全球开放合作、促进国家经济增长的重要契机。伴随中国与共建“一带一路”国家加强经贸往来，以及企业的跨国投资行为日益增多，经营者因不适应国际市场竞争而陷入困境并导致破产的案件也不断出现。因此，如何加强跨国破产案件司法协助与合作，以不断优化我国营商环境，成为学界关注的热点问题。

所谓跨国破产，是指企业破产案件中相关破产债权人、债务人或债务人的财产位于两个或两个以上的国家。[①] 由于跨国破产涉及不同国家的法律制度，决定了处理跨国破产案件需要不同国家之间的司法协助与合作，其主要方式是通过承认与执行他国法院的司法裁决而实现的。对此，我国《企业破产法》第 5 条明确规定，对于别国法院作出的具有法律效力的破产案件判决、

① 韩德培主编：《国际私法》，高等教育出版社、北京大学出版社 2014 年版，第 293 页。

裁定，涉及相关债务人财产在中国境内的，如果想得到我国法院的承认与执行，其条件是该国必须已与中国缔结相关国际条约或是基于互惠原则且不违反我国的相关规定。但由于我国目前并未缔结任何有关破产司法协作的国际公约，且仅同少部分国家签订了相关双边条约或协定，所以互惠原则就成为解决跨国破产司法协助的主要依据。[①]

面对日益复杂的跨国破产案件，积极适应时代潮流，互惠原则的理解与落实有利于我国营造公平、透明、稳定的法治化营商环境。鉴于我国学界对跨国破产司法协助与合作中推定互惠的研究尚不多见，本书拟就此进行一番粗浅探讨，以就教于大方。

一、跨国司法协助与合作中的互惠形式及我国实践

（一）跨国司法协助与合作中的互惠形式

国际法上的互惠原则为不同国家间实现破产合作提供了重要的理论基石。互惠原则是由17世纪荷兰学者胡伯创立的国际礼让说发展而来的，该学说认为，承认与执行外国法院的判决是基于一国对另一国的礼让。[②] 因此，所谓互惠原则，是指如果一个国家凭借某个国际法规范向对方国家主张权利，那么这个国家自己也要受该规范的约束。[③] 互惠原则作为国际法上一个至关重要的原则，其体现的是国家主权平等的精神。它要求各国在国际关系上相互给予合理的尊重与平等的对待。[④] 在跨国破产领域，互惠原则可进一步解释为，一国如果向他国申请承认和执行基于本国法律作出的破产裁决，其同时也需要给予他国相同的承认和执行基于他国法律作出的破产裁决的权利。目前，根

---

① 黄圆圆：《“一带一路”倡议下的跨界破产合作及中国的因应》，载《武大国际法评论》2018年第2期。

② 徐冬根：《国际私法》，北京大学出版社2009年版，第507—512页。

③ 杜涛：《互惠原则与外国法院判决的承认与执行》，载《环球法律评论》2007年第1期。

④ 丁小巍、王吉文：《论我国互惠原则的司法改进》，载《学术交流》2018年第8期。

据世界各国的立法、司法实践以及学界的通说，互惠可以进一步分为条约互惠、事实互惠、推定互惠。

条约互惠，是指国家间通过双边条约或多边条约的方式，规定本国将基于条约规定的相应条件，承认和执行其他缔约国国内法院作出的相应司法判决。[①] 在跨国破产领域，条约互惠特指国家间基于跨国破产相关司法协助与合作达成的双边或多边条约，承认其他缔约国的破产程序在本国境内的法律效力。条约互惠本身具备较高的法律效力，一旦两国签订关于破产的相关司法协助条约，就意味着缔约国将互惠原则制度化、法律化、强制化，上升成为一种两国之间的权利义务关系。当国内法规定的内容同条约规定的内容相冲突的时候，条约规定的内容具有优先适用的效力。[②] 由于条约互惠具备较高的法律效力，将互惠强制化、制度化，使其上升为国际法上的义务，故其也被部分学者视为是一种最为理想的互惠形式。[③]

事实互惠是指他国如果在过去的司法实践中，已经存在有据可查的承认和执行本国法院判决的先例，并且这种先例同他国向本国申请执行的判决在性质以及社会影响等方面具备相同或相似性，则本国对他国法院作出的判决也予以承认和执行。[④] 事实互惠本质上反映出了一种实质互惠的价值追求，即必须实际上给予一国待遇后，该国才给予他国相应对等的待遇。但由于各国在适用事实互惠时都不可避免地产生顾虑——自己优先承认和执行他国的法院判决后，他国在未来是否给予其同样互惠的待遇。这就导致跨国破产领域事实互惠适用的条件较为苛刻，为司法实践中解决跨国破产案件制造了障碍。

推定互惠是指如果没有相反证据证明，另一国曾经有拒绝承认和执行本

① 任明艳：《论互惠原则在承认与执行外国法院判决中的适用》，载《公民与法（法学）》2011年第1期。

② 王雅菡：《“一带一路”建设下礼让原则在承认和执行外国法院判决中的可行性研究》，载《河南大学学报（社会科学版）》2017年第5期。

③ 任明艳：《论互惠原则在承认与执行外国法院判决中的适用》，载《公民与法（法学）》2011年第1期。

④ 马明飞、蔡斯扬：《我国承认与执行外国判决中的互惠原则：困境与破解》，载《政治与法律》2019年第3期。

国司法判决先例的情况下，就推定认为两国之间存在互惠关系。[①] 推定互惠改变了传统互惠理念所追求的两国之间必须存在已有条约或相互给予对方互惠的既有事实时，才认定两国之间存在互惠关系的情形。因此，推定互惠从反向推定的角度更大程度地将互惠所辐射的范围扩大，便于没有互惠事实的两个国家中的一方首先承认和执行对方国家法院判决的行为。可以说，推定互惠所采用的积极态度深刻体现了国际礼让原则的精神。[②] 由于推定互惠本身具备的天然优势，将我国互惠形式的认定由传统的事实互惠改革为更加积极的推定互惠也得到了众多学者、法官的呼吁。[③]

（二）我国司法实践中关于互惠的典型案例

在我国的司法实践中，有一些基于互惠原则承认和执行外国法院作出的生效判决及裁定的案例，但根据《企业破产法》第 5 条在跨国破产案件中实施司法协助与合作的案例还未出现过。[④] 2006 年《企业破产法》正式出台前，我国曾有少许法院在民商事审判中基于条约互惠承认和执行外国法院作出破产裁决的案例。例如，广东省佛山市中级人民法院于 2002 年首次以司法裁定形式承认意大利法院作出的破产判决。[⑤] 另外，广州市中级人民法院 2005 年对法国普瓦提艾商业法院就法国百高洋行破产案作出的判决也予承认。[⑥] 但是，在没有条约互惠的情况下，我国法院在跨国司法协助与合作领域一直坚

---

① 徐崇利：《经济全球化与外国法院判决的承认和执行的互惠原则》，载柳经纬主编：《厦门大学法律评论》（第 8 辑），厦门大学出版社 2004 年版，第 43 页。

② 王雅菡：《“一带一路”建设下礼让原则在承认和执行外国法院判决中的可行性研究》，载《河南大学学报（社会科学版）》2017 年第 5 期。

③ 北京大学何其生教授、复旦大学杜涛教授、中南财经政法大学徐伟功教授、江西财经大学王吉文副教授等学者均在他们的论文中从不同角度提出在我国建立推定互惠制的建议；江苏省高级人民法院法官陈亮、江苏省南京市中级人民法院法官姜欣、上海市第一中级人民法院法官任明艳等实务部门法官则结合司法实践的现实问题，提出在我国探索建立推定互惠制的建议。

④ 通过中国裁判文书网检索，并未发现相关先例。同时，日本同志社大学金春教授在《外国破产程序的承认与协助：解释与立法》一文中也提及目前中国司法实践中没有援引《企业破产法》第 5 条作出承认和执行外国法院破产判决的相关案例。

⑤ 杜涛、陈力：《国际私法》，复旦大学出版社 2004 年版，第 544 页。

⑥ 徐伟功：《我国承认和执行外国法院判决制度的构建路径——兼论我国认定互惠关系态度的转变》，载《法商研究》2018 年第 2 期。

持严格的事实互惠原则，下文试举若干案例予以说明。

1. 中日“五味晃案”。

中日“五味晃案”是刊载于1996年最高人民法院公报的案例，对于研究互惠原则具有重要影响。该案的大致案情为：申请人五味晃因与日本国物产公司借贷纠纷一案，向中华人民共和国辽宁省大连市中级人民法院提出申请，要求承认日本国横滨地方法院小田原支部所作判决，以及日本国熊本地方法院玉名支部所作债权扣押命令及债权转让命令的法律效力，并请求予以执行。大连市中级人民法院的审判法官在判决中援引当时的《民事诉讼法》，认为我国与日本国之间没有缔结或者参加相互承认和执行法院判决、裁定的国际条约，亦未建立相应的互惠关系，从而驳回了申请人五味晃的请求。[①] 其中，对于我国同日本并未建立相应互惠关系的认定是经请示最高人民法院后，在最高人民法院作出中日之间未建立互惠关系复函的背景下完成的。[②]

彼时，最高人民法院复函的意见成为我国承认和执行外国法院裁决的主要实践。由此，中日“五味晃案”确立了我国在司法实践中对互惠关系的认定采取事实互惠的态度。[③] 这也导致了2003年日本大阪法院在一个有关中国法院判决在日本承认和执行的案件中，认为两国间由于“五味晃案”中的中国法院没有给予日本互惠，从而认为中日之间不具备互惠关系，最终拒绝承认中国判决。[④] 可以说，中日“五味晃案”代表着中国法院长期遵循的事实互惠立场。

2. 中德“旭普林公司案”。

中德“旭普林公司案”是德国柏林高等法院基于互惠原则，首次承认和执行中国法院的民商事判决。[⑤] 该案有着特殊的背景：在德国柏林高等法院承认和执行江苏省无锡市中级人民法院判决前，北京市第二中级人民法院2001年曾

---

① 黄志慧：《我国判决承认与执行中互惠原则实施的困境与出路》，载《政法论坛》2018年第6期。

② 《最高人民法院关于我国人民法院应否承认和执行日本国法院具有债权债务内容裁判的复函》，〔1995〕民他字第17号。

③ 沈红雨：《外国民商事判决承认和执行若干疑难问题研究》，载《法律适用》2018年第5期，第14页。

④ 朱伟东：《试论我国承认与执行外国判决的反向互惠制度的构建》，载《河北法学》2017年第4期。

⑤ 马琳：《析德国法院承认中国法院民商事判决第一案》，载《法商研究》2007年第4期。

以我国同德国之间没有缔结或者参加相互承认和执行法院判决、裁定的国际条约，亦未建立相应的互惠关系为由，拒绝承认和执行当事人申请的由德国法兰克福地方法院分别于 1998 年和 1999 年作出的涉及中德两国当事人的判决。[①]

中德“旭普林公司案”具有极其深远的意义。该案发生之前，中国对于承认和执行外国法院裁决的认知，仅停留在部分学者的研究和立法的个别条文之中。学者们都认为应将互惠原则作为处理承认和执行别国法院裁决的理论基础，但是司法实践中，法院却常常以两国之间不存在互惠关系为由拒绝承认和执行外国法院裁决。这使得很多有关互惠原则的理论研究脱离实践，大量对于互惠关系的讨论成为纸上谈兵。[②] 而“旭普林公司案”的发生突破了理论界长期对于互惠原则的固有理解[③]，丰富了互惠原则的内涵——当他国在将来有承认和执行别国法院判决可能性时，就认为这种对未来的良好可预期性属于双方存在互惠关系。因此，中德“旭普林公司案”的实践充分证明，在两国间没有互惠先例的情况下，也能基于对未来的信任而促进两国间司法协助与合作的达成，这为我国在跨国破产案件中适用推定互惠提供了重要的借鉴。

二、我国跨国破产司法协助与合作中引入推定互惠的证成

（一）我国跨国破产司法协助与合作中适用事实互惠的缺陷

1. 容易导致互惠原则的目的落空。

从以往的司法实践来看，在没有条约互惠的前提下，坚持事实互惠会使认定互惠关系基础的难度无形间加大，容易导致互惠原则目的的落空。跨国破产领域各国间的司法协助与合作，本质上是为了保证破产裁决具备跨国执行

① 刘懿彤：《互惠原则在承认与执行外国判决中作用的再认识——以德国柏林高等法院承认中国无锡中院判决为案例》，载《人民司法》2009 年第 3 期。

② 马琳：《析德国法院承认中国法院民商事判决第一案》，载《法商研究》2007 年第 4 期。

③ 刘懿彤：《互惠原则在承认与执行外国判决中作用的再认识——以德国柏林高等法院承认中国无锡中院判决为案例》，载《人民司法》2009 年第 3 期。

力，使债权人一方在已经获得别国生效破产裁决的前提下，能够在较短的时间内将债务人在其他国家的财产同步进行清算，以此更好地维护自己的合法权益。由于国家间互惠的目的就是使两国间坦诚相待，促进两国司法协助与合作，因此将互惠理解为事实互惠，容易导致各国都不愿意主动迈出先行给予对方互惠的关键的第一步，最终导致无法真正保护债权人的利益最大化。因为，拒绝承认外国法院判决并不会使政府受到任何实际的不良效果，而只会对寻求执行外国法院判决的当事人产生不良效果。[①] 由此，需要充分认识到跨国破产领域内司法协助与合作的初衷，应是最大限度保护当事人的合法利益。事实互惠的做法应当及时予以改进。

2. 采取事实互惠容易损害司法的权威与效率。

跨国破产案件的承认和执行过程中，如果依据严格的事实互惠原则进行审查，会使得本国法院依法作出的破产裁决在他国得不到执行，最终损害本国司法的权威性。由于强制性是建立司法权威性的必要条件，也是司法权威的重要特征[②]，因此，一份得不到执行的法院判决会严重损伤司法的强制性，加深债权人对司法公信力的失望程度。同时，破产案件本身的特性决定了债权人能够得到清偿的财产比例较低，当别国法院作出的破产裁决无法直接在我国得到承认和执行时，为了维护自己的权益，有可能会促使债权人提起新的司法程序，所耗费的时间和金钱成本都会进一步增加。例如，“五味晃案”所展示出来的中日间陷入互不承认对方法院裁决的循环，就造成极大的司法资源浪费。[③] 可以说，重复启动破产程序不仅会损害司法的权威，更会导致跨国司法协助为了提高效率所作出的努力付之一炬。因此，基于维护司法权威和提升司法效率的考虑，解决长期以来事实互惠所导致的现实问题，是保护跨国破产案件中债权人合法权益的必然改进方向。

---

① John F. Coyle: *Rethinking judgments reciprocity*, North Carolina Law Review (May 2014). (约翰·F. 科利:《重新思考判决互惠》，载《北卡罗来纳州法律评论》2014 年第 5 期。)

② 陈光中、肖沛权:《关于司法权威问题之探讨》，载《政法论坛》2011 年第 1 期。

③ 乔雄兵:《“一带一路”倡议下中国的国际民商事司法协助: 实践、问题及前景》，载《西北大学学报（哲学社会科学版）》2017 年第 6 期。

3. 采用事实互惠不利于营商环境的优化。

当今世界，大国的司法制度已经超出传统上化解争议的范畴，上升到服务于经济、提升本国或本地区综合竞争力的高度。[①] 改革开放以来，中国作为世界经济增速最快的国家之一，综合国力显著增强。随着中国经济实力的增强，中国跨国经济交往的实力和前景得到越来越多人的关注。但在市场经济条件下，在商贸交往过程中，优胜劣汰是必然的规律，企业因经营失败而退出市场是无法回避的问题。如何在优化营商环境背景下，通过法律制度的构建帮助跨国破产企业的债权人更好实现自身权利，是一个负责任大国应该作出的自身努力。如果在跨国破产司法审判中，一味将互惠原则简单地理解为事实互惠，将无法保证破产债权人及时获得清偿，这将影响外国企业进驻中国发展的积极性，对中国营商环境的优化会带来不利影响。

（二）我国跨国破产司法协助与合作中引入推定互惠的正当性

1. 推定互惠的认定标准更明晰。

推定互惠由于是在两国间不存在已缔结的司法协助条约，以及两国间过去未存在先行给予对方司法协助先例的背景下发展而来，故其在认定的时候，主要是从两国间是否曾存在不给予对方国家法院所作判决承认和执行的先例，以及两国间是否有进一步提升司法合作的意向等角度展开。跨国破产领域的案件多在两个经济交往密切的国家间产生的，查找两国间过去是否存在不给予对方司法协助的先例也较易实现。因此，推定互惠的优势在于，如果未发现两国间曾有不给予对方司法协助的先例，就会推定双方间不存在拒绝承认和执行本国法院所作出判决的可能性。这就可以帮助双方彼此认定存在互惠关系，从而承认和执行对方的法院裁决。

2. 推定互惠可以打破两国间司法合作的僵局。

事实互惠最大的问题在于，如果两国间除非通过缔结司法协助条约，始终没有一方敢于先行承认和执行对方国家法院作出的判决，则两国很可能会

① 何其生：《大国司法观念与中国国际民事诉讼制度的发展》，载《中国社会科学》2017年第5期。

产生永远不互相给予对方互惠的合作僵局。[①] 推定互惠建立在一种更加积极主动的互惠理念之上，在两国间虽然都没有承认和执行对方国家法院裁决的情况下，根据双方司法协助的意愿等因素综合认定，最终决定先行给予对方国家司法协助。这样主动发出愿意建立互惠关系的信号，对方国家在未来的司法实践中也会更愿意给予本国的互惠，从而彻底打破事实互惠所导致的两国间永不互惠的僵局。具体到破产领域，推定互惠可以使两国间的跨国破产案件能够最大限度地得到相互的司法支持与帮助，实现债务人的有序退出和债权人利益的最大化保护。

3. 推定互惠更能保护破产债权人利益。

在跨国破产领域，对于外国法院破产裁决的承认和执行申请的主体是破产案件的债权人，而国际间司法协助与合作所保护的对象也是破产案件中的债权人。债权人为了能够避免平行诉讼从而减少不必要的诉讼成本，会申请执行破产企业在别国域内的财产，而这就必然会在破产企业财产所在地国家的法院申请承认和执行外国法院的破产判决。推定互惠的适用能够最大限度地保证没有互惠关系的两国间较为方便地建立起互惠关系，让破产企业的债权人能够快速便捷地将债务人财产进行统一清算并予以清偿，最终提高债权人清偿的比例，将债权人的损失尽可能降低。[②]

4. 推定互惠符合效率原则。

跨国破产案件一般较为复杂，涉及民商事法律的方方面面，既涉及实体问题，又涉及程序问题，审理的周期和付出的成本也是巨大的。[③] 推定互惠的适用能够避免债权人在不同国家重复提起申请，同时也减少了法院对破产案件进行审理所耗费的大量成本。在推定互惠的视角下，当法院面对当事人申请承认和执行外国法院作出的生效破产裁决时，仅需要针对该国是否符合推

① 石静霞、黄圆圆：《跨界破产中的承认与救济制度——基于“韩进破产案”的观察与分析》，载《中国人民大学学报》2017年第2期。

② 方正：《论跨国破产的几个问题及解决——兼评〈跨国破产的法律问题研究〉一书》，载《中国法学》2000年第3期。

③ 沈涓主编：《国际私法学的新发展》，中国社会科学出版社2015年版，第173—174页。

定互惠的适用而进行审理即可。一旦经过审理，认定该案中两国间存在互惠关系，就可以直接对外国法院作出的破产裁决予以承认和执行，从而避免再次进行实质审理所带来的司法资源的浪费，有助于提升司法审判的效率。

三、我国跨国破产司法协助与合作中推定互惠的适用

（一）我国司法审判机关对互惠原则理解的转变

伴随我国共建“一带一路”建设的稳步推进，越来越多的国家加入“一带一路”建设中，共建“一带一路”国家经济交往不断深入。加之中国自2015年供给侧结构性改革中提及“清理僵尸企业，淘汰落后产能”等改革要求，跨国破产审判中的互惠原则亦需符合当前国内经济、国际环境，采用更为开放宽松的推定互惠制。①

为此，最高人民法院于2015年6月16日公布《关于人民法院为“一带一路”建设提供司法服务和保障的若干意见》。其第6条提到要积极推动区域司法协助，通过缔结双边或多边司法协助协定，促进各国司法判决的承认和执行。同时，在各国同我国没有缔结相应司法协助条约的情况下，依据双方国际司法合作交流意向、在对方国家承诺将给予我国司法互惠等后，可以考虑由我国法院可以先行给予对方国家当事人司法协助，从而促进形成积极的互惠关系。这是我国最高审判机关有史以来首次提出的推定互惠的主张。虽然其针对的仅是共建“一带一路”国家，但已经为积极建立互惠关系发出了重要的信号。这在一定程度上体现出我国对于跨国间司法协助与合作理念的巨大转变，为在跨国破产领域正式确立推定互惠制提供了司法政策支持。

随后，2017年6月8日第二届“中国—东盟大法官论坛”中，中国同东盟各国达成了多项共识并最终形成《第二届中国—东盟大法官论坛南宁声明》

① 侯国彬、王德岭、杨运福：《跨界破产若干法律问题探讨——从韩进海运破产案谈起》，载《中国海商法研究》2019年第2期。

（以下简称《南宁声明》）。[①] 其第 7 条提到在承认和执行对方国家民商事判决的司法程序中，如对方国家的法院不存在以互惠为理由拒绝承认和执行本国法院所作出的民商事判决的先例，在本国国内法律规定允许的范围内，即可推定与对方国家存在互惠关系。这是最高人民法院基于保障东盟各国同中国进一步跨境交易和投资而对于推定互惠的最新阐释。它表明了我国最高司法审判机关已经注意到传统事实互惠的缺陷以及推定互惠所具备的优势。同时，《南宁声明》对于推定互惠的认定也给出了重要的指向性建议，即如果对方国家不存在以互惠为由而拒绝承认和执行本国法院民商事判决的情况，就可以推定双方存在互惠关系，这极大丰富了推定互惠的内涵，提升了其实践性和可操作性。

2021 年 5 月，最高人民法院和香港特区政府经过研究、磋商，正式签署《最高人民法院和香港特别行政区政府关于内地与香港特别行政区法院相互认可和协助破产程序的会谈纪要》（以下简称《会谈纪要》），为内地和香港两地间跨境破产司法协助制度的运行提供鲜明的指导性发展路径。《会谈纪要》达成的共识主要是内地与香港的有关法院相互认可对方境内破产程序清盘人、管理人的身份，并根据其申请提供履职协助，这有利于保障全体债权人公平、平等、合理地得到清偿，维护了破产程序的核心要义。

（二）跨国破产司法协助与合作中推定互惠的认定因素

在最高人民法院发出积极信号后，如何在司法实践中确立推定互惠的认定因素就成为将其落到实处的关键问题。本书认为，人民法院审理当事人提起的承认和执行外国法院作出的司法判决时，可依据以下三个方面的因素对是否应当适用推定互惠加以衡量。这几个因素的本质都是从判断在未来的司法实践中，外国法院是否承认和执行我国法院所作出的破产判决的可能性角度提出的。

---

① 载中华人民共和国最高人民法院网站，https：//www.court.gov.cn/zixun-xiangqing-47372，2023 年 8 月 30 日访问。

1. 以往是否存在拒绝我国法院判决的先例。

结合共建“一带一路”倡议和《南宁声明》，如果别国属于共建“一带一路”国家且过去没有拒绝承认和执行我国法院判决的先例，则推定在共建“一带一路”背景下，该国在未来存在承认和执行我国法院所作出的破产裁决的可能性，从而认定两国间存在互惠关系。我国法院就可以援引《企业破产法》第5条，承认和执行该国法院的破产裁决。如果该国并非共建“一带一路”国家，对于该国是否曾拒绝承认和执行我国法院作出的裁决，也可被视为判断是否能够适用推定互惠的重要参考因素。

事实上，在前文提到的中德“旭普林公司案”中，德国柏林高等法院的法官敢于在中国法院曾经拒绝承认和执行德国法院判决先例的情况下，跨出真正实现两国间实质互惠的重要一步。① 可以说，德国柏林高等法院推定两国间存在互惠关系，是结合该案具体情况作出了先承认中国法院判决的行动。这种面向未来，本着解决问题的态度积极处理跨国民商事案件的立场，为后续2013年我国湖北省武汉市中级人民法院基于互惠原则，通过认定“旭普林公司案”中德国柏林高等法院承认和执行无锡中院判决的事实符合我国法律所规定的互惠关系，从而承认了德国法院任命外国破产管理人的裁决起到了至关重要的作用。② 由此可见，由于判例法有着不断发展的特征，外国司法先例的认定较为复杂，故判断别国是否存在拒绝承认和执行我国法院判决的先例，更适宜作为认定是否存在互惠关系的综合参考要素。③

2. 两国司法协助制度的异同。

两国司法协助制度的异同也是一个重要的考虑因素。我国法院可以对关于破产裁决的跨国破产司法协助与合作的法律条文进行审查。如果该国法律关于承认和执行的条件比我国法律规定的要求更简单，或曾有依据其相应法

---

① Wenliang. Zhang: *Recognition and Enforcement of Foreign Judgments in China: A Call for Special Attention to Both the "Due Service Requirement" and the "Principle of Reciprocity"*, Chinese Journal of International Law, Issue 1 (2013). (张文亮:《外国判决在中国的承认与执行：呼吁特别关注“正当送达要求”和“互惠原则”》，载《中国国际法杂志》2013年第1期。)

② 黄志慧:《我国判决承认与执行中互惠原则实施的困境与出路》，载《政法论坛》2018年第6期。

③ 沈红雨:《外国民商事判决承认和执行若干疑难问题研究》，载《法律适用》2018年第5期。

律条文承认和执行其他国家法院的破产裁决的先例，则可以认为该国在未来存在承认和执行我国法院作出破产裁决的可能性。

在具备相同或相似司法协助法律制度的情况下，推定对方国家在我国先行承认和执行他国破产判决后，存在未来也同样承认和执行我国法院作出的破产判决的合理性是客观科学的。这不仅可以促进两国之间尽快达成双向受益的实质互惠，还有助于两国缔结破产领域合作的双边条约，从而将互惠关系上升为一种权利义务关系。

3. 两国间经贸往来的现实考量。

积极考虑申请执行的破产裁决作出国同我国经济交往的现状也是一个重要的因素。如果两国间在进出口领域具有巨大的经济利益，或者两国间存在大量对方国家的投资企业；抑或该国虽然在经济体量上同我国无法相比，但积极来华参加中国举办的各类大型国际论坛和经贸活动，那么从该国具备想与中国进一步加强经济往来的角度出发，可以认定一旦我国法院承认和执行别国法院作出的破产判决后，在未来的司法实践过程中，该国也存在承认和执行我国法院作出的破产裁决的合理可能性。其实，前文所提及的中日“五味晃案”就是一个反面明证。司法实践的“恶性”循环导致两国在司法协助上处在一个“相互背弃”的尴尬困境之中，难以走出。[1] 而中日之间的经贸往来体量是巨大的，日本也是中国的第三大外资来源国。[2] 这种国家间的“报复行为”不仅直接损害了相关案件当事人胜诉后获得执行的权利，更可能损害两国企业到对方国家参与经济建设的积极性。在未来，考虑到中国与世界经济的交融性越来越强，在存在巨大经济利益和投资发展前景的情况下，依据正常的观念来看，适用推定互惠先行承认和执行外国法院的破产判决，被承认和执行的国家也会尽快跟上中国伸出的友谊之手，从而也给予中国互惠待遇。如果我国法院摒弃事实互惠理念，依据两国间经贸往来的现实，从更有利于未来两国企业到对方国家投资的角度出发，认定两国间存在互惠关系，

---

① 成思雨：《外国法院判决承认与执行中的互惠原则》，华东政法大学2018年硕士学位论文。

② 商务部：《一图看懂中日经贸数据》，载商务部网站，http：//diagram. mofcom. gov. cn/mcp/5b3dcad6cd918951798691cd，2020年1月23日访问。

相信在未来就一定可以形成良性的跨国司法互动。

当然，需要特别注意的是，相对于其他外国民商事判决的承认和执行，破产是司法协助比较谨慎的领域。由于这个原因，针对跨国破产领域推定互惠的认定标准也应该更严格。[①] 因此，在适用推定互惠认定两国间存在互惠关系的过程中，应保留一定的例外情况。具体而言，首先应保留《企业破产法》第5条对于承认和执行外国法院破产判决的审查条款。对于违反中国法律基本原则、损害国家主权、安全和社会公共利益、损害中国领域内债权人利益的外国破产判决应视为适用推定互惠的例外，不予进行互惠关系的认定。这样可以为承认和执行外国法院判决设立“安全阀”，切实保障我国司法主权不受到侵犯。

另外，推定互惠的适用是我国主动表示愿意同对方国家建立更加紧密的互惠关系，期待对方国家在后续给予我国互惠待遇。但若对方国家拒绝中国的善意，施以适时有效的反制就尤为重要。互惠原则本身所具备的报复工具属性在推定互惠适用的过程中也应该得到相应体现。具体的方式应是在关于推定互惠的适用规定中，明确提出在我国先行给予对方国家承认和执行法院破产裁决的行为后，一旦对方发生了拒绝承认和执行我国法院裁决的情况，我国法院在后续遇到对方当事人司法协助的申请时，应明确拒绝并在裁定中予以阐明。这种反制的措施和方式既符合互惠原则的发展趋势，也能避免主张推定互惠的“一厢情愿”，防止其他国家在享受我国推定互惠带来切实好处后的过河拆桥行径。[②] 与此同时，这种“先礼后兵”的做法也符合中华文化长期以来所遵循的“以礼为先”价值观念，对于弘扬中国优秀司法文化也具有现实意义。

---

① 宋建立：《跨境破产案件的司法应对》，载《人民司法（应用）》2018年第22期。

② Katherine R. Miller: *Playground Politics: Assessing the Wisdom of Writing a Reciprocity Requirement into U. S. International Recognition and Enforcement Law*, Georgetown Journal of International Law (January 2004).（凯瑟琳·R. 米勒：《操场政治：对美国国际承认和执行法中互惠规定的评估》，载《乔治敦国际法杂志》2004年第1期。）

（三）跨国破产司法协助与合作中推定互惠的举证责任分配

对于互惠关系认定的举证责任分配问题，我国现行法律并未规定。但“如果举证责任不明确，不仅可能影响互惠原则的严谨性，而且实质性赋予了法院在互惠原则适用上的宽泛裁量权”[①]。因此，明确互惠关系的证明责任就如同设定推定互惠的认定因素一样，都是司法实践中解决跨国破产裁决承认和执行中最紧迫的问题。目前，关于互惠关系的证明责任，综合学界和实务界的各类观点，大致有以下几种模式。

1. 由申请人承担互惠关系的证明责任。

根据罗森贝克提出的证明责任分配的一般规则，凡主张权利存在的人，应当对权利发生的法律要件事实负证明责任；否认权利存在的当事人，应当就权利妨碍、权利消灭或权利排除的法律要件事实负证明责任。[②] 因此，申请人承担互惠关系的证明责任是传统“谁主张，谁举证”观念在跨国破产领域的延伸。但是，由于推定互惠的认定，一个非常重要的前提就是两国间过去并不存在拒绝承认和执行对方国家判决的先例。这种否定性的证明，如果由申请人来举证，会导致申请人的举证难以界定，其结果是导致申请人承担举证责任的规定流于形式，最终致使推定互惠丧失本身应具备的生命力，无法得到切实有效的适用。

2. 由被申请人承担互惠关系的证明责任。

由被申请人承担举证责任的好处在于通过将证明责任交与被申请人，能够最大程度上保障申请人的申请得到支持，同时也减轻了法院的压力，改变了事实互惠情况下法院难以认定存在互惠关系的状态。

3. 法院承担互惠关系的查明责任。

很多学者认为，互惠关系涉及国家利益和私人利益衡量的问题，还涉及

① 王吉文：《论我国对外国判决承认与执行的互惠原则——以利益衡量方法为工具》，载《法学家》2012 年第 6 期。

② ［德］莱奥·罗森贝克：《证明责任论——以德国民法典和民事诉讼法典为基础撰写》，庄敬华译，中国法制出版社 2002 年版，第 103—123 页。

认定外国法院是否存在同等或更宽松的法律规定或司法实践的问题，需要法院更为谨慎地审查和判断。由此提出在国际条约或司法协助协定缺失的条件下，应当由法院承担查明中国与破产判决作出国是否存在互惠关系的责任。同时，从仅有的司法实践来看，这一部分案件的裁决作出国的法律制度多为中国所熟悉，所以目前跨国判决承认和执行的举证责任实际上由我国法院承担。但是，伴随共建“一带一路”的推进，大量我国司法界所不熟悉的国家法院的判决也会出现，如果全部交由人民法院查明，将会造成查明难度过大，不利于扩大认定两国间存在互惠关系。

结合前文所述，本书认为，对于互惠关系证明责任的制度设计，应本着尽量扩大承认和执行外国法院作出的破产判决的价值取向。在这种价值取向的指导下，我国宜采取由被申请人承担互惠关系的证明责任，同时人民法院可依职权进行调查的二元模式。对于推定互惠来说，需要证明两国间是否存在互惠关系的内容，属于事实部分。而案件事实部分的内容应由当事人来承担证明责任，结合推定互惠认定因素的考量，将举证责任倒置，采取由被申请人举证裁决作出国曾有拒绝承认和执行我国法院判决的案例，更符合《民事诉讼法》的有关规定。

在推定互惠的三个认定因素中，最重要的一个就是基于两国间过去不存在拒绝承认和执行对方国家法院判决的查明。从过往经验来看，将基于这一认定标准的事实查明交由被申请人，可以最大限度发挥申请人的积极性，防止出现将举证责任归于申请人而导致的消极怠工等负面问题。至于推定互惠的其他认定因素是否存在，可以交由人民法院予以查明。例如，两国间司法协助制度的异同、两国间经贸往来的考量等因素，所涉问题和判断更具有专业性，由人民法院进行查明更为合适，更有利于案件最大程度上得到承认和执行。综上，推定互惠证明责任二元模式的好处在于，改变了过去对于互惠原则适用过程中的严格标准，认定互惠关系会更加方便，更有利于保护债权人的利益。

伴随着共建“一带一路”的稳步推进，以及当前进一步优化营商环境的时代背景，保障我国经济持续向好发展也要求不断改进当下的破产审判工作。尽管我国政府始终在努力营造稳定的法治环境，但国际商界和法律界对中国商业交易确定性和稳定性的质疑依然存在。① 为回应这种质疑，应积极推进跨国破产领域的司法改革，推动各国间判决的承认与执行，不仅是为了促进我国市场经济的平稳运行，更是为了最终能够树立大国司法形象并以此作为同全世界加强经济交往的重要契机。因此，我国应将跨国破产司法协助与合作中长期以来所坚持的事实互惠制改进为更加宽松积极的推定互惠制。本书建议及时修改《企业破产法》，对推定互惠进行规定，明确推定互惠的认定因素，设计科学的反制措施和证明责任，最终使《企业破产法》第 5 条中的互惠原则真正发挥应有的效用。

第三节　我国破产援助资金制度的完善

一、问题的提出

在我国的破产实践中，破产案件的报酬分配问题始终都是管理人队伍建设的一大难题。在大量的无产可破案件中，破产管理人支出的报酬与费用难以得到清偿，对破产工作的进展造成了一定的阻碍。现行法律规定以固定的标准来计算管理人的实际酬劳，而获得报酬的多少，则是根据债务人最终能够用于清偿的破产财产的价值总额来确定。但由于计算报酬标准的固定性以及实践中大多数案件进入破产程序时，已无产可破或者仅剩少量资产，使得最终可用于对债权人清偿的财产价值总额所剩无几。《企业破产法》中已规

---

① Ramon E. Reyes，Jr：*The enforcement of foreign court judgments in the people's republic of China：what the American lawyer needs to now*，Brooklyn Journal of International Law（1997）．（拉蒙·E. 小雷耶斯：《外国法院判决在中华人民共和国的执行：美国律师现在需知道什么》，载《布鲁克林国际法杂志》1997 年第 1 期。）

定，“债务人财产不足以清偿破产费用的，管理人应当提请人民法院终结破产程序”。但在管理人被指定之后，仍需对债务人的财产进行查明并判断其财产是否不足以清偿破产费用。在这一过程中，管理人仍付出一定的劳动，并在调查过程中存在先行支出部分费用的情形，这种潜在的无法获得报酬的风险极大影响了破产管理人办案的积极性。

为确保困境企业及时有效地退出市场，保证破产工作正常进行，保障破产管理人依法履职，各地通过不断努力与积极尝试，建立了破产援助资金制度，成为当下解决无产可破案件的最佳路径。但由于制度的实行仍处于初始阶段，仍有诸多问题亟待研究解决。为更好地探索破产援助资金制度在我国的推广适用，本书通过梳理文献发现，既有研究往往聚焦于破产援助资金构建的必要性①、资金制度的运作模式②与架构原理③等方面，但对于破产援助资金制度在我国司法运行中尚可能存在的其他问题并未给予足够关注。本书尝试通过分析各地破产援助资金管理文件，来探究我国相关制度的发展现状与未来改进。但需要说明的是，根据检索到的各地破产援助资金的使用办法，就使用“资金”还是“基金”的表述问题，由于绝大部分地区表述为“资金”，故本书统一表述为“破产援助资金。”只有少数地区表述为“援助基金”，如后文所提及的南京市金陵破产援助基金会，特此说明。

虽然破产援助资金已在实践探索中取得积极的进展，产生良好的社会效果。但为了破产援助资金制度在我国未来的破产审判中能够更好地发挥作用，本书通过检索收集，共找到48个关于破产援助资金制度的地方规定。至于各地破产援助管理资金的行政区划，地级市为36个、县级市为6个、省为2个、直辖市为4个。后文拟通过梳理破产援助资金制度在地方实践中体现的个性与共性，总结该制度目前所呈现出的规律与问题，提出相关完善建议。

---

① 许胜锋：《管理人制度适用的现实困局及立法建议》，载《法律适用》2017年第15期。

② 张磊、陆晓燕：《论破产管理人报酬基金制度之构建》，载《法律适用》2013年第5期。

③ 卫子豪：《破产管理人制度的完善》，载《人民司法》2021年第1期。

二、我国破产援助资金的制度主体及其内容构成

市场化经济体制下，破产管理人在破产审判程序的推进中起着极为重要的作用，其职能履行与最终破产程序目的的实现以及债权人利益的最大化有着极为紧密的联系。而管理人报酬作为破产法律制度中不可忽略的一个问题，关于报酬的确定与调整，管理人最终获得报酬的可能性，都直接影响着管理人的相关利益与管理人职能的发挥。

正是在困境企业无力支付破产费用，导致破产程序停滞不前的情况下，破产援助资金制度应运而生。破产援助资金，是指按照规定用于援助或垫付破产案件费用而设立的专项资金。其适用对象为无资产支付破产费用或破产财产不足以支付破产费用的破产案件，具有一定的援助性质。[①]

（一）我国破产援助资金的制度主体

1. 司法机关。

破产法是市场经济中的一项基本法律制度。为深化供给侧结构性改革，推动符合条件的企业正常退出，立法机关、司法机关始终致力于建立健全我国的破产法律制度体系，不断提升司法保障能力。但毋庸置疑的是，法院在破产审判实践过程中仍面临一些阻碍。

首先，从破产审理实际出发，我国当下破产审判的制度建设还不能与实践需要相适应。虽然近年来全国各地纷纷建立了专门的破产法庭[②]，但由于各法庭成立的时间较短，加之破产案件的覆盖面较广，法律关系复杂，更加要求承办破产案件的法官具有除法律之外的其他领域的知识。同时，在维护社会秩序稳定的要求下，法院不仅承担了审理职能，更承载着较重的社会责任，

---

① 《内江市市级企业破产援助资金管理使用办法（修订）》。

② 《全国人民代表大会常务委员会执法检查组关于检查〈中华人民共和国企业破产法〉实施情况的报告》，截至2021年，全国已立14个破产法庭、近100个清算与破产审判庭以及专门的合议庭集中办理破产案件。

对于破产案件的审理需投入比其他种类案件更多的精力。

其次，针对“无产可破”案件，破产费用不足是阻碍“无产可破”案件顺利解决的核心问题。各地法院在之前的探索中，曾尝试过一些解决途径，如相关利害关系人垫付资金或者简化破产程序，但仍然存在一些问题。垫付制度因利害关系人的付款能力有限，难以彻底保障破产费用的开支；而破产简易程序虽然可以在无产可破案件中减少案件支出，但是仍然没有解决破产费用的来源这一关键问题。伴随各地法院开始采取设立援助资金的方式，解决了无产可破案件中破产费用不足的问题，方才取得较好的成效。

最后，从法院在破产审理中的角色定位出发，由于破产案件的审理程序与一般诉讼案件中的程序要求不同，破产审判中法院的角色定位应当综合考量破产程序的性质、破产程序实施的目的以及破产审判的特点。由于破产案件不对实体权利纠纷进行裁判，主要是为了保障各债权人的权益得到公平受偿。因此法院在处理破产事务中，既不能完全处于主导地位，又不能保持绝对的客观中立，法院应当统筹把握破产程序进程，在依法行使司法审查权的过程中，实现法律效果与社会效果的统一。[①]

2. 政府。

在地方破产援助资金制度的构建中，最为困难也最为关键的一步就是资金的筹集。目前，政府拨款是破产援助资金来源的主要组成部分。地方政府获得授权，依法履行行政职能时，不仅是以解决地方行政事务为目的，更是要在依法履职的过程中承载相应的社会责任，其中社会秩序的安全稳定与地方经济的发展尤为重要，这些也是评价地方行政能力的重要指标之一。当地方企业面临困境时，政府应运用其行政职能，以健康合理的财政支出拯救困境企业。

破产援助资金的支出，不同于以往政府投入一定资金，以“兜底”的方式解决问题，这种方式只能缓解企业的一时之需。破产援助资金应当是看作财政支出结构下，社会保障的支出与经济建设支出的交集部分，该支出既保

---

① 郑伟华：《破产审判中法院的角色定位——基于典型案例的思考》，载《法律适用（司法案例）》2017 年第 22 期。

障了人民生活的稳定性，也改善了市场营商环境，积极推动了市场经济的稳步发展。[①] 这可从以下两个方面进行分析。

一方面是政府与法院的关系。在破产审判实践中，一直存在政府部门与法院在破产工作中协调困难的问题。回顾过去的破产审判实践，政府也曾过多地参与和介入破产工作。例如，政府为了帮助其管辖领域内的企业尽快解压，安置职工，避免扰乱经济或社会秩序的因素出现，则会运用其行政手段直接参与到破产企业的处置中。但是，由于行政权具有一定的扩张性与主动性，当行政权与被动、中立的司法权相遇时，其强势的地位则会显现出来。[②] 因此，破产程序进行到最后，往往为了达到预先的目标，会体现出一定的行政意志，而这种意志通常体现为对债权人最终清偿的数额、破产财产的管理与清算、企业破产应依循的相关程序等问题的强力干预。基于破产关系的特殊性质，在案件审理过程中，应对行政权的不当干预加以控制，尽量避免行政对司法的单项干预。

另一方面是政府与企业的关系。地方政府与企业之间的关系是相互依存、彼此依赖的。无论是过去的国有企业，还是市场经济下蓬勃发展的民营企业，企业的发展都依托于地方政府资金、政策的扶持与帮助。同样，企业在带动当地关联产业发展、就业问题的解决方面同样起着不可小觑的作用。过去，大多数地方政府在面对“困境企业”的处置问题上，往往是通过给予资金、项目的扶持，以实现对企业的拯救，但也只是杯水车薪，治标不治本。破产法的目的在于使每一个债权人的债权得以公平清偿，在处理不同债务关系的同时，间接调整市场经济秩序。[③] 市场经济下，优胜劣汰才是保证市场资源得以合理配置的一个重要保障。政府若是利用财政补贴为陷入困境的企业强势扭转亏损，这只是在时间上延缓了企业死亡的结局。并非要求政府对企业置

① 李常在：《地方政府财政支出规模和结构对经济增长的影响》，载《全国流通经济》2020 年第 8 期。

② 黄贤华：《破产管理人对府院协调机制的弥合作用》，载《中国注册会计师》2020 年第 3 期。

③ 杨伟文、江飞涛、李明清：《企业破产中的政府行为及角色研究》，载《中南工业大学学报（社会科学版）》2001 年第 3 期。

之不理，而是主张补助应当用在刀刃上，应当尊重市场规律。市场化的活动最终仍是以市场化的手段结束，而市场化退出的主要形式就是破产清算制度。[①] 在困境企业清算过程中，政府在困境企业出现破产财产不足的情况下，应将以往的单纯注资拯救改为一种法治化的帮扶机制，如通过政府拨款的破产援助资金来帮助无产可破企业有序退出市场。

3. 管理人。

管理人作为破产工作的重要角色，在整个破产审判程序中起着至关重要的作用。其在破产案件的办理中，对破产财产与破产事务付出了不同程度的劳动，且破产管理人在工作过程中并非仅为债权人服务，也并非只听命于法院的安排，其是为破产案件中所有的利害关系人进行服务，最终实现各方主体的利益最大化。而管理人作为中介机构，亦作为市场主体的一部分，在付出劳动后获得报酬和收益，也是市场经济必然的结果，同时也是破产管理人在参与破产工作中所追求的目的之一。因此破产管理人的报酬应是与市场化的破产机制相适应的。回归到破产援助资金制度下，结合破产案件最终获得的援助资金的数目，不能仅出于为激励管理人履职，从而过分倾斜照顾管理人的利益，而应当正确看待破产管理人在破产程序中所起的作用。

破产管理人不仅起到推动市场经济发展的良性作用，更是政府与市场之间的媒介。当政府无法直接对市场主体的发展进行干预时，通过一支专业、高效的管理人队伍，在依法履行其职责，促进市场新陈代谢的同时，也起到联结国家政府和市场主体的重要作用。管理人在破产事务中的具体职责决定了管理人需要与不同部门进行沟通，除此之外还要与债权人进行协商。破产事务是复杂与烦琐的，虽然管理人在这一过程中付出了极大的劳动，但这也使得法院从这些行政性管理事务中抽离出来，保持法院的中立性，从而更好地负责破产程序中的审理工作。[②] 破产管理人虽然作为处理破产事务并有权获得报酬的社会机构，在关注管理人营利性需求的同时，也需要注意到破产案

① 苏秀清：《政府补助对财务困境企业的影响研究》，载《会计师》2017 年第 3 期。

② 黄贤华：《破产管理人对府院协调机制的弥合作用》，载《中国注册会计师》2020 年第 3 期。

件的特殊性。破产管理人的法律地位是中立的、独立的，但也由于其特殊的法律地位，在管理人的选任和监督方面都应更为严格。[①] 而要达到以上的效果，是需要破产管理人与法院共同努力才能实现的，对破产管理人的监督亦是法院在处理破产工作中所需尽到的职责。

（二）我国破产援助资金制度的内容构成

1. 破产援助资金的来源和使用范围。

破产援助资金的来源主要包含财政拨款、法院从其他破产案件管理人报酬中提取一定比例的资金、社会捐助资金等。通过对各地文件相关规定的梳理与分类，在各地破产援助管理资金的来源中，地方财政作为资金单一来源的数量为6个，具体省份为：南宁市、北京市、晋中市、成都市、长春市及上海市。提取管理人在其他破产案件中一定比例的报酬，作为破产援助资金单一来源的地区仅有南京市。而剩下的地区，其破产援助资金的来源则是采取“肥瘦搭配”的模式，即资金来源构成中，既有地方财政的支持，又有管理人的报酬。通过分析可以发现，政府拨款是资金支持的主要原动力。政府拨款的多少以及财政支持的有无，均根据各地的经济发展水平以及企业破产压力状况的不同而有所区别。如吉林省长春市破产援助资金的唯一经费来源是由市财政局通过财政拨款的形式投入的。

破产法的立法目的，是从公平与效率的角度出发，在一定时限内公平了结市场主体的债权债务关系，进而达到维护市场信用与规范市场秩序的目的。但是，仅依靠纸面的制度，难以达到保护市场各主体利益的目的。加之我国的社会保障制度不完善与社会保障体系不健全，导致破产法在实行的过程中，还需要政府的支持。由于政府承担着稳定市场秩序的职责，当企业在破产程序中面临阻力时，此时政府通过协调其他部门，使各部门相互配合、相互支持，来保障破产程序的顺利进行。因此，对于无产可破案件，由政府予以一定的财政支持作为破产费用，以使得破产管理人等中介机构在提供专业服务

---

① 谢辉：《我国破产管理人的法律地位》，载《人民法治》2016年第11期。

过程中有所回报，有助于破产法的顺利实施。

企业破产援助资金适用的案件范围主要为债务人无财产或财产明显不足以支付破产费用的破产案件；或者人民法院认为可以给予破产费用补助的其他情形。当破产案件符合上述情况时，管理人可向有关部门申请破产案件援助费用。企业破产援助资金只能用于支付规定的费用，主要用于破产费用、管理人报酬的支付等。

2. 破产援助资金的申请和补助标准。

破产援助资金的支取应当满足相应的条件，按照规定的收支程序严格执行。援助资金申请的条件通常为破产财产不足以或无破产财产可支付破产费用，且无利害关系人自愿承担。在部分地区的规定中，甚至还列明了排除收支的几种情形。[①] 增加排除的情形，并非故意增加申请资金的难度，而是出于完善制度设立的意图。其主要针对实践中出现的特殊情况，如权利人已处于濒临危险的情形下，仍然不对其本人以及其权利进行保护，反而无限滥用权利，企图最后再寻求填补损害，此类情形是不能够获得帮助的。破产援助资金只有合理正当使用，才能发挥制度设立的价值。

由于破产援助资金是针对管理人的报酬低于其工作成本所做的相关补贴，并非以营利为目的，故破产援助资金的补助标准，应当有确定的支付额度。其具体数额由地方法院根据当地的具体情况来确定。一般案件的援助额度为3万—5万元。财产线索繁多，处置难度较大的案件的援助总额一般为8万—15万元。而关于管理人报酬，一般案件的补贴通常为1万—5万元。针对案情特别复杂的案件，根据管理人的履职情况，前述标准明显过低的，可适当提高补助标准，但最高总报酬不得超过10万元。

3. 破产援助资金的管理与审批。

当管理人认为其负责的案件符合申请破产援助资金条件的，在收到人民

---

① 《十堰市企业破产费用保障专项资金管理（暂行）办法》第8条规定："债务人的财产足以支付破产费用的破产案件；债务人无财产可支付破产费用但有利害关系人垫付了足以支付破产费用的；破产案件管理人已经发现或应当发现债务人无财产可供分配，但未及时请求法院裁定终结破产程序，而继续进行破产管理工作，导致管理人工作成本增加的。"

法院终结破产程序裁定书的一定时限内可向有关机关提交书面申请。收到企业破产费用援助资金的申请后，法院会成立破产费用援助资金审核小组，根据破产案件繁简程度和管理人履行职责的情况，对案件援助资金的申请进行审核。

审核通常是由地方法院成立破产专项资金审核小组，专门负责该资金的管理和审核。审核小组由负责破产审判的业务庭、财务部门、纪检监察部门的负责人组成；[①] 或者是由市中院及各基层法院成立破产援助费用资金审核小组，小组成员由破产审判的业务庭、行政处、技术处等负责人组成。有的地方由分管破产案件的院长与破产审判的业务庭、督察室的相关负责人构成。

审核并非一次通过，通常先由合议庭初审，对申请的资金是否具备合理性和必要性提出初步审核意见，之后交由资金审核小组进行审批。审批程序完成后，破产案件办案法官根据有关规定办理破产案件援助资金发放手续，将资金发放到管理人的专用账户上。

地方法院在加强企业破产专项资金监管的同时，也需依法接受财政部门监督检查和审计部门的审计。对于虚假申报、骗取破产援助资金以及法院工作人员协助、串通弄虚作假的，将视情节轻重予以处罚，构成犯罪的，依法追究刑事责任。之所以强调对破产援助资金的监管，是因为破产管理人在破产程序中拥有较大的权限，其履行职务的公正与否，关系到破产程序中各方当事人的切身利益。当法院或是管理人协会发现管理人虚报资金使用情况时，应当及时更换管理人，避免管理人损害各方当事人的利益。根据具体情况，甚至可取消破产管理人资格。[②]

① 《北京市高级人民法院破产费用援助资金使用办法（试行）》第 11 条规定："各中级人民法院、区级人民法院设立破产费用援助资金审核小组，由分管破产审判工作院领导、分管财务工作院领导以及破产案件审判部门、财务部门、内部监察（督察）部门负责人组成。"

② 刘文婷：《论我国目前破产管理人监督制度与完善机制》，载《特区经济》2020 年第 11 期。

三、其他国家应对“无产可破”案件的做法及思考

（一）域外应对“无产可破”案件的做法

关于“无产可破”的案件，英国、美国和法国采取建立管理人报酬基金、设立公共破产管理机构与法律援助的方式来解决管理人的报酬支付问题。本书略作简单介绍，如下。

为解决债务人无足够资产支付破产费用的情况，英国设置了破产管理署。破产管理署在英国，就是其商务、创新与技能部下属的一个行政机构，其主要职能是通过管理、调查破产事务处理破产案件，查明破产原因，处理破产公司职工的裁员补贴等事务。[①] 破产案件发生后，由破产管理署从管理人名册中派官方接管人。英国破产管理人分为官方接管人和破产管理人两类，在英国的破产实践中，原则上私人管理人最终难以获得报酬的案件均交由官方接管人进行办理。[②] 破产管理署作为官方接管人的管理组织，其宗旨是公平、高效地处理破产案件的财务问题。为保障破产署的正常运营，政府设置了专门的资金用于破产署支付无破产财产案件的费用，而官方破产管理人报酬便来源于此。政府从所有破产人的不动产处置价款中收取17%作为破产清算的基金，将其用于管理“无产可破”案件的支出。[③] 此外，政府作为该笔资金的管理人，还要从基金中收取一定的费用。

美国破产程序中的管理人称为破产托管人。美国的破产托管人分为联邦托管人和私人性质的破产托管人。为了将破产法中的司法权与行政权进行区分，联邦托管人由此产生。法官在破产案件中行使司法职能，而联邦托管人

---

① 张永红：《英国个人破产案件的处理及启示》，载《人民司法》2020年第10期。

② 张婷：《我国破产管理人制度面临的挑战及应对》，载《中国律师》2022年第1期。

③ 张海征：《英国破产管理人制度概况》，载《破产法论坛》2012年第7期。

则在破产案件中履行行政管理职能。[①] 联邦托管人由隶属于美国司法部的破产托管人办公室委派公职人员担任，私人托管人则一般由律师担任。当法院裁定受理破产申请时，联邦托管人应从私人托管组的管理人名册中，立即指定一个非利害相关人作为临时破产受托人。如果没有人愿意担任临时破产受托人，则将由联邦托管人担任。[②] 在面对“无产可破”案件时，美国破产法规定了“临时性补偿”制度。即破产案件的债务免除令发出之后，破产管理人可最多每隔 120 天一次，或经法院许可后多次向法院提出申请，要求支付其之前提供服务的补偿费，或报销已发生的费用。[③] 该规定有利于保证破产管理人在较长的破产程序中获得基本的经济保障，从而推进破产工作的有序进行。补贴的经费来源于国库设立的“联邦托管人制度基金”，该基金由司法部部长支配。在联邦托管人的工作中，托管人的报酬、破产案件的支出等不受财政年度限制。该基金同时可用来从事储蓄或基金投资管理，以获得增值。

法国在处理“无产可破”案件时，采取的主要方式是将该类案件归入法律援助的范围。当破产财产不足以支付破产管理人报酬时，破产管理人有权要求最低数额的补贴。补贴的最低数额为 1500 欧元。破产管理人报酬补贴基金由社会保险金管理处所属的一个专门委员会负责管理。管理处在收到法院裁定副本后，会将相应的补贴数额直接拨付至破产管理人的银行账户上。[④] 申请补贴的程序主要有两种，一种是由职业法官依职权来主导进行审查；另一种则是商事法官根据案件的具体情况向职业法官申请，由职业法官最终裁定是否将案件纳入法律援助的范围。

---

① Brian A . Blum：Bankruptcy and Debtor / Creditor，Aspen Publishers，2004，p. 113.（布赖恩·布鲁姆：《破产和债务人/债权人》，阿斯彭出版社 2004 年版，第 113 页。）

② 美国法典第十一编第七章第 701 条。

③ 美国法典第十一编第三章第 331 条。

④ 仲林：《法国破产管理人报酬制度对完善我国破产管理人报酬制度的启示》，载《破产法论坛》2012 年第 7 期。

（二）对于其他国家应对“无产可破”案件做法的思考

上述各国针对“无产可破”案件的做法中，除了设立专门的破产援助资金外，另外较为常见的方式就是由特定的主体来管理“无产可破”案件。例如，由国家设立如破产署等公共破产管理机构，让具有资质的专业人员来担任机构的任职人员，给予其固定报酬。本书对该种模式略作评价。客观而言，设立官方管理署的做法具有其自身的优点。

首先，破产管理机构的设立，能在“无产可破”等特殊案件中发挥显著作用。破产管理机构的本质是，政府运用公权力手段提供公共法律服务，保障困境企业的及时退市。[①] 通过利用政府的优势，可以有效衔接破产案件中的司法权与行政权。因此，破产管理机构在参与破产工作的过程中，能够协调管理人在职工安置、税收问题等事务中遇到的困难，以积极有效的方式处理破产工作，保障社会经济的有效运行。

其次，官方破产管理人不同于市场化性质的破产管理人，其是由国家财政保障，除了担负破产行政事务管理事务之外，还可为无产可破或其他符合条件的破产案件提供服务，具有社会公益性质。从这一点来看，其工作人员属于政府公务员性质，有财政经费保障。[②] 因此，在破产事务处理中可能会少一些市场化的竞争压力，有助于减少职业倦怠现象，工作的持续性、稳健性更易于得到保障。

最后，官方破产管理人与私人管理人的关系并存，体现了公益与私益的对立统一。官方破产管理人，是民众日益强烈的公共利益保护诉求的反映，也是从破产实践出发平衡公共利益与私人利益的制度设计，因此，在市场化的破产管理人之外探索设立官方破产管理人，也具有制度创新的价值。

我国现行破产法在制定时，曾参考、借鉴有关英国等各国破产法律制度。虽然其他国家的市场经济环境与我国不同，但是各个国家在对“无产可破”

---

① 苏龙格：《优化营商环境视域下破产管理人报酬制度的完善》，载《河北企业》2021 年第 12 期。

② 贺轶民：《美国联邦破产托管人制度的启示》，载《法学杂志》2010 年第 5 期。

案件的处置，以及在管理人工作中追求公平和效率的制度考量，对于我国破产法市场化、法治化、国际化的建设具有一定的参考价值。对此，曾有破产法专家提出，我国破产法的实施缺乏一个配套的政府主管机构，建议设立破产管理局，作为国务院直属的一个政府部门，负责推动破产法的实施，管理破产方面的行政事务。①

但是，本书认为，基于我国的破产审理实际，设立专门的公共破产管理机构，目前暂时不具有可行性。其原因在于：从我国破产管理人的任职情况出发，我国现行的《企业破产法》并未规定国家公务人员性质的破产管理人。破产管理人的选任由人民法院决定，接受债权人会议和债权人委员会的监督。破产管理人在我国，定位于市场化的中介组织，如果要构建具有公益性质的官方破产管理人，可能需要立法进行大胆的突破或者创新。特别是如果设立专门的公共破产管理人机构，并由国家担负起日常经费，对于我国部分不发达省市而言，无疑又增加了一笔较为沉重的财政开支。

当然，正是基于我国幅员辽阔，各地经济发展水平差异较大，因此，虽然全国性的破产管理局并未组建，但是作为试点的地方破产管理署已经探索设立。2021 年 3 月 1 日，为配合我国首部个人破产法规《深圳经济特区个人破产条例》的施行，深圳市破产事务管理署挂牌成立。在其官方网站上进行查询，可以发现深圳市破产事务管理署主要负责个人破产管理人管理、破产信息登记和公开、破产事务咨询和援助、建立健全政府部门办理个人破产事务的协调机制等。虽然深圳市破产事务管理署目前仅主要负责个人破产事务管理，但从法律性质上看，其作为深圳司法局的直属机构，具有明显的行政机构属性。但是本书认为，这也许在个别经济发达地方可以先行先试，但是就全国而言，全面铺开建设尚有难度。

当前，自我国部分地方法院率先实行破产援助资金制度以来，在实践探索中取得了良好的反响。各地根据自身的经济发展状况建立援助资金制度，

---

① 李曙光：《建议尽快修改破产法 建立破产法庭 破产管理局》，载《中国证券报》2016 年 6 月 2 日。

在因地制宜的背景下，也能够在一定程度上保障破产援助资金制度的有效运行，对破产管理人的报酬也起到了保障的作用。相较其他方式，采用破产援助资金制度已逐渐成为我国管理人业界的共识。综上，基于我国的现实环境，继续健全破产援助资金制度，对于完善“无产可破”案件的费用保障机制，加速困境企业的有序退出，实现破产程序的价值功能，具有重大的意义。

四、我国破产援助资金制度的现状分析及存在问题

（一）破产援助资金制度的现状分析

1. 破产援助资金制度呈现不同管理模式。

破产援助资金的管理，从模式上看主要分为法院管理模式与管理人协会管理模式，其中还有南京地区设立的破产援助基金会模式。之所以出现模式分化，是因为地方之间经济发展程度与破产案件的受理数量存在差异。在破产案件受理数量较多的地方，管理人在长期处理破产案件的过程中积累了较多的经验。区域内的管理人行业也越发成熟，于是该地方会成立专门的管理人协会以实行自治管理。而在破产案件数量较少的地方，由于管理人缺少对破产事务的处理经验，从而对重大案件中财产的处置、把握破产企业最终走向以及处理债权人方面的工作能力较弱，难以胜任对破产案件复杂事务的处理，此时仍需要法院作为破产审判程序的主要推动者。下面将对三种模式展开讨论。

（1）法院管理模式。法院作为实践中破产援助资金的主要管理主体，主要出于以下三个原因：首先，从破产案件的性质进行分析，在破产案件的审判程序中，法院的首要原则是在坚持公平与效率原则的前提下，保障破产程序的公正，从而达到平衡与保护破产企业各方主体的利益。由于破产案件不同于一般的民事案件，其具有“开庭”与“开会”相区分，“办事”与“办案”相协调，“裁判”与“谈判”相配合的特点。因此在破产问题的讨论上，

更需要法院来进行最后的把握。其次，在资金的设立方面，破产援助资金通常是在法院的积极推动下建立起来的。虽然破产援助资金制度的最终设立，离不开法院与其他机关的共同努力，但在具体规则的实行过程中，难以避免产生认识差异。尤其是涉及对援助资金的适用范围与补贴标准等问题的判断时，并非所有的权益都能够通过相关的法律解释或是现行的法律制度得到救济。此时则需要法院出面，对资金管理和使用的主要方向进行把握。最后，法院作为司法机关，在破产审判程序中扮演着重要的角色，负有确保企业依法有序退出市场的责任。法院对于破产案件中的具体情况掌握得更为详细，能够客观中立地评价管理人在具体破产案件中是否投入了相应的人力与金钱成本、是否履行了勤勉忠实的义务。基于法院把控与掌握破产案件全局，并处于中立的立场，所以其能够对破产援助资金进行客观公正的管理，对于保障破产审判工作的进行起到无可替代的作用。

但是法院的管理也存在不足之处，由于破产援助资金互助的性质，法院对资金过多地掌控与干预可能会阻碍私法自治原则的贯彻。另外，审判职能作为法院的主要职能，法院在对资金管理的过程中，如果投入过多的精力与资源，可能会与其审判职能相冲突。此外，当法院拒绝管理人的书面申请时，管理人若向法院申请司法救济，最后会出现决定主体与审判主体相矛盾的情形，导致司法过程可能缺乏客观公正性。基于法院的管理模式可能存在的不足，部分地方也开始探索其他的破产援助资金管理模式。结合各地破产援助资金使用办法，虽然法院作为制定单位占据较大的比重，但仍有 5 个地区是由管理人协会来制定破产援助资金办法，另有 2 个地区则是由法院与财政局共同制定其管理区域内的破产援助资金使用办法。

（2）管理人协会管理模式。随着破产管理人制度的健全，各地管理人协会纷纷建立。截至 2021 年，我国共成立 131 家管理人协会。管理人协会，以规范、稳定和自律作为行业组织发展的目标，对于规范管理人的履职行为、提升管理人的专业素质与工作水平，促进管理人行业的健康发展具有积极意义。在本书整理的 48 个破产援助资金制度的地方规定中，有 5 个地区（东莞市、忻州市、沈阳市、济源市、江西省）的管理人协会出台了破产援助资金管理和使用办法，由协会自主管理援助资金的使用。相比于法院作为管理主体，管理人协会在破产援助资金管理的过程中也有着自身的优势。

首先，在专业性上，由于管理人协会在办案过程中积累的丰富经验，在处理破产事务时更具有一定的专业性。针对“无产可破”案件中管理人所申请的援助资金的数额，协会内部能作出更加专业的判断。这既能够提高资金使用的效率，真正发挥制度设立的价值，同时也能够极大避免滥用资金或是骗取资金的情形出现。其次，在管理组织模式上，管理人协会是拥有规范法人治理机制的公益组织，能够以组织内部的规范治理调动管理人的积极性并保障其利益。最后，管理人协会的建立对于我国法治建设和营商环境的优化具有重要意义。由破产管理人协会来管理资金的使用，不仅能促进管理人成员加强自我约束、提升专业能力，同时也能保障管理人切实履职，提高破产案件的办理质效。例如，在《广州市破产管理人协会破产（清算）公益基金筹集和支出管理暂行办法》中就规定，协会的经费来源于会费，以及协会取得的其他合法收入也应统筹缴入破产公益基金。当协会会员承办的案件没有启动经费时，会员应以管理人或清算组的名义向协会申请基金的援助。①

但由破产管理人协会进行管理的模式仍存在一定的缺陷。由于资金来源的多样性，除管理人在其处理案件中抽取的一定比例的资金外，财政拨款、社会捐助等也占据了一定的经费比例。因此，破产援助资金的管理不仅是管理人协会自我责任与自我风险的承担，其管理也夹杂着多方利益主体对资金流向的共同关注。管理人协会在管理资金与适用文件的过程中，更应注意与外部相协调。管理人协会在自主运作破产援助资金制度的过程中，需要持续

① 《广州市破产管理人协会破产（清算）公益基金筹集和支出管理暂行办法》第 2 条规定：“协会成立后，广州市中级人民法院在册机构管理人向协会缴交会费 2 万元。新入选广州市中级人民法院名册的机构管理人，也将在申请入会时，向协会缴交会费 2 万元。广州市中级人民法院重新编制管理人名册时，如机构管理人会员落选，该 2 万元会费不予退还，但仍保留会员资格，可继续参加协会的活动。”第 7 条规定：“本协会取得的收入除用于与该组织正常活动有关的、合理的支出外，全部用于登记核定或者章程规定的公益性或者非营利性事业。具体应用于如下方面：1. 垫付本协会会员担任管理人的清算、重整或破产项目完成法定程序必须开支的经费。2. 本协会聘用人员的工资、福利及办公费用支出。”

关注管理人协会自身的规范化、组织化。破产援助资金的规范使用，离不开管理人协会的有序发展。可以说，管理人能力的发展以及管理人队伍结构的优化，一直都是未来需关注之处。①

（3）基金会管理模式。相较其他地区，南京地区在破产案件援助资金的管理上，最大的不同就是设立了破产援助基金会。由于考虑到管理人协会或法院管理破产援助资金各有利弊，且在具体的财务管理与账户监管上存在一定的阻碍，于是在南京市人民法院与南京市司法局的共同推进下，2017 年 12 月 19 日金陵破产管理人援助基金会正式成立，其日常运营受南京市中级人民法院的监督指导。②

金陵破产援助基金会的基金来源于政府拨款、社会捐赠、管理人报酬的提取等，与前述两种模式中破产援助资金的经费来源别无二致。基金会通过制定章程，建立理事会、监事会、监事等有关部门，制定资金管理和使用办法，并规范资金的正常运作。管理人援助基金会设立的目的在于通过管理人之间的互助互勉并保障管理人积极履职，推动“无产可破”企业有序退出市场。基金会作为捐助法人，其设立是以实现公益为目的，而这与基金会为促进社会经济发展的初衷不谋而合。③

虽然从形式上看援助基金会与管理人协会均为独立平等的法人主体，两者之间不存在隶属关系。但实质上，破产援助基金会与破产管理人协会具有一定的相似性。一方面，在其章程的制定上，反映了管理人的意思自治；另一方面，在基金会内部组成机构的选任人员上，基本都是由管理人协会成员担任。基金会的管理模式，使破产援助资金在独立运作的情况下保证财产独立，保障其设立目的的实现④，又能保障在规范运作的前提下不与管理人协会相脱节。

---

① 张婷：《我国破产管理人制度面临的挑战及应对》，载《中国律师》2022 年第 1 期。

② 吴艳、黄建东：《破产管理人援助基金会的建立及运行——以金陵管理人援助基金会为参照》，载《人民司法》2019 年第 4 期。

③ 王静、蒋伟：《破产管理人自治模式实证研究》，载《法律适用（司法案例）》2018 年第 14 期。

④ 同上。

2. 南方经济发达地区率先实行破产援助资金制度。

通过对文献的梳理，我国大部分地区均已出台了破产援助资金的规定，这些文件出台的时期主要集中在2019—2022年。只有少数几个地区，如深圳市、浙江温州市、山东滨州市等地，因为当地特殊的经济政策或其他原因，较早便出台了相关政策。

由于我国破产立法起步较晚，加以法院的审判力量不足，以及经济环境的影响，《企业破产法》在2007年实行之时，每年的破产案件数量在3000件左右。后来，随着供给侧结构性改革，为加快建立市场主体的退出机制，自2012年以来我国破产案件数量飞速上升，2017年至2020年受理和审结的破产案件分别占到法律实施以来案件总量的54%和41%。在地域分布上，东部地区破产案件数量占到全国的近80%，浙江、江苏、广东三省约占60%。[①] 深圳作为我国的经济特区，为营造市场化的营商环境，深化供给侧结构性改革，始终在深入推进破产制度改革方面持续创新，不断提升破产体系和处理破产案件的能力。早在2013年，深圳市中级人民法院便出台了《破产案件管理人援助资金管理和使用办法》，办法针对破产援助资金的管理和使用进行了详尽的规定。

除深圳以外，由于蓬勃发展的民营经济，浙江地区的破产审理工作也在全国处于领先状态。2011年温州大量企业出现资金链断裂的情形，导致温州于2011年迎来一轮破产潮。在2011年至2015年期间，全国的破产案件主要集中在温州市。[②] 就是在这一时期下，为保证管理人在办理“无产可破”的案件中能够勤勉尽职，在温州中院与温州市财政局的共同推动下，2013年建立了200万元的破产援助专项资金，推进破产审判的有序进行。[③]

3. 政府与法院在破产审判工作中探索府院联动。

在破产审判程序中，法院虽主导破产程序的具体进展，但破产案件的处理不能完全依靠司法机关，对于法律之外的其他事项则需要政府的参与和介

① 《全国人民代表大会常务委员会执法检查组关于检查〈中华人民共和国企业破产法〉实施情况的报告》。

② 伍玉华：《反思温州民营企业“破产潮”》，载《商场现代化》2013年第17期。

③ 潘光林：《温州法院破产审判工作六项亮点》，载《人民法治》2017年第11期。

入。政府对于掌控社会经济发展状况具有一定的优势地位，在对宏观经济政策的把握和预判上，也具有较大的能动性。尤其是在解决破产衍生社会事务上，更需要政府的参与，由政府牵头，各职能部门之间相互配合。

在破产程序中，司法权的运用，主要目的是解决市场主体背后的债权债务关系以及衍生的一系列诉讼问题。但现实中却发现，针对企业后续的职工处置、规划调整、政策帮扶等，仅凭借司法机关难以解决上述的诸多问题。[①]此时若加入政府的支持，建立破产实践的府院联动协调机制，则能使有关难题迎刃而解，并可以高效推进审判程序的进行。由于政府在财政、市场监管、税务等方面所具有的职能，对于处理职工安置、债权人安抚、破产援助资金支持等方面都具有得天独厚的条件。因此，在破产案件的审理中，如何处理行政权与司法权的协调关系，是破产法领域始终讨论的重要问题。

在各地施行的破产援助资金管理办法中，都明确规定了有关部门应相互配合。虽然法院作为破产审判程序的推进者与主导者，也是破产援助资金的管理者，但在资金的监管上，仍应当依法接受财政部门的监督和审计部门的审计。政府与法院的协调与合作，作为推进破产审判工作的一种创新机制，能够较为高效地解决实际问题。在市场化破产模式下，需要行政权与司法权的相互配合。行政权的让位不等同于缺席，法院在破产案件的审理过程中，与政府间的联系应当是良性有序的，不能过分依赖，也不可闭门造车。

4. 探索建立企业破产援助资金收回制度。

在上海市、南阳市等 6 个地区的破产援助资金管理办法中，均规定当破产案件在破产程序终结之日起两年内，若是发现了新的财产或是追回了其他财产，应当优先用于退还援助资金。[②]

---

① 范志勇：《从单向走向互动的破产府院联动机制——以我国法院的破产能动司法为中心》，载《中国政法大学学报》2021 年第 1 期。

② 《上海市企业破产工作经费管理办法（试行）》第 20 条规定："破产程序终结后的 2 年法定期内有财产追回的，应清偿已垫付的破产费用；无财产追回的，原管理人应向破产案件受理法院填报《企业破产工作经费核销单》并附核销说明，经破产审判业务庭审核和企业破产工作经费管理小组审批，办理垫付费用的核销手续。"《南阳市破产费用援助资金使用办法（试行）》第 14 条规定："在企业破产法规定的破产程序终结之日起二年内，追回破产财产或者新发现破产财产的，应优先用于退还援助资金。"

破产援助资金制度的设立，是地方各级法院牵头所搭建的管理人报酬的保障制度，法院通过多途径获取援助资金从而解决破产管理人的报酬保障问题，援助资金应当用于垫付破产案件审理中依法发生且应由破产财产支付的破产费用。虽然破产援助资金制度偏向于救济和援助的性质，但并不意味着当破产案件程序终结之后，就不再对案件进行后续的关注。破产援助资金的本质仍是一种互助性质的资金，有的观点认为其属于国家财政政策下的扶持资金，但本书通过前述关于资金设立的宗旨、资金的来源等方面的分析，认为破产援助资金具有互助性。虽然部分地区破产援助资金的唯一来源是财政拨款，但在多数破产援助资金经费来源相对复杂的地区，也会从其他破产案件获取的收入中提取一定比例的资金归入破产援助资金中，这恰好体现了破产案件中，特别是破产管理人之间的一种互助。因此，获得破产援助资金，只是具体情况下的权宜之计，若是在案件结束后从其他途径发现了新的财产，自然是应当优先退回到破产援助资金中，用于更需要的案件，从而实现真正的互帮互助。

（二）破产援助资金制度运行中的问题

1. 资金申请时间难以保障管理人的权益。

破产援助资金制度的设立是为“无产可破”的案件及时提供资金帮助，在缺乏现金流时，补充破产管理费用从而迅速推进企业的破产进程，以保证破产清算工作顺利进行。其根本目的是保障困境企业能够及时有效地退出市场，提高破产审判质量。资金的使用时间应当在破产企业启动破产程序时便已存在，但笔者通过梳理发现，多数地区出台的文件规定了管理人先行垫付的费用，只能在收到终结破产程序的裁定书之后的一定时限内才能向法院提出申请[①]，由此也引发了部分破产管理人的意见。

---

① 《北京市高级人民法院破产费用援助资金使用办法（试行）》第9条规定：“管理人认为符合援助资金使用条件的，应当在收到人民法院终结破产程序裁定后15日内向审理本破产案件的合议庭或独任法官提出使用申请，填写《破产费用援助资金申请表》和《管理人履职费用结算明细清单》。”《重庆市高级人民法院企业破产费用援助资金使用办法》第9条规定：“管理人认为破产企业符合本办法规定的破产费用援助资金使用情形的，应于收到人民法院裁定终结破产程序之日起15日内向审理破产案件的合议庭或独任法官提出申请。”

首先需要明确，启动破产程序需要先行支付一定的破产费用。而实践中当企业已无资金可用，就会面临筹集资金难的问题。虽然针对部分国有企业，存在利害关系人愿意垫付或是当地政府部门投入一些资金，以支持企业继续进行破产程序的情况。但是多数中小企业通常面临的是无资金垫付的窘迫局面。在破产案件受理后，经破产管理人调查，确认债务人财产不足以清偿破产费用且无人代为清偿或垫付的，人民法院应当依管理人申请，宣告破产并裁定终结破产清算程序。先调查，再确认结果，是破产程序进程的必然时间顺序。然而，就是在调查的环节，管理人需投入相应的财力、人力，但依据相关规定，破产管理人却不能在程序进行的过程中向法院提出费用援助申请。

同时，在债务人财产不足以支付管理人报酬，而债权人、破产企业的出资人、其他利害关系人在未获得自身利益的保障，又不愿意先行垫付管理人报酬的情况下，导致管理人报酬无法计算或数额较低，管理人的工作热情与效率就将大打折扣。虽然部分地方规定，管理人有需要的，可向法院提前申请。① 但是大多数文件规定的申请时间节点，意味着破产援助资金更注重于事后救济。即当破产案件在尘埃落定之时，再以事后救济的方式，填补主体的损失，这种模式很难充分调动破产管理人的积极性。

2. 破产援助资金申请审核标准不够细化。

破产援助资金制度是法院在地方政府部门的统一配合下，积极争取到的财政、税收、审计等多部门的支持，是根据破产审理的实际需要所设置的相关制度。针对资金的使用，应当符合专款专户专用、滚动补偿和严格监管的原则。破产援助资金的设立，并非为解决破产事务问题而形成的法院单方面的制度措施，而是国家为了社会的稳定秩序以及经济的平稳发展，在制度层面所给予的积极支持。因此，破产援助资金制度的运行，不仅在于其资金来源的筹集，更在于对资金后续申请的审慎监管。

---

① 《深圳市中级人民法院破产案件管理人援助资金管理和使用办法》第 9 条第 1 款规定："管理人认为符合援助条件的，可在接管破产企业后申请预付部分援助资金。预付申请获得批准的，管理人应于裁定终结破产程序之日起 15 日内向本院提出正式申请。"

破产援助资金的案件适用范围为无产可破或债务人财产不足以支付破产费用的案件，这是破产援助资金制度设立之初便已经明确的，但是这并非表明凡是破产援助资金案件皆可获得破产援助资金。若是因破产管理人的原因，导致破产费用不足以支持破产程序进行的，应追究破产管理人的相应责任。在破产管理人未尽忠实勤勉义务导致破产费用支出扩大时，对于扩大部分的资金则不进行补偿。

3. 破产援助资金账户监督机制不健全。

虽然法院负责破产援助资金的管理与使用，且资金的使用依法接受财政部门的监督和审计机关的审计。但由于各个机构所承担的职能不同，财政机关、审计机关在忙于其自身行政事务的前提下，无法分身再投入大量的时间、成本对资金的报告进行细致的核查，所以只能对法院提交的材料进行审核。但法院承担的审判业务日趋繁重，也很难对破产援助资金的申报、使用、流向等做到事无巨细的监督。由于破产案件的专业性较强，案件的处理相较其他类型的案件需耗费更多时间，所以不能要求法官对账户和经费做到事无巨细的监督。因此，如何健全破产援助资金账户的监管机制，也是该制度在运行中需要考虑和完善的重要问题。

（三）我国破产援助资金制度的完善路径

1. 对资金账户建立多元化监督机制。

由于资金的流转都是通过管理人设立专门账户来进行操作的，若不对管理人运行的专门账户加以监管，极易产生账户数据造假或是资金挪作他用等情况。因此，应当对资金具体不同时段的收支以及运作情况进行登记，并保留好每一项原始凭证，定期将资金使用情况归纳并汇总，以公开透明、专款专用的原则严格监督资金的使用。

关于破产援助资金，应当建立多元的监督机制。首先应当建立管理人监督机构。由于破产事务的处理涉及法律、会计、审计等专业领域问题，破产援助资金使用情况的评估仍需要具体领域的专业人员进行判断。各地可依照当地的经济发展水平，制定地方统一的职业规范，明确管理人职责与义务的范围，从而保障对破产援助资金的使用，并对管理人在整个破产程序中的工作进行监督。至于具体的监督措施，无论是法院还是破产管理人，都应该派出相关人员组成专门的账户监察小组，对资金使用的情况以及账户的流水进行审查，并将审查的资料与最终的结果，向内部的成员以及破产案件的债权人、债务人等利益主体公开。同时，应当保障有关主体对资金使用状况有知情权。如果有关的利害关系人，如社会捐赠者请求查阅账目的信息，理由正当合理的应予以支持。

2. 细化资金申请条件。

破产援助资金的补贴数额的确定，应考虑管理人在工作中的忠实、勤勉程度。在管理人切实履行其工作职责，且查明管理人对于企业“无产可破”的情形没有过错的前提下，确定其具体的补贴条件。建议细化破产援助资金的补贴条件，应当明确补贴的范围及数额。本书所检索的48个关于破产援助资金制度的地方规定中，破产援助资金的使用范围主要是用于支付管理人处理破产事务中所产生的相关费用，如管理、处置债务人财产费用、召开债权人会议费用、管理人报酬等。管理人在提交申请时，应当对申请的范围进行审核，并采取审慎态度，以避免因管理人疏忽大意或是存在过错将资金过度使用，从而损害其他债权人的利益。由于破产援助资金是在管理人的报酬低于实际的工作成本时所给予的补贴，因此，资金的补贴不能过度，在保障管理人履职积极性的同时，也需要考量破产案件中其他利害关系人的权益。

3. 建立完善的奖惩机制。

由于“无产可破”案件的特殊性，债务企业涉及多方主体的利益，导致在推进破产程序的过程中，破产管理人需要将各方主体的利益进行平衡。若处理有不当之处，则会引起部分主体强烈的对抗情绪。但是在这类案件实际执行过程中，由于企业自身的财产已不足以支付破产费用，破产管理人仍需垫付部分资金，在人力、财力、时间等耗损下，有的管理人可能会在破产工作中出现懈怠、推诿等情况。因此，需要建立针对管理人履职工作的奖惩机制，激发破产管理人履职的责任心。

奖惩机制的设计首先需要明晰两个问题：一是管理人“勤勉尽责”的程度。由于“勤勉尽责”的概念过于模糊与抽象，具体个案情况千差万别，在实际操作上难以对其很好地把握。因此，应当对“勤勉”的最低限度作出规定，管理人对其工作内容有证成的义务。二是由于破产案件中的破产管理人是由不同人员共同担任，因此对于管理人之间的职权分工与内部责任应作出区分。

此外，由于大多数地区的管理人名册在确定之后的较长时间里，人员名单都是处于一个稳定的形态，并且对管理人的实际履职情况未定期进行动态考核，长此以往使得部分管理人没有学习与自我激励意识，缺乏内部竞争动力。[①] 所以需要根据破产审判工作在各地的实践特点，结合破产案件中的具体情况，制定相关的考核标准，尽可能反映各管理人在破产案件中根据自身职责所付出的劳动情况。[②] 奖惩的内容主要针对管理人最终所获酬劳的分配与管理人名册级别的调动，有利于提升管理人的勤勉尽职程度，提升管理人的专业素质，从而提高破产审判工作的质效。

破产援助资金的出现，是各地方根据破产案件的实际审判情况，为解决破产案件中管理人报酬不足，以及破产财产不足以支付破产费用，从而导致破产案件久拖不决所制定的有关制度。破产援助资金制度的设立，为解决当下我国破产管理人报酬的合理支付问题提供了一条可行的路径，对于促进我国目前的经济转型升级，强化企业市场退出的破产保障，解决“无产可破”企业破产程序的启动难题具有极大的促进作用。但由于破产审判工作涉及不同主体之间的利益，仍需要法院、政府以及管理人之间相互配合支持，使破产援助资金制度在实践中的运行更加畅通，从而达到加快困境企业有序退出市场的立法目的。

---

① 北京市第一中级人民法院清算与破产审判庭课题组、马立娜、郑伟华、高春、樊星：《关于健全完善管理人制度的调研报告》，载《人民司法》2019 年第 16 期。

② 山东省济南市中级人民法院课题组、张爱云：《破解破产案件审判疑难问题的进路探究——以济南破产法庭为分析样本》，载《山东法官培训学院学报》2021 年第 6 期。

参考文献

中文文献

1. 《辞海》编辑委员会：《辞海》，上海辞书出版社 1989 年版。

2. ［瑞］艾娃·胡普凯斯：《比较视野中的银行破产法律制度》，季立刚译，法律出版社 2006 年版。

3. 陈夏红、许胜锋：《破产法信札》，法律出版社 2017 年版。

4. 《英国破产法》，丁昌业译，法律出版社 2003 年版。

5. 杜涛、陈力：《国际私法》，复旦大学出版社 2004 年版。

6. 付翠英：《破产法比较研究》，中国人民公安大学出版社 2004 年版。

7. 公丕祥：《马克思法哲学思想论述》，河南人民出版社 1992 年版。

8. 胡利玲：《困境企业拯救的法律机制研究——制度改进的视角》，中国政法大学出版社 2009 年版。

9. 何旺翔：《破产重整制度改革研究》，中国政法大学出版社 2020 年版。

10. 韩德培主编：《国际私法》，高等教育出版社、北京大学出版社 2014 年版。

11. 《法国商法典》，金邦贵译，中国法制出版社 2000 年版。

12. ［日］金泽良雄：《经济法概论》，满达人译，甘肃人民出版社 1985 年版。

13. 罗培新：《公司法的合同解释》，北京大学出版社 2004 年版。

14. 李永军：《破产法律制度》，中国法制出版社 2010 年版。

15. 李永军：《破产法》，中国政法大学出版社 2017 年版。

16. ［德］莱奥·罗森贝克：《证明责任论——以德国民法典和民事诉讼

法典为基础撰写》，庄敬华译，中国法制出版社 2002 年版。

17. 马西蒙、乐鹏：《破产重整企业信用恢复问题初探》，载王欣新、郑志斌主编：《破产法论坛》（第 13 辑），法律出版社 2018 年版。

18. 潘琪：《美国破产法》，法律出版社 1999 年版。

19. 齐明：《中国破产法原理与适用》，法律出版社 2017 年版。

20. 齐树洁：《破产法》，厦门大学出版社 2007 年版。

21. 沈涓主编：《国际私法学的新发展》，中国社会科学出版社 2015 年版。

22. ［美］托马斯·米特拉诺：《大清破产律：一部法案史》，陈夏红译，载陈夏红：《中国破产法》，中国大百科全书出版社 2018 年版。

23. 汤正旗、汪涛：《破产法实务教程》，武汉大学出版社 2020 年版。

24. 汤维建：《破产重整程序研究》，载梁慧星主编：《民商法论丛》（第 5 卷），法律出版社 1996 年版。

25. 汤维建、向泰编：《民事诉讼法》，中国人民大学出版社 2014 年版。

26. 王卫国：《破产法》，人民法院出版社 1999 年版。

27. 王卫国：《破产法精义》，法律出版社 2020 年版。

28. 王欣新：《破产法》，中国人民大学出版社 2019 年版。

29. 王仁宏主编：《商法裁判百选》，中国政法大学出版社 2002 年版。

30. 王佐发：《公司重整制度的契约分析》，中国政法大学出版社 2013 年版。

31.《日本商法典》，王书江、殷剑平译，中国法制出版社 2000 年版。

32. ［德］乌尔里希·福尔斯特：《德国破产法》，张宇晖译，中国法制出版社 2020 年版。

33. 许德风：《破产法论：解释与功能比较的视角》，北京大学出版社 2015 年版。

34. 徐建新：《破产案件简化审理程序探究》，人民法院出版社 2015 年版。

35. 徐冬根：《国际私法》，北京大学出版社 2009 年版。

36. 邹海林：《破产程序和破产法实体制度比较研究》，法律出版社 1995

年版。

37. 张善斌：《破产法的“破”与“立”》，武汉大学出版社 2017 年版。

38. 郑志斌、张婷：《公司重整：角色与规则》，北京大学出版社 2013 年版。

39. 陈丽华、杨罗根：《论破产法的价值定位及相关制度完善》，载《湖南大学学报（社会科学版）》2004 年第 1 期。

40. 陈鸣：《破产和解制度功能目标的探讨》，载《现代法学》1997 年第 4 期。

41. 陈佳贵：《关于企业生命周期与企业蜕变的探讨》，载《中国工业经济》1995 年第 11 期。

42. 陈建波：《中小企业界定标准：国际比较与中国实践》，载徐明、隋强主编：《多层次资本市场研究》（总第 7 辑），中国金融出版社 2021 年版，第 49 页。

43. 陈光中、肖沛权：《关于司法权威问题之探讨》，载《政法论坛》2011 年第 1 期。

44. 成思雨：《外国法院判决承认与执行中的互惠原则》，华东政法大学 2018 年硕士学位论文。

45. 曹文兵、牛程斌：《预重整制度的再认识及其规范重构——从宋机预重整案谈起》，载《法律适用（司法案例）》2019 年第 2 期。

46. 常敏、邹海林：《中华人民共和国破产法的制定》，载《法学研究》1995 年第 2 期。

47. 崔明亮：《破产重整计划执行法律问题研究》，载《中国政法大学学报》2018 年第 2 期。

48. 邓艳君：《破产重整与破产和解程序之比较》，载《中南林业科技大学学报（社会科学版）》2008 年第 6 期。

49. 董慧江：《我国企业重整制度的改良与简易包裹式重整》，载《现代法学》2009 年第 5 期。

50. 董士君：《DIP 融资的国际经验与本土化建构》，载黄红元总编：《证券法苑》（第三十三卷），法律出版社 2021 年版，第 301 页。

51. 杜涛：《互惠原则与外国法院判决的承认与执行》，载《环球法律评论》2007 年第 1 期。

52. 丁小巍、王吉文：《论我国互惠原则的司法改进》，载《学术交流》2018 年第 8 期。

53. 付翠英：《从破产到破产预防：一个必然的逻辑演绎》，载《法学杂志》2003 年第 1 期。

54. 范志勇：《破产联动共识及其法治化进路》，载《扬州大学学报（人文社会科学版）》2021 年第 3 期。

55. 范志勇：《从单向走向互动的破产府院联动机制——以我国法院的破产能动司法为中心》，载《中国政法大学学报》2021 年第 1 期。

56. 方正：《论跨国破产的几个问题及解决——兼评〈跨国破产的法律问题研究〉一书》，载《中国法学》2000 年第 3 期。

57. 费安玲：《1942 年意大利民法典之探研》，载《比较法研究》1998 年第 1 期。

58. ［日］宫川知法：《日本倒产法制的现状与课题》，丁水译，载《外国法译评》1995 年第 2 期。

59. 龚家慧：《论我国关联企业实质合并预重整制度的构建》，载《当代法学》2020 年第 34 期。

60. 韩长印：《中小企业重整的法理阐释与制度重构》，载《中国法律评论》2021 年第 6 期。

61. 胡利玲：《论困境企业拯救的简易重整机制》，载《科技与法律》2009 年第 3 期。

62. 胡元聪、闫晴：《纳税信用修复制度的理论解析与优化路径》，载《现代法学》2018 年第 1 期。

63. 何其生：《大国司法观念与中国国际民事诉讼制度的发展》，载《中国社会科学》2017 年第 5 期。

64. 侯国彬、王德岭、杨运福：《跨界破产若干法律问题探讨——从韩进海运破产案谈起》，载《中国海商法研究》2019 年第 2 期。

65. 黄贤华：《破产管理人对府院协调机制的弥合作用》，载《中国注册会计师》2020 年第 3 期。

66. 黄双蓉：《中小民营企业财务管理现存问题及对策》，载《财务与会计》2019 年第 16 期。

67. 黄圆圆：《“一带一路”倡议下的跨界破产合作及中国的因应》，载《武大国际法评论》2018 年第 2 期。

68. 黄志慧：《我国判决承认与执行中互惠原则实施的困境与出路》，载《政法论坛》2018 年第 6 期。

69. 贺轶民：《美国联邦破产托管人制度的启示》，载《法学杂志》2010 年第 5 期。

70. 贾林青、钟欣：《企业重整制度与破产和解制度比较研究》，载《法律适用》2005 年第 1 期。

71. 季奎明：《论企业简易重整制度》，载顾功耘主编：《公司法律评论》，上海人民出版社 2011 年版。

72. 季奎明：《论困境企业的预先重整》，载《上海财经大学学报》2013 年第 15 期。

73. 靳宝兰、张舒英：《浅析日本的公司更生法》，载《中国法学》1997 年第 1 期。

74. 姜付秀、蔡文婧、蔡欣妮、李行天：《银行竞争的微观效应：来自融资约束的经验证据》，载《经济研究》2019 年第 6 期。

75. 金春、［日］史黛西·斯蒂尔、［澳］安德鲁·戈德温：《破产重整程序中的管理人制度》，载《政法论坛》2010 年第 6 期。

76. 李曙光：《建议尽快修改破产法 建立破产法庭 破产管理局》，载《中国证券报》2016 年 6 月 2 日。

77. 李曙光：《论我国企业破产法修法的理念、原则与修改重点》，载

《中国法律评论》2021 年第 6 期。

78. 李曙光、贺丹：《破产法立法若干重大问题的国际比较》，载《政法论坛》2004 年第 5 期。

79. 李永军：《破产法的程序结构与利益平衡机制》，载《政法论坛》2007 年第 1 期。

80. 李常在：《地方政府财政支出规模和结构对经济增长的影响》，载《全国流通经济》2020 年第 8 期。

81. 李波、朱太辉：《银行价格竞争、融资约束与企业研发投资——基于“中介效应”模型的实证研究》，载《金融研究》2020 年第 7 期。

82. 凌斌：《法律的性质：一个法律经济学视角》，载《政法论坛》2013 年第 5 期。

83. 罗裕珍：《预重整法律制度研究》，南昌大学 2015 年硕士学位论文。

84. 卢泰岳、李英：《韩国破产法最新修改与破产法院的设立》，载《中国政法大学学报》2018 年第 4 期。

85. 刘学：《预重整制度运行困境的突破——以政府与市场的关系为视角》，载《金融理论与教学》2020 年第 3 期。

86. 刘文婷：《论我国目前破产管理人监督制度与完善机制》，载《特区经济》2020 年第 11 期。

87. 刘懿彤：《互惠原则在承认与执行外国判决中作用的再认识——以德国柏林高等法院承认中国无锡中院判决为案例》，载《人民司法》2009 年第 3 期。

88. 刘雯丽：《我国企业破产重整管理人职能研究》，载《广西大学学报（哲学社会科学版）》2018 年第 2 期。

89. 刘梦宇、王砾尧：《第三方力量——国家发改委引入第三方信用服务机构参与行业信用建设与监管纪实》，载《中国信用》2017 年第 12 期。

90. 林文学、关丽、郁琳、詹应国：《〈关于推进破产案件依法高效审理的意见〉的理解与适用》，载《人民司法》2020 年第 13 期。

91. 马明飞、蔡斯扬：《我国承认与执行外国判决中的互惠原则：困境与破解》，载《政治与法律》2019 年第 3 期。

92. 马琳：《析德国法院承认中国法院民商事判决第一案》，载《法商研究》2007 年第 4 期。

93. 南单婵：《破产重整企业信用修复研究》，载《上海金融》2016 年第 4 期。

94. 潘光林：《温州法院破产审判工作六项亮点》，载《人民法治》2017 年第 11 期。

95. 彭国元、张亚琼：《论破产重整程序的启动》，载《学术论坛》2012 年第 2 期。

96. 乔雄兵：《“一带一路”倡议下中国的国际民商事司法协助：实践、问题及前景》，载《西北大学学报（哲学社会科学版）》2017 年第 6 期。

97. 荣艳：《破产重整企业信用修复问题初探》，载《企业合规论丛》2018 年第 2 期。

98. 任明艳：《论互惠原则在承认与执行外国法院判决中的适用》，载《公民与法（法学）》2011 年第 1 期。

99. ［意］富托默：《意大利破产法》，徐步衡译，载《现代外国哲学社会科学文摘》1987 年第 8 期。

100. 宋晓明、张勇健、赵柯：《〈关于审理上市公司破产重整案件工作座谈会纪要〉的理解与适用》，载《人民司法》2013 年第 1 期。

101. 宋建立：《跨境破产案件的司法应对》，载《人民司法（应用）》2018 年第 22 期。

102. 宋玉霞：《实施破产重整企业信用修复制度》，载《人民法治》2016 年第 9 期。

103. 苏浩文：《破产多元化下的程序识别：临时管理人制度的必要性》，载《山西能源学院学报》2019 年第 32 期。

104. 苏龙格：《优化营商环境视域下破产管理人报酬制度的完善》，载

《河北企业》2021 年第 12 期。

105. 苏秀清：《政府补助对财务困境企业的影响研究》，载《会计师》2017 年第 3 期。

106. 孙家磊、王康：《浅析破产重整企业信用修复问题》，载《中国信用》2021 年第 9 期。

107. 孙航：《三年成绩单出炉，中国特色解纷服务迎来提档升级》，载《人民法院报》2022 年 2 月 25 日。

108. 沈红雨：《外国民商事判决承认和执行若干疑难问题研究》，载《法律适用》2018 年第 5 期。

109. 史巍：《完善我国破产管理人制度》，载《光明日报》2013 年 2 月 26 日。

110. 石静霞、黄圆圆：《跨界破产中的承认与救济制度——基于“韩进破产案”的观察与分析》，载《中国人民大学学报》2017 年第 2 期。

111. 上海市高级人民法院：《规范破产为企业优胜劣汰提供司法保障》，载《人民司法》1998 年第 5 期。

112. 汤维建：《破产和解制度的改革与完善》，载《中国法学》1995 年第 2 期。

113. 汤维建：《谈谈破产申请的法律主体》，载《现代法学》1994 年第 6 期。

114. 汤维建：《破产概念新说》，载《中外法学》1995 年第 3 期。

115. 唐应茂：《为什么执行程序处理破产问题?》，载《北京大学学报（哲学社会科学版）》2008 年第 6 期。

116. 陶乾、张世君：《意大利破产和解制度的发展及经验借鉴》，载《社会科学战线》2016 年第 10 期。

117. 吴艳、黄建东：《破产管理人援助基金会的建立及运行——以金陵管理人援助基金会为参照》，载《人民司法》2019 年第 4 期。

118. 伍玉华：《反思温州民营企业“破产潮”》，载《商场现代化》2013

年第17期。

119. 王静、蒋伟：《破产管理人自治模式实证研究》，载《法律适用（司法案例）》2018年第14期。

120. 王萍、曹滢钰：《破产和解语境中债转股的规范和实践》，载《法律适用》2019年第20期。

121. 王佐发：《“市场主体友好型”破产法：理论反思与制度构建——兼论中国破产法的修改》，载《中国政法大学学报》2021年第4期。

122. 王国明：《促进市场主体优胜劣汰，推动经济高质量发展》，载《中国市场监管报》2019年7月30日。

123. 王卫国：《论重整制度》，载《法学研究》1996年第1期。

124. 王欣新：《破产法修改中的新制度建设》，载《法治研究》2022年第4期。

125. 王欣新：《僵尸企业治理与破产法的实施》，载《中国金融》2016年第5期。

126. 王欣新：《论破产立法中的经济法理念》，载史际春、邓峰主编：《经济法评论》（第4卷），中国法制出版社2003年版。

127. 王欣新、李江鸿：《论破产重整中的债务人自行管理制度》，载《政治与法律》2009年第11期。

128. 王吉文：《论我国对外国判决承认与执行的互惠原则——以利益衡量方法为工具》，载《法学家》2012年第6期。

129. 王瑞雪：《政府规制中的信用工具研究》，载《中国法学》2017年第4期。

130. 王明远、罗攀：《论公司重整制度的价值取向和适用范围》，载《南方金融》2002年第10期。

131. 王雅菡：《“一带一路”建设下礼让原则在承认和执行外国法院判决中的可行性研究》，载《河南大学学报（社会科学版）》2017年第5期。

132. 卫子豪：《破产管理人制度的完善》，载《人民司法》2021年第

1 期。

133. 徐国栋：《罗马破产法研究》，载《现代法学》2014 年第 1 期。

134. 徐阳光、毛雪华：《破产重整制度的司法适用问题研究》，载《法制与经济》2015 年第 1 期。

135. 徐志明、熊光明：《对完善我国信用修复制度的思考》，载《征信》2019 年第 3 期。

136. 徐崇利：《经济全球化与外国法院判决的承认和执行的互惠原则》，载柳经纬主编：《厦门大学法律评论》（第 8 辑），厦门大学出版社 2004 年版，第 43 页。

137. 徐伟功：《我国承认和执行外国法院判决制度的构建路径——兼论我国认定互惠关系态度的转变》，载《法商研究》2018 年第 2 期。

138. 香香：《破产和解："中华第一屏"绝处逢生》，载《民主与法制》2010 年第 13 期。

139. 谢肇煌：《公司重整中的债务人自行管理：功能定位与权责配置》，载《天府新论》2021 年第 3 期。

140. 谢辉：《我国破产管理人的法律地位》，载《人民法治》2016 年第 11 期。

141. 许浩：《起草组专家李曙光谈新破产法》，载《中国经济周刊》2006 年第 35 期。

142. 许胜锋：《管理人制度适用的现实困局及立法建议》，载《法律适用》2017 年第 15 期。

143. 薛宇择、张明源：《我国中小企业融资困境分析及其应对策略——效仿德国中小企业融资框架》，载《西南金融》2020 年第 2 期。

144. 姚秀兰：《近代中国破产立法探析》，载《现代法学》2003 年第 5 期。

145. 于颖、罗党练、林硕延：《公司治理失败与企业破产》，载《财会月刊》2021 年第 13 期。

146. 杨悦：《破产管理人制度的完善》，载《人民司法（应用）》2016年第16期。

147. 杨薪燕、许婕：《中小企业债务融资风险分析》，载《财会通讯》2017年第14期。

148. 杨伟文、江飞涛、李明清：《企业破产中的政府行为及角色研究》，载《中南工业大学学报（社会科学版）》2001年第3期。

149. 杨晖、柳青：《破产重整企业征信问题研究》，载《征信》2020年第4期。

150. 闫海、王天依：《论重整企业信用修复的特征、机制与方式》，载《征信》2021年第1期。

151. 袁文瀚：《信用监管的行政法解读》，载《行政法学研究》2019年第1期。

152. 张世君：《破产重整制度的理论基础研究》，载《西部法律评论》2010年第1期。

153. 张世君：《我国破产重整立法的理念调适与核心制度改进》，载《法学杂志》2020年第7期。

154. 张世君、高雅丽：《论我国破产重整企业纳税信用制度修复制度之构建》，载《税务研究》2020年第9期。

155. 张世君：《从利益相关者视角谈商会参与公司治理》，载《国家检察官学院学报》2013年第6期。

156. 张磊、陆晓燕：《论破产管理人报酬基金制度之构建》，载《法律适用》2013年第5期。

157. 张善斌、翟羽翔：《破产和解制度的完善》，载《河南财经政法大学学报》2019年第5期。

158. 张钦昱：《破产和解制度之殇——兼论我国破产和解制度的完善》，载《华东政法大学学报》2014年第1期。

159. 张艳丽：《破产重整制度有效运行的问题与出路》，载《法学杂志》

2016 年第 6 期。

160. 张铃：《破产预重整制度研究》，上海交通大学 2011 年硕士学位论文。

161. 张旭东：《债权人选任管理人与中国破产法的演进》，载《中国政法大学学报》2021 年第 4 期。

162. 张阳：《商事主体终止的制度检视及其结构优化》，载《交大法学》2022 年第 2 期。

163. 张亚楠：《完善我国破产保护制度的若干思考》，载《政治与法律》2015 年第 2 期。

164. 张永红：《英国个人破产案件的处理及启示》，载《人民司法》2020 年第 10 期。

165. 张婷：《我国破产管理人制度面临的挑战及应对》，载《中国律师》2022 年第 1 期。

166. 张海征：《英国破产管理人制度概况》，载《破产法论坛》2012 年第 7 期。

167. 邹杨、丁玉海：《破产和解制度的反思：价值、规范与实践的统一》，载《海南大学学报（人文社会科学版）》2013 年第 6 期。

168. 邹海林：《我国企业再生程序的制度分析和适用》，载《政法论坛》2007 年第 1 期。

169. 朱伟东：《试论我国承认与执行外国判决的反向互惠制度的构建》，载《河北法学》2017 年第 4 期。

170. 浙江省杭州市余杭区人民法院课题组：《房地产企业预重整的实务探索及建议》，载《人民司法（应用）》2016 年第 7 期。

171. 赵然：《探索实施“准临时管理人制度”的设想》，载《人民法院报》2011 年 7 月 6 日。

172. ［日］佐藤铁男：《日中比较破产法概论》，陈根发译，载《外国法译评》1993 年第 3 期。

173. 周陈、薛智胜：《社会主义核心价值观视阈下我国破产法律制度的完善》，载《天津法学》2018 年第 4 期。

174.《最高人民法院工作报告——2022 年 3 月 8 日在第十三届全国人民代表大会第五次会议上》，载《人民日报》2022 年 3 月 16 日。

175. 翟静波、蒋慧：《企业破产处置府院联动机制的嬗变逻辑与进化路径》，载《广西警察学院学报》2021 年第 4 期。

176. 郑伟华：《破产审判中法院的角色定位——基于典型案例的思考》，载《法律适用（司法案例）》2017 年第 22 期。

177. 仲林：《法国破产管理人报酬制度对完善我国破产管理人报酬制度的启示》，载《破产法论坛》2012 年第 7 期。

178.《关于某集团债权人会议表决结果的公告》，载全国企业破产重整案件信息网，https：//pccz. court. gov. cn/pcajxxw/pcgg/ggxq？ id=ADC286E6668E62231E86F3CDC67B8A9F，2023 年 8 月 30 日访问。

179. 李若凡：《“中华第一屏”科技公司破产案审结》，载《河南日报》2010 年 5 月 6 日。

180. 黄晓云：《电子公司破产案：预重整的成功尝试》，载《中国审判》2017 年第 33 期。

181. 北京市第一中级人民法院清算与破产审判庭课题组、马立娜、郑伟华、高春、樊星：《关于健全完善管理人制度的调研报告》，载《人民司法》2019 年第 16 期。

182. 孙立尧：《科技公司“重生”记北京法院首例审结实质合并重整案纪实》，载《法人》2021 年第 3 期。

183.［美］道格拉斯 · G. 贝尔德：《美国破产法精要》，徐阳光、武诗敏译，法律出版社 2020 年版。

184. 宋福生：《美国公司重整制度评析》，载《外国经济与管理》1997 年第 2 期。

185. 山东省济南市中级人民法院课题组、张爱云：《破解破产案件审判疑难问题的进路探究——以济南破产法庭为分析样本》，载《山东法官培训学院学报》2021 年第 6 期。

186. 商务部：《一图看懂中日经贸数据》，载商务部网站，http：//diagram. mofcom. gov. cn/mcp/5b3dcad6cd918951798691cd，2020 年 1 月 23 日访问。

187. 新华社：《2007 年至 2020 年全国法院共审结破产案件逾 4. 8 万件》，https：//www. court. gov. cn/zixun-xiangqin，2022 年 4 月 19 日访问。

188. 《最高法：在中级人民法院设立清算与破产审判庭》，载中国政府网，https：//www. gov. cn/xinwen/2016 - 08/11/content _ 5098910. htm，2023 年 8 月 30 日访问。

英文文献[①]

189. BrianA . Blum：Bankruptcy and Debtor / Creditor，Aspen Publishers，2004.

190. David A. Skeel：Debt's. Dominion ：A History of Bankruptcy Law in American，Princeton University Press 2001.

191. Ian F. Fletcher：Insolvency in Private International Law——National and InternationalApproaches，Clarendon Press Oxford 1999.

192. Ian F. Fletcher. The Law of Insolvency，London Sweet&Maxwell 2002.

193. Kevin J. Delaney：Strategic Bankruptcy，University of CaliforniaPress 1992.

194. VanessaFinch：Corporate Insolvency Law——Perspectives and Principles，Cambridge University Press 2002.

195. Bart Leyman、The Uneasy Case for Rehabilitating Small Firms under the 1997-Reorganization Law in Belgium：Evidence from Reorganization Plans，34 European Journal of Law and Economics（2012）.

196. Bruno Cova、Antonio Azzara'、Bernadette Accili、Paolo Manganelli、Anteo Picello：New Italian Measures Facilitate Debt Restructuring and Protect DIP Financing，Pratt's Journal of Bankruptcy Law，n7，2012.

197. Douglas G. Baird、Edward R. Morrison：Serial Entrepreneurs and Small

① 本部分文献中文翻译参见正文。

Business Bankruptcies, Columbia Law Review, 2005 (8).

198. Dave D. Ruysscher: Legal Culture, Path Dependence and Dysfunctional Layering in Belgian Corporate Insolvency Law, 27 International Insolvency Review (2018).

199. Dave D. Ruysscher: At the End, the Creditors Win: Pre-insolvency Proceedings in France, Belgium, and the Netherlands (1807-c1910), 6 Comparative Legal History (2018).

200. Edward R. Morrison、Bankruptcy's Rarity: An Essay on Small Business Bankruptcy in the United States, European Company and Financial Law Review, 2008 (2).

201. JohnF. Coyle: Rethinking judgments reciprocity, North Carolina Law Review (May 2014).

202. Jérôme Sgard: Do Legal Origins Matter? The Case of Bankruptcy Laws in Europe 1808-1914, 10 European Review of Economic History (2006).

203. Katherine R. Miller: Playground Politics: Assessing the Wisdom of Writing a Reciprocity Requirement into U. S. International Recognition and Enforcement Law, Georgetown Journal of International Law (January 2004).

204. Michael Veder、Paul J. Omar, eds.: Teaching and Research in International Insolvency Law: Challenges and Opportunities, INSOL Europe 2015.

205. Michelle M. Harner: Mitigating Financial Risk for Small Business Entrepreneurs, Ohio State Entrepreneurial Business Law Journal, 2011 (2).

206. Nico Dewaelheyns、Cynthia Van Hulle: Legal Reform and Aggregate Small and Micro Business Bankruptcy Rates: Evidence from the 1997 Belgian Bankruptcy Code, 31 Small Business Economics (2008).

207. PatrickBolton、Toward A Statutory Approach to Sovereign Debt Restructuring: Lessons From Corporate Bankruptcy Practice Around The World, IMF Working Paper 2003.

208. RamonE. Reyes, Jr: The enforcement of foreign court judgments in the people's republic of China: what the American lawyer needs to now, Brooklyn Journal of International Law (January 1997) .

209. Rebecca Parry、Paul J. Omar, eds.: Reimagining Rescue, INSOL Europe 2016.

210. Simona di Sano: A New Anti-bankruptcy Tool—The New Italian Debt Restructuring Arrangements Rules, 2007 J. Int'l Banking L. & Reg. ISSU 7.

211. Stephen DaviesQC: Insolvency and Enterprise Act, Jordans, 2003, foreword.

212. Wenliang. Zhang: Recognition and Enforcement of Foreign Judgments in China: A Call for Special Attention to Both the "Due Service Requirement" and the "Principle of Reciprocity", Chinese Journal of International Law, Issue 1 (2013) .

213. Pierre Hautcoeur、Paolo D. Martino: *The Functioning of Bankruptcy Law and Practices in European Perspective* (*ca.* 1880-1913), Enterprise and Society (2013), Issue 3.

其他外文文献[①]

214. Alessandro Danovi: Crisi d'impresa e risanamento finanziario nel sistema italiano, Giuffrè, 2003.

215. Giovanni Lo Cascio: Il concordato preventive, Giuffrè Editore, 2011.

216. Gerardo Villanacci: Il Concordato Preventivo, Wolters Kluwer Italia, 2010.

217. Mariacarla Giorgetti、Federico Clemente: La legge fallimentare commentata: linee interpretative e profili operativi dopo gli interventi di riforma, Franco Angeli Editore, 2a edizione, 2013.

218. Paolo Celentano、Eugenio Forgillo: Fallimento e concordati. Le soluzioni giudiziali e negoziate delle crisi d'impresa dopo le riforme, Wolters Kluwer Italia, 2008.

219. Stefano Ambrosinim: La riforma della legge fallimentare. Profili della nuo-

① 本部分文献中文翻译参见正文。

va disciplina, Zanichelli, 2006.

220. Sabino Fortunato、Giannelli Gianvito、Fabrizio Guerrera、Michele Perrino: La riforma della legge fallimentare, Giuffrè Editore, 2011.

221. ValentinoLenoci: Il concordato preventivo e gli accordi di ristrutturazione dei debiti, Giuffrè Editore, 2010.

222. Leone Bolaffio: La Legge Belga Sul Concordato Preventivo Al Fallimento, Nabu Press, 2013.

223. 青山善允、伊藤真、井上治典、福永有利:《破产法概说》,有斐阁 1997 年版。

224. 山本和彦、中西正、笠井正俊、冲野真已、水元宏典:《倒产法概说》,弘文堂 2010 年版。

225. 山本和彦:《倒产处理法入门》,有斐阁 2018 年版。

226. 青山善允:《和议法的实证研究》,载《商事法务研究会》1998 年第 7 期。

227. 东京地裁破产、和议实务研究会:《破产、和议的实务(下)》,载《民事法情报中心》1998 年第 9 期。

228.《适用〈民事再生法〉之后企业生存率仅三成》,载 M&A Online: https://maonline.jp/articles/tsr0041minjisaisei,2022 年 5 月 27 日访问。

后 记

随着我国社会主义市场经济体制改革的不断深化，作为市场微观主体的各类型企业亦得到蓬勃发展，并成为我国经济增长的重要基础。市场经济强调企业竞争与优胜劣汰，而良好的市场退出制度则为市场竞争机制发挥预期作用提供了法治保障。其中，企业破产法律制度占有重要地位。但由于当代企业经营之兴衰涉及多方主体利益，因此破产法律制度关注的重心开始从破产的清算转为破产的预防。我国也同样如此，2006 年实行的《企业破产法》建立起了集破产清算、破产和解与破产重整于一体的现代破产程序。但正如本书所述，由于破产预防制度（破产和解与破产重整）理论研究滞后，相关实践发展经验准备不足，导致我国破产预防制度的实际效果并不理想，诸多制度仍有继续完善的空间。

基于此，本课题组对此问题进行了专门研究，并形成了这样一份成果。其中，个别研究成果已经以论文的形式进行了发表，此次也一并纳入。课题组成员均做出了相当程度的努力和付出，书中关于日本、比利时、意大利等国相关破产立法的介绍和评价，均为课题组成员在获取第一手外文资料的基础上进行翻译、整理而成，具有一定的学术价值。但客观而言，由于研究时间较紧，对许多材料的整理和解读有所局限，对于我国具体制度的一些思考建议也仅是作者的个人见解。

全书由张世君担任主编，日本早稻田大学法学博士生谢艺甜，首都经济贸易大学法律经济学博士生郑侠协助完成大量统稿工作。中国政法大学的陶乾副教授、中国建材集团有限公司高嘉琦女士、国投集团资产管理公司王子琛先生、大家人寿保险股份公司王晔女士、深圳国际仲裁院赵佳慧女士、江苏医药职业学院陆新萌老师，以及其他几位在校研究生赵婉琪、张彤辰、王子琛、席灵、王静等参与课题研究。具体写作分工如下：第一章，郑侠；第二章，谢艺甜、赵琬琪、张世君、陶乾、郑侠；第三章，张世君、高嘉琦、赵佳慧、王晔；第四章，张世君、王静、陆新萌；第五章，张彤辰、王子琛、席灵。付梓之际，对各位课题组成员的研究工作表示由衷感谢！

特别感谢首都经济贸易大学特大城市经济社会发展研究院的资助，使成果能够出版。同时也对中国法制出版社李小草主任、韩璐玮编辑、王紫晶编辑表示诚挚的感谢。因作者水平有限，谬误难免，希望各位学界同人不吝指正！

作　者

2023 年 9 月

图书在版编目（CIP）数据

破产预防法律制度专题研究／张世君主编．—北京：中国法制出版社，2023.12

ISBN 978-7-5216-3745-8

Ⅰ．①破…　Ⅱ．①张…　Ⅲ．①破产-预防-研究-中国　Ⅳ．①D922.291.924

中国国家版本馆 CIP 数据核字（2023）第 241241 号

责任编辑：韩璐玮（hanluwei666@163.com）　　封面设计：杨泽江

破产预防法律制度专题研究

POCHAN YUFANG FALÜ ZHIDU ZHUANTI YANJIU

主编/张世君
经销/新华书店
印刷/北京虎彩文化传播有限公司
开本/710 毫米×1000 毫米　16 开　　印张/16.25　字数/207 千
版次/2023 年 12 月第 1 版　　2023 年 12 月第 1 次印刷

中国法制出版社出版
书号 ISBN 978-7-5216-3745-8　　定价：79.00 元

北京市西城区西便门西里甲 16 号西便门办公区
邮政编码：100053　　传真：010-63141600
网址：http：//www.zgfzs.com　　**编辑部电话：010-63141802**
市场营销部电话：010-63141612　　**印务部电话：010-63141606**

（如有印装质量问题，请与本社印务部联系。）